Diercke
Spezial

Südasien

Autoren:
Basabi Khan Banerjee
Georg Stöber
Thilo Girndt
Laura Wagener

unter Mitwirkung der Verlagsredaktion

westermann

Zusatzaufgaben

Z Die Aufgaben festigen das vorhandene Wissen und können zusätzlich zu den anderen Aufgaben bearbeitet werden.

Titelbild: Mumbai (Indien)

westermann GRUPPE

© 2021 Westermann Bildungsmedien Verlag GmbH, Georg-Westermann-Allee 66, 38104 Braunschweig
www.westermann.de

Druck A[1] / Jahr 2021
Alle Drucke der Serie A sind im Unterricht parallel verwendbar.

Redaktion: Thilo Girndt
Druck und Bindung: Westermann Druck GmbH, Georg-Westermann-Allee 66, 38104 Braunschweig

ISBN 978-3-14-115662-1

Inhaltsverzeichnis

Südasien ist attraktiv mit all seiner physischen, sozialen, religiösen und kulturellen Vielfalt. Ein Ausländer, der in einem geregelten Umfeld aufwuchs, hat jedoch oftmals Schwierigkeiten, sich darin zurechtzufinden. Südasien überrascht, und nicht immer mag die Überraschung erfreulich sein.

In Südasien gibt es noch immer ein Königreich, daneben verschiedene Republiken, unter ihnen die „größte Demokratie der Welt". Das kleine Himalayakönigreich Bhutan bereicherte die Welt mit dem Konzept des „Bruttonationalglücks". Und dieses Land wurde nicht nur CO_2-neutral, sondern gar das einzige CO_2-negative Land der Welt. Zugleich finden sich in Südasien auch zahlreiche Städte mit der größten Luftverschmutzung auf der Erde.

In Südasien gibt es Megastädte wie Mumbai, Kolkata, Delhi oder Dhaka. Dennoch leben noch mehr als 60 Prozent der südasiatischen Bevölkerung in Dörfern mit mangelhafter Infrastruktur und schlechten wirtschaftlichen Perspektiven.

Obgleich Indien in der Welt für seinen kulturellen Reichtum berühmt ist, seine Philosophie und seine IT-Kenntnisse, fällt noch immer ein großer Teil der Kinder aus dem Erziehungssystem heraus – auch wenn zahlreicher Bildungsreformen und Gesetze eine Bildung für alle sicherstellen sollen.

Trotz Gandhis Philosophie der Gewaltfreiheit bricht Gewalt zwischen und innerhalb von Gemeinschaften aus – als Religionskämpfe oder Kastengewalt. Mehr noch: Übergriffe gegen Frauen finden immer wieder den Weg in die Überschriften der internationalen Presse. Andererseits bot Indien, entsprechend seines Konzepts Vasudhaiva Kutumbakam („die Welt ist unsere Familie") Flüchtlingen seit Jahrhunderten Zuflucht, seien sie armenische Flüchtlinge, Juden, Zoroastrier oder tibetische Mönche einschließlich des Dalai Lama. Der Reisende erfährt auf engstem Raum Beispiele äußerster Armut und verschwenderischen Luxus. Ein Wirtschaftswissenschaftler aus Bangladesch, Prof. Mohammad Yunus, versuchte, Armut in wirtschaftliche Chancen zu verwandeln: Sein Konzept der Mikrokredite gab in vielen Teilen der Welt marginalisierten Menschen Hoffnung auf eine Verbesserung der Lebenssituation.

Die Kontraste liegen in diesem Teil Asiens eng beieinander. Fremde müssen damit klarkommen, finden sie verlockend oder aber sie verabscheuen sie. Einige Aspekte dieser Vielfalt und Vielschichtigkeit greifen wir in diesem Buch auf und versuchen sie, verständlich zu machen.

Basabi Khan Banerjee, deutsch-indische Geographin und Mitautorin dieses Buches

Gliederung des Bandes

Der vorliegende Band thematisiert ganz Südasien. Aufgrund der Größe und Bedeutung Indiens spielt das Land aber eine besondere Rolle. In zahlreichen Fallstudien sind aber auch die anderen südasiatischen Staaten präsent. Zudem gestatten Statistiken zu wichtigen Themen einen Vergleich der verschiedenen Länder.

- Im ersten Kapitel werden nach einer kurzen Vorstellung der Staaten Aspekte des Naturraums beleuchtet, wobei vor allem die Bedeutung des Monsuns, der Klimawandel und die Verwundbarkeit gegenüber Naturereignissen herausgestellt werden. Die Betrachtung der jüngeren Geschichte, von Bevölkerungs- und Gesellschaftsstrukturen legt Grundlagen für die folgenden Kapitel.
- Im zweiten Kapitel steht die Landwirtschaft des Raumes im Mittelpunkt. Besitzstrukturen, „Grüne Revolution" und neue Produktions- und Vermarktungsverhältnisse werden angesprochen und im Spannungsfeld von Weltmarktproduktion und Nahrungssicherheit diskutiert. Verschiedene Formen der Bewässerung und Konflikte um Wasser sind weitere Schwerpunkte.
- Das dritte Kapitel befasst sich mit der wirtschaftlichen Entwicklung außerhalb der Landwirtschaft. Verschiedene Wirtschaftsbereiche veranschaulichen die Einbindung der Volkswirtschaften in globalisierte Strukturen, wozu auch der internationale Verkehr von Kapital und Arbeitskräften gehört. Thematisiert werden aber auch der informelle Teil der Wirtschaft sowie der Versuch, durch Mikrokredite zu einer Armutsbekämpfung beizutragen.
- Im vierten Kapitel stehen schließlich Fragen der Stadtentwicklung im Vordergrund, von der Metropolenbildung unter dem Einfluss von Binnenmigration über Slums und Gated Communities bis hin zu Problemen städtischer Infrastrukturen und Aspekten des Stadt-Umland-Verhältnisses.

- Der Anhang enthält zur Orientierung eine Karte der indischen Bundesstaaten.
- Seit Mitte der 1990er-Jahre wurden zahlreiche indische Städte umbenannt, neben Mumbai, Kolkata und Chennai – früher Bombay, Kalkutta und Madras – beispielsweise auch Bangalore in Bengaluru und Poona in Pune. Der Grund liegt häufig in dem Wunsch mit der kolonialen Vergangenheit abzuschließen und im regionalen Patriotismus. In Indien ist die Umbenennungspraxis nicht unumstritten. In diesem Buch wird (außer in historischen Kontexten) die neue Schreibweise verwendet.
- Bei Orten oder administrativen Einheiten, für die keine deutschen Schreibweisen existieren, wird die international übliche Schreibweise zugrunde gelegt.

Zur Konzeption der Reihe

Das vorliegende Konzept der Reihe Diercke Spezial stellt das selbstständige, problemorientierte Arbeiten und Lernen in den Vordergrund. Erklärende Autorentexte treten in diesem Konzept hingegen weitgehend zurück. Fertige Antworten wird man vergebens suchen. Es wird eine Vielzahl von Materialien wie Grafiken, Karten, Diagramme und Textquellen eingesetzt. So wird nicht nur Fachwissen vermittelt und räumliche Orientierung ermöglicht, sondern auch Methodenkompetenz angebahnt, Kommunikation angeregt und Beurteilungsfähigkeit gefördert.

Die doppelseitigen, aufgabengeleiteten Arbeitsseiten beginnen jeweils mit einer kurzen Einleitung in die Thematik und der Problematisierung. Die Erschließung des Themas ist an die Bearbeitung der Aufgaben gebunden, die mithilfe der Materialien dann in der Regel individuell oder kooperativ erfolgt. Webcodes führen zum Internetangebot schueler.diercke.de bzw. zu den Atlasseiten. Die ersten Doppelseiten eines Kapitels haben zudem die Aufgabe, in das Thema einzuführen und wichtige Frage aufzuwerfen.

Neben normalen thematischen Doppelseiten gibt es Sonderseiten mit Methodentrainings sowie einem Klausurtraining am Ende des Buches. Schließlich wird auf der jeweils letzten Seite das Kapitel inhaltlich zusammengefasst. Hinweise auf weiterführende Literatur und Internetlinks runden das Angebot ab. Neu eingeführte Fachbegriffe werden entweder an Ort und Stelle auf der jeweiligen Arbeitsseite oder im Glossar im Anhang (Hinweis *) erklärt. Mithilfe dieser Konzeption wird angestrebt, dass die Thematik des Bandes selbstständig im Sinne des entdeckenden Lernens erschlossen wird..

1 NATURRAUM UND BEVÖLKERUNG

Schlangenbootrennen in Kerala (Indien)

1.1 Ein Subkontinent

Unter „Südasien" sollen in diesem Buch die Länder Bangladesch, Bhutan, Indien, die Malediven, Nepal, Pakistan und Sri Lanka verstanden werden, obwohl teilweise, zum Beispiel von internationalen Organisationen, auch Nachbarländer wie Afghanistan und der Iran zu der Region hinzugerechnet werden.

Südasien ist ein Subkontinent, ein großer, zusammenhängender und klar abgrenzbarer Teil eines Kontinents. Er wird durch hohe Gebirgsketten vom Rest Eurasiens abgetrennt, wobei Pakistan, Indien, Nepal und Bhutan selbst Anteil an der Karakorum-Himalaya-Kette haben. Geologisch ist die Großregion Teil der indisch-australischen Platte. Klimatisch werden alle Länder von der Monsunzirkulation geprägt. Die Gebirge wirken dabei als Klimascheide und begrenzen das Vordringen des Monsuns.

Zum Verständnis der Lebensbedingungen der Menschen sind politische, ökonomische und soziale Strukturen mit ihrer Geschichte ebenso von Gewicht wie die physische Umwelt. Die meisten Staaten der Region waren beispielsweise Teil des britischen Kolonialimperiums, was bis heute nachwirkt. Die Großregion, die die EU flächenmäßig übertrifft, ist jedoch keinesfalls ein homogener Raum. Vielmehr wird Südasien geprägt von zahlreichen Unterschieden zwischen den Staaten und innerhalb der meisten Länder. So existieren nicht nur diverse Sprach- und Religionsgemeinschaften, sondern es gibt auch ausgeprägte räumliche Disparitäten.

Schah-Faisal-Moschee in Islamabad

Pakistan

Im Nordwesten des Subkontinents bildet Pakistan eine Brücke zum Nahen Osten, in dessen Konflikte die islamische Republik eingebunden ist. Das Industiefland, das sich südlich an die Hochgebirgsregion (Hindukusch, Karakorum, Himalaya) anschließt, nimmt mehr als ein Drittel der Landesfläche ein. Mit Islamabad-Rawalpindi und Lahore im Punjab und der Megacity Karachi im Sindh besitzt das Land zwei um politischen und wirtschaftlichen Einfluss konkurrierende Kerngebiete. Das Land exportiert überwiegend Textilerzeugnisse.

M2 Südasien

Malé

Malediven

Der aus 26 Atollen* mit knapp 1200 Inseln bestehende Inselstaat der Malediven (220 Inseln bewohnt) mit der Hauptstadt Malé greift knapp auf die Südhalbkugel über. Der Islam ist Staatsreligion. Die Malediven exportieren vor allem Fischprodukte. Besonders bedeutsam ist aber der Tourismussektor, der fast ein Drittel des Bruttoinlandsprodukts erwirtschaftet.

Länder	Gebiet (in km²)	Bevölkerung (in Mio.)	souverän seit	Staatsform	Amtssprachen	Währung (Abkürzung)	BIP* (in Mrd. US-$)	BIP pro Ew. (in US-$)
Bangladesch	147 570	163,0	1971	Parlamentarische Republik	Bangla (Bengalisch)	Taka (Tk.)	302,6	1 856
Bhutan	38 390	0,8	1971	Konstitutionelle Erbmonarchie	Dzongkha	Ngultrum (NU)	2,5	3 316
Indien	3 287 259	1 366,4	1947	Parlamentarische Bundesrepublik	Hindi, Englisch, sowie 21 weitere Sprachen auf regionaler Ebene	Indische Rupie (Rs.)	2 868,9	2 100
Malediven	300	0,5	1965	Präsidialrepublik	Maledivisch (Dhiveli)	Rufiyaa (Rf.)	5,6	10 627
Nepal	147 180	28,6		Parlamentarische Bundesrepublik (seit 2008, zuvor Monarchie)	Nepali (Nepalisch)	Nepalesische Rupie (NRs.)	30,6	1 071
Pakistan	796 100*	216,6	1947	Islamische parlamentarische Bundesrepublik	Urdu	Pakistanische Rupie (Rs.)	278,2	1 285
Sri Lanka (bis 1972 Ceylon)	65 610	21,8	1948	Präsidialrepublik	Singhalesisch (Sinhala), Tamil	Sri-Lanka-Rupie (Rs.)	84	3 853

* ohne die von Pakistan verwalteten Gebiete Azad Kashmir und Gilgit-Baltistan   Quelle: World Bank

M1 Die Staaten Südasiens (Daten 2019)

Minakshi-Tempel in Madurai

Stupa im Himalaya

Indien

Die Bundesrepublik mit 29 Bundesstaaten und sieben Unions-territorien ist nach Fläche, Bevölkerungszahl und Wirtschafts-kraft der bei weitem größte Staat Südasiens. Bekannt als „größte Demokratie der Welt", versteht er sich als säkular, wenn auch der Hinduismus* Religion der Mehrheit der Bevölkerung ist. Es gibt eine große ethnische und sprachliche Vielfalt. Neben New Delhi, der nationalen Hauptstadt, verfügt Indien mit Mumbai, Kolkata, Bengaluru, Chennai und Hyderabad über weitere Megastädte. Indien weist eine differenzierte Wirtschaftsstruk-tur auf, wobei Dienstleistungen (IT, Pharmazie, Gesundheit etc.) mittlerweile einen hohen Stellenwert einnehmen. Trotz der 1991 eingeleiteten wirtschaftlichen Liberalisierung und Öffnung bestehen weiterhin protektionistische Maßnahmen und eine im Vergleich zu vielen asiatischen Nachbarn stark binnenwirtschaftliche Orientierung. Dem demnächst bevölke-rungsstärksten Land der Welt wird in Zukunft aber eine ähnliche Rolle in der globalisierten Weltwirtschaft zugetraut wie China.

Bhutan und Nepal

Die beiden Himalayastaaten grenzen im Norden an Chi-na, im Süden an Indien und sind somit Pufferstaaten der beiden regionalen Großmächte. Ihre Gebiete waren nicht Teil Britisch-Indiens. Bhutan, bis dahin ein selbstständiges Fürstentum, wurde erst 1971 völkerrechtlich als souveräner Staat anerkannt. In beiden Binnenländern besteht die Be-völkerung aus zahlreichen Volksgruppen, die verschiedene Sprachen sprechen. Nepal ist mehrheitlich hinduistisch und nach Afghanistan das zweitärmste Land Asiens. Politisches und ökonomisches Zentrum ist die Hauptstadt Kathmandu. Das stark agrarisch geprägte Land ist wesentlich auf die Rücküberweisungen seiner Arbeitsmigranten vor allem in den Golfstaaten angewiesen. In Bhutan ist der Buddhismus Staatsreligion. Die Hauptstadt Thimphu ist die kleinste der südasiatischen Hauptstädte. Bhutan exportiert vor allem Eisenlegierungen nach Indien und hat sich in seiner Ver-fassung dem Schutz seiner Umwelt und Natur verpflichtet.

Lalbagh Fort in Dhaka

Felsenfestung Sigirya

Bangladesch

Der nach dem äußerst blutigen Unabhängigkeitskrieg von Pakistan abgespaltene Staat nimmt das Tiefland an Unterlauf und Delta* von Ganges und Brahmaputra ein. Das dichtbevöl-kerte Bangladesch ist mehrheitlich muslimisch geprägt und bis auf kleinere Minderheiten spricht die Bevölkerung eine Sprache: Bengali. Die Hauptstadt Dhaka ist die am stärksten wachsende Megastadt der Welt. Das Land exportiert vor allem Textilien und Kleidung. Bangladesch zählt zu den am stärksten vom Klimawandel bedrohten Staaten, da der Großteil der Landesfläche nur wenig über dem Meeresspiegel liegt.

Sri Lanka

Die Insel im Südosten von Indien war vor 10 000 Jahren noch mit dem Subkontinent verbunden. Mit der Ausrufung der Republik im Jahr 1972 nannte sich das frühere Ceylon in Sri Lanka um. Der Inselstaat (Hauptstadt Colombo) ist in den vergangenen Jahrzehnten vor allem aufgrund des Konflikts zwischen der singhalesischen, überwiegend buddhistischen Bevölkerungsmehrheit und der tamilischen, überwiegend hin-duistischen Minderheit in die Schlagzeilen geraten. Wichtigste Exportprodukte sind traditionell Agrarprodukte (v. a. Tee) und Edelsteine sowie seit jüngerer Zeit Textilien und Bekleidung.

---

1. Sammeln Sie in Ihrem Kurs Schlagworte, die Ihre jetzigen Vorstellungen und Ihr Wissen über Südasien wiedergeben. Stellen sie diese zu einem „Wordle" (Wortwolke, Schlagwortmatrix) zusammen und überlegen Sie, woher dieses Wissen stammt.
2. Vergleichen Sie die Staaten Südasiens bezüglich Größe, Einwohnerzahl und wirtschaftlicher Kenndaten (M 1).

  100800-161-01
schueler.diercke.de    100800-174-01
schueler.diercke.de   100800-176-01
schueler.diercke.de

1.2 Naturräumliche Strukturen

1854, als es auf der globalen Landkarte noch immer „weiße Flecken" gab und geographische Forschung mit großen Strapazen und Gefahren verbunden war, brachen drei Münchner Brüder, die Gebrüder Schlagintweit, nach Indien auf. Von Kalkutta aus reisten die Naturforscher und Bergsteiger im Auftrag der britischen East India Company* vier Jahre lang durch Indien und den Karakorum-Himalaya. Zwei Jahrzehnte später fasste ihr jüngster Bruder, der Jurist und Tibetologe Emil Schlagintweit, ihre Forschungsergebnisse und andere Quellen zu einer „Schilderung des indischen Kaiserreiches" zusammen. Viele dieser Beschreibungen von gewaltigen Bergmassiven und ausladenden Flussniederungen, von vegetationslosen Sandwüsten und immergrünen Regenwäldern haben auch noch heute Bestand. Und doch hat sich der Naturraum des Subkontinents durch Eingriffe des Menschen in den letzten 150 Jahren massiv verändert.

Ⓩ 1. Recherchieren Sie im Internet über die Indienreise der Gebrüder Schlaginweit und erstellen Sie ein Portfolio. Verwenden Sie dazu auch die Original-Gemälde der indischen Landschaften (z.B. Alpines Museum, München).

2. Fassen Sie die geologische Entwicklung Südasiens zusammen und nennen Sie wichtige Strukturelemente des heutigen Großraums (M4, Atlas).

3. Gliedern Sie Südasien in Großlandschaften und verfassen Sie jeweils eine Kurzcharakteristik (M1, Atlas).

4. Beschreiben Sie das Gangesdelta* (M2, M3, Atlas).

Ⓩ 5. Erläutern Sie die Herkunft des Trappgesteins (M6, Internet).

6. Charakterisieren Sie die Höhenzonen im Himalaya (M1, M9, M10).

7. Erläutern Sie Veränderungen des Naturraums und ihre Ursachen (M7).

M2   Ganges-Brahmaputra-Delta (Satellitenbild)

Die ganze bengalische Tiefebene entbehrt anstehenden Gesteins; von Bardwan an, 120 km nördlich von Calcutta, treten nirgends mehr Felsen zu Tage, alles Land ist aus abgesetzten Flussgeschieben aufgebaut. Zwei Riesenströme vereinigen ihr Wasser zur Deltabildung* Unter-Bengalens: der Ganges (die Gangâ) und der Brahmaputra (Sohn des Brahmâ). Beide Flüsse entspringen in der höchsten Bergkette Inner-Asiens, dem Himâlaya, der Ganges diesseits, der Brahmaputra jenseits der wasserscheidenden Hauptkette. [...] Jeder dieser Ströme erreicht an Längenausdehnung das Doppelte des Rheins. [...] Zweihundert Kilometer vom Meer entfernt [beginnt] die Deltabildung. [...] Zahl und Lauf der Verästelungen der beiden Ströme festzulegen, ist unmöglich, die Flussbette zeigen fortwährende Veränderungen. Eine Woche genügt schon, um die Grenze zu verändern.
Quelle: Emil Schlagintweit: Indien in Wort und Bild. 1. Bd. Leipzig 1880, S. 204, 205.

M3   Quellentext zur Gangestiefebene

M1   Großlandschaften Südasiens

Beginn vor	Entwicklung
130 – 125 Mio. Jahren	• Trennung einer Landmasse (einschließlich des heutigen Indischen Subkontinents) vom Kontinent Gondwana*
90 Mio. Jahren	• weitere Aufspaltung (Abtrennung Madagaskars) • Drift der Indischen Platte* nach Norden
65 Mio. Jahren	• Abtrennung der Seychellen • Aufdringen dünnflüssiger basaltischer Lava (Basaltdecke im heutigen Dekkan bis 2000 m mächtig, Ausdehnung > 500 000 km²)
40 Mio. Jahren	• Kollision der Indischen mit der Eurasischen Platte • Aufschieben des Himalaya • Hebung von Tibet, gleichzeitig Abtragungen • mächtige Ablagerungen im Vorland (Indus- bis Gangesdelta)
heute	• weitere Hebung des Himalaya um 1 – 2 cm/Jahr

* Die Indische Platte ist heute in weiten Bereichen nicht klar von der Australischen Platte abgrenzbar, sodass oft von der Indisch-Australischen Platte die Rede ist.

M4   Übersicht zur geotektonischen Entwicklung

Legende M1:
- Hochland
- (Rand-) Gebirge
- Küstentiefland
- Stromtiefland von Indus, Ganges und Brahmaputra
- Hochgebirge
- A—B Profil Vegetationsstufen

© **westermann** 34929EX

M 5   Dekkan-Hochland bei Aurangabad (Maharashtra)

M 8   Phewa-See in Nepal (Hintergrund: Annapurna-Gebirgsgruppe)

Baumvegetation ist in Dekkan spärlich, ordentliche Waldungen fehlen nahezu gänzlich; Weideland herrscht vor, üppig grün in der Regenzeit bis zur Ernte, gelb und verdorrt in der heißen Jahreszeit. Im Westen bestimmen basaltähnliche Trappgesteine den landschaftlichen Charakter; in dunklen, kahlen Höhenzügen von geringer Erhebung, die Gipfel in den charakteristischen Formen einer flachen Spitze, die Abhänge stufenartig abfallend, häufig künstlich terrassiert, bedeckt dies Gestein große Flächen und gibt der Landschaft einen öden Typus, während zugleich zersetzter Trapp in den tieferen Lagen als schwarze Erde von eigentümlich tiefer Färbung sich sammelt. Das mittlere und südliche Dekkan ist geologisch aus kristallinischen (metamorphischen) Gesteinsarten aufgebaut; [...] die Ackerkrume ist seicht und wenig ergiebig; aber unter der Riesenkraft, unter welcher die Naturkräfte auf der indischen Halbinsel ihre Macht zeigen, bedeckt Ackerboden aus Geschieben anderer Gesteine große Flächen. Die ertragsfähigste dieser Erdarten ist die schwarze Erde; sie tritt bald in Flächen auf von wenigen Hektaren im Umfang, bald als Ebene Hunderte von Quadrat-Kilometer umfassend.

Quelle: Emil Schlagintweit: Indien in Wort und Bild. 1. Bd. Leipzig 1880, S. 80

M 6   Quellentext zum Dekkan

Zwei Faktoren bestimmen im Wesentlichen die Verbreitung der natürlichen Vegetation im heutigen Indien: das Klima und der wirtschaftende Mensch. [...] Die Ausweitung des Kulturlandes hat seit Jahrtausenden die natürliche Vegetation weitgehend verdrängt oder zumindest degradiert, sodass z.B. die Ganga-Ebene waldfrei ist. Vom natürlichen Pflanzenkleid finden sich heute nur noch Reste. Die Neulandgewinnung zur agrarischen Erschließung ließ die Wälder Indiens bis auf wenige Restbestände schrumpfen, die sich meist auf schwer zugängliche Gebiete (z.B. im Nordosten) und Rückzugsgebiete (z.B. das zentrale Indien) konzentrieren. Seit Jahrhunderten wird auch der Holzeinschlag zum Hausbau oder zur Gewinnung von Brennmaterial betrieben. [...] Eine massive Entwaldung erfolgte insbesondere seit dem frühen 19. Jh. Zu dem steigenden Holzbedarf der Städte kam später die Eisenbahn mit Schwellen für den Gleisbau. Schließlich machte der Bevölkerungsdruck die Neulandgewinnung von Ackerland erforderlich und steigerte den Verbrauch von Brennholz. In jüngerer Zeit hat sich die Waldzerstörung noch beschleunigt. [...] Die Waldgebiete Indiens sind auch die Heimat des überwiegenden Teils der frei lebenden Tierwelt; ein Lebensraum, der jedoch immer stärker von Siedlungen, Bergbau, Straßen sowie [durch] die Anlage von Stauseen und Bewässerungsprojekten eingeschränkt und zerstückelt wurde. Viele Arten sind deshalb in ihrem Bestand gefährdet und konnten nur durch die Einrichtung von Reservaten geschützt

M 7   Quellentext zur Umgestaltung des Naturraums

Im Himalaja sind alle Verhältnisse viel gewaltiger und großartiger als in den Alpen [...], nicht nur die Höhen und Flüsse, auch die Schroffheit der Bergformen und die Mächtigkeit der Gletscher, die bis weit ins Land hinein sichtbar die Gebirgshöhen wie ein leuchtend weißes Band hoch am tiefblauen Himmel erscheinen lassen. [...] Am Fuße der Gebirge breitet sich weithin tropischer Sumpfwald, der Tarai, aus. Hier sind die in der Regenzeit kaum zu durchdringenden Dschungel, die vom Tiger beherrscht, von wilden Elefanten, vom Nashorn und unzähligen Giftschlangen neben einem die Bäume durchkletternden Heer von Affen und bunten Vögeln bevölkert werden. Bis rund 1000 m aufwärts folgt tropischer Regenwald, ein Bergwald mit den verschiedensten Baumarten durcheinander, mit Urwaldriesen Palmen und Baumfarnen. In Lagen über 1000 m gibt es im östlichen Teil auf nassen Moospolstern flechtenbehangene Nadelhölzer und laubabwerfende Bäume, wie sie nach Art und Größe in nördlichen Erdräumen vorkommen. Dieser hochgelegene „Nebelwald" trieft vor Nässe und lässt von der Mittagszeit an kaum einen Durchblick zum Himmel zu. Viel weiter als in den Alpen zieht sich der Nadelwald aufwärts, dann folgt Gestrüpp, Latschen und blumenreiche Almen bis zur Grenze des ewigen Schnees.

Quelle: A. Rohrmann (Hrsg.): E. von Seydlitzsche Geographie für höhere Lehranstalten. Drittes Heft. Die Ostfeste. 20. Auflg. Breslau: Hirt 1929, S. 68 – 69

M 9   Quellentext zum Himalaya

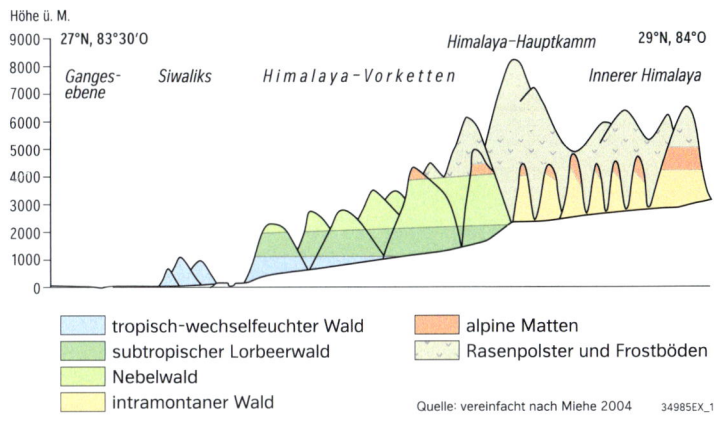

M 10 Höhenzonierung des Himalaya

werden. Indien zählt zu den Staaten mit den meisten Schutzgebieten. Die größten sind, mit Ausnahme weniger Reservate oder Nationalparks an der Küste oder in der Wüste, mit den Waldgebieten identisch.

Quelle: Friedrich Stang: Indien. Darmstadt 2002, S. 30, 208, 211 – 213

1.3 Monsunklima

*„Die letzten Wochen vor dem Ausbruch des Sommermonsuns sind uner-
träglich infolge der zunehmenden Bewölkung und Windstille. Sehnsüchtig
blickt alles nach dem südlichen Himmel, an dem sich die Wolkentürme
aufbauen. [...] Der Durchbruch des Monsuns wird begleitet von heftigen
elektrischen Entladungen und Wolkenbrüchen. [...] Riesige Wasserfluten
stürmen die Berge herab, die Flüsse schwellen in einer Nacht um mehrere
Meter an; aber das vordem so kahle Land begrünt sich in wenigen Tagen.
Wo kurz vorher dürre Steppe geherrscht, steht weithin das Wasser über
den Fluren, aus denen sich bald smaragdgrüne Reisfelder entwickeln. [...]
Die Temperaturen gehen mit dem Beginn der Regen zurück, die Luftfeuch-
tigkeit steigt auf 80 – 95 %, aber der der Regen begleitende Wind macht die
Arbeit erträglicher als einen Monat vorher. Allerdings gibt es mehrfache
Unterbrechungen im Regen; dann ist die Luft schwül und drückend."*

Norbert Krebs, österreichischer Geograph (1965)

1. Stellen Sie die Veränderungen des Wetters und der Vegetation zu Beginn der Sommermonsuns anhand des Textes von
   Norbert Krebs graphisch dar.
2. a) Lokalisieren Sie die in M1 dargestellten Stationen (Atlas),
   b) analysieren Sie die Jahresgänge von Niederschlag und
   Temperatur,
   c) ordnen Sie diese den Großlandschaften zu (Kap. 1.2).
3. Beschreiben Sie die Monsunzirkulation in Südasien (M4 – M6).
4. a) Charakterisieren Sie den „traditionellen" Erklärungsan-
   satz zur Genese des Monsuns (M2, M5).
   (Z) b) Skizzieren Sie Monsunphänomene in anderen Regionen
   auf der Welt (M2, Internet, Atlas).
5. Vergleichen Sie die Fotos (M3) mithilfe passender Klimadaten
   aus M1 und unter Bezug auf das Monsunregime.
6. Die klimaräumliche Differenzierung von Südasien wird in
   besonderem Maße von der Entfernung zum Meer (Mariti-
   mität/Kontinentalität), der Exposition zur Monsunströmung
   (Luv-/Lee-Lage) und der Höhenlage bestimmt. Charakterisieren Sie die Klimastationen nach diesen Kriterien (M1).

Monsunzirkulationen prägen das Klima ganzer Kontinente einschließlich
der angrenzenden Ozeane. Im Winter strömt kalte, schwere, trockene
Luft vom Land zu den wärmeren Meeren hin, während im Sommer die
Luft über den stark erhitzten Landmassen nach oben steigt und feuchte,
ozeanische Luftmassen zum Festland strömen. Die Coriolis-Kraft* lenkt
die radial landauswärts und landeinwärts gerichteten Luftströmungen
ab und bewirkt im Falle von Asien den Nordost-Monsun (Winter) und
den Südwest-Monsun (Sommer). Zu beachten ist die im Einflussbereich
des asiatischen Monsuns besonders stark ausgeprägte jahreszeitliche
Verlagerung der Innertropischen Konvergenzzone (ITC)* nach Norden
und Süden. [...]

Monsune kommen aber auch anderswo vor, insbesondere in Küsten-
bereichen zwischen 5 bis 25 Grad zu beiden Seiten des Äquators. Sie
treten auch an der Küste von Guinea in Westafrika, in Ostafrika und
in Nordaustralien auf.

Die traditionelle Erklärung für den indischen Monsun ist, dass es sich
im Wesentlichen um ein großdimensionales Land-See-Windsystem
handelt, das seine Ursache in den saisonalen Temperaturunterschieden
zwischen den Landmassen und den Ozeanen hat. Diese Temperaturunterschiede sind im Falle Asiens mit seiner enormen Landfläche
besonders ausgeprägt und beeinflussen den jahreszeitlichen Gang des
Luftdrucks und der Winde. Über den Ozeanen sind die saisonalen Ver-
schiebungen der Wärme- und Luftdruckzonen ziemlich gering, parallel
zu den in gleicher Weise geringen jährlichen Temperaturunterschieden.
Über dem Festland mit seinen größeren Temperaturunterschieden ist
dagegen die Bewegung der Wärme- und Luftdruckzonen sehr viel
stärker. Dies zeigt sich in der Sommer- und Winterbewegung der ITC,
die im Sommer über Indien mehr als 30 Breitengrade vom Äquator
entfernt liegt. Diese extreme Lage hängt mit den hohen Temperaturen
im Innern des Kontinents zusammen, die Konvektion* und tiefen Bo-
denluftdruck bewirken und dadurch die ITC vom Äquator „wegziehen"
und zu Südwestwinden anstelle der üblichen Nordostwinde führen.

Quelle: Andrew Goudie: Physische Geographie. Springer: Berlin 2008, S. 51, 225 – 227

M2   Quellentext zur Monsunzirkulation

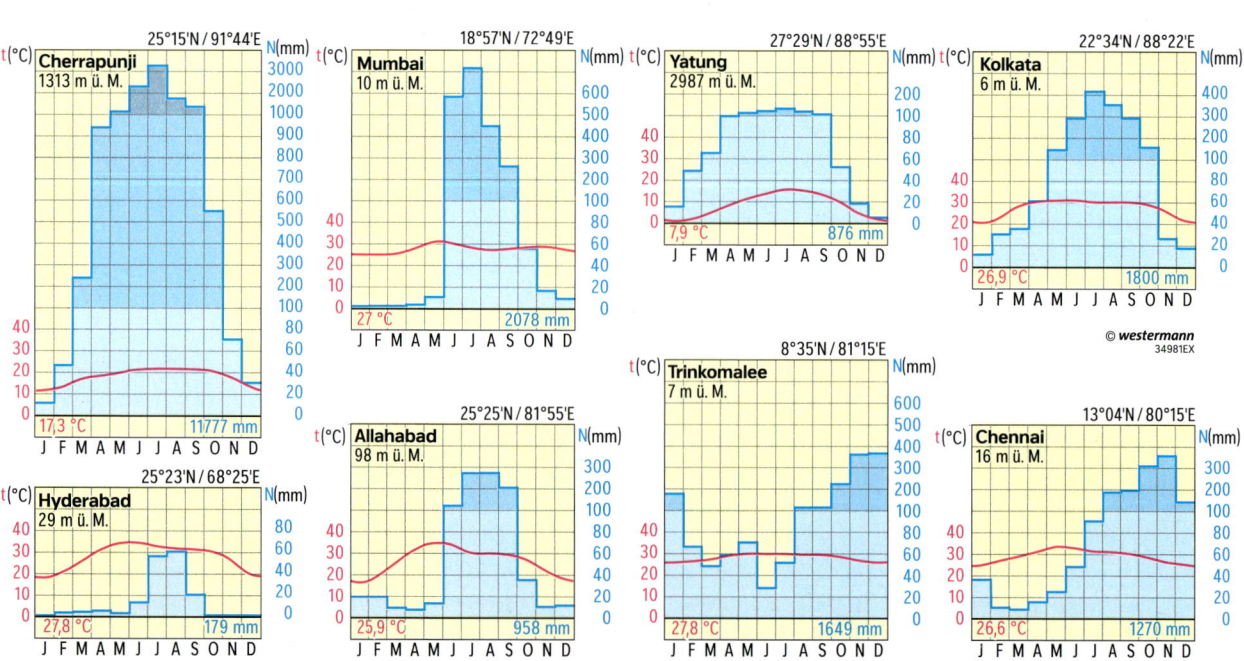

M1   Klimadiagramme südasiatischer Stationen

 100800-164-01
schueler.diercke.de

100800-164-02
schueler.diercke.de

 100800-164-03
schueler.diercke.de

100800-164-04
schueler.diercke.de

 100800-244-04
schueler.diercke.de

M 3 Matheran (Westghats) am 28. Mai (oben) und 28. August (unten)

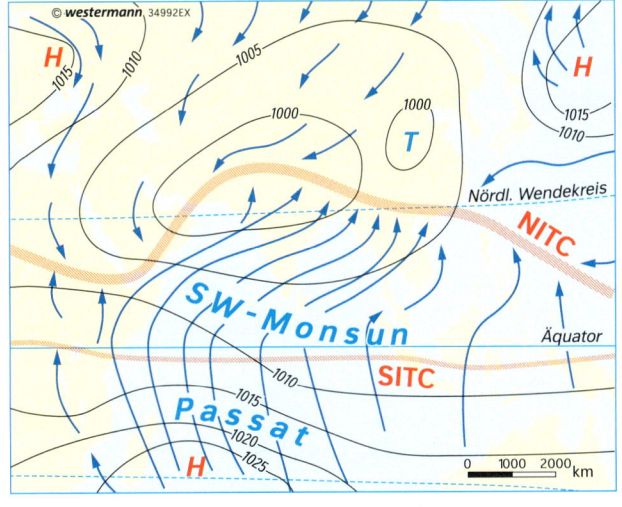

M 4 Sommermonsun (Südwest-Monsun, Juli)

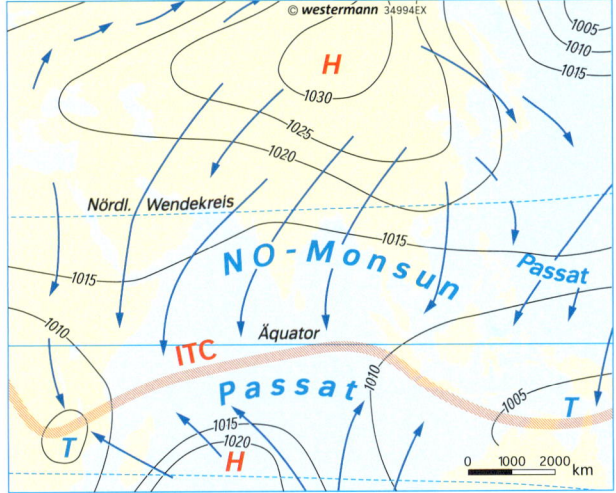

M 6 Wintermonsun (Nordost-Monsun, Januar)

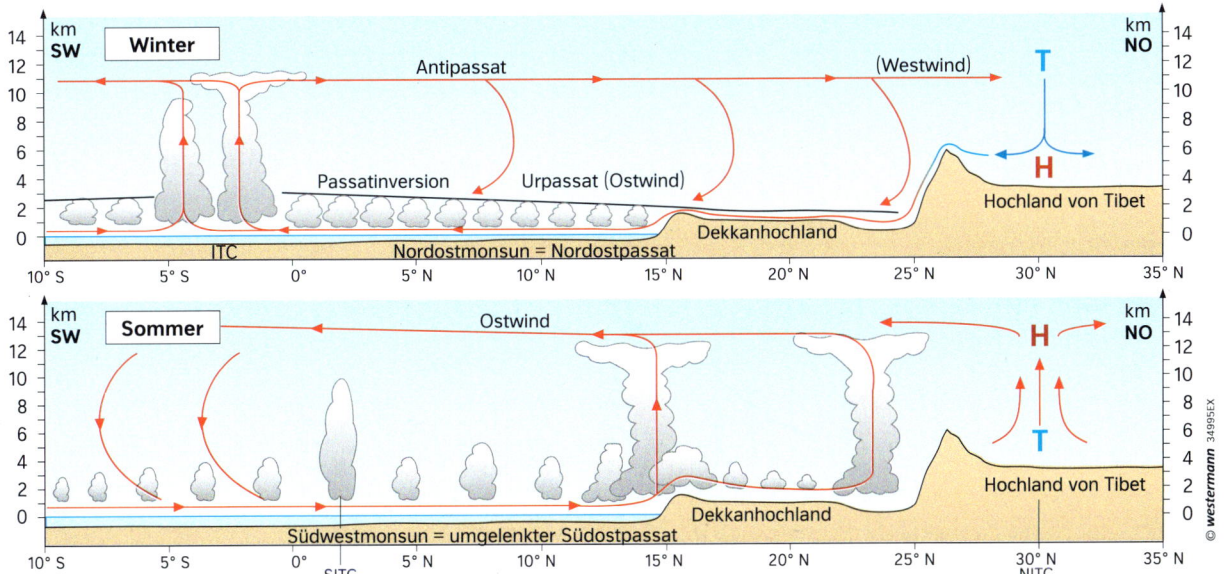

M 5 Schema der Monsunzirkulation in Südasien

1.4 Variabilität des Monsuns

Jedes Jahr spätestens Ende April stellt sich eine ganze Nation die Frage, was die kommende Monsunsaison wohl bringen wird. Nicht nur das Schicksal der Bauern hängt vom Zeitpunkt des Eintreffens, von der Ergiebigkeit und der räumlichen Verteilung der Niederschläge ab. Als der Sommermonsun 2017 begann, sich Ende September – zwei, drei Wochen später als gewöhnlich – aus dem Nordwesten Indiens zurückzuziehen, blickte Indien auf eine Monsunsaison zurück, die in zahlreichen Teilen des Landes schwere Überflutungen hervorgerufen hatte. Allein im Bundesstaat Bihar gab es über 500 Todesopfer. In Nordwest- und Zentralindien aber war es hingegen nur zu unterdurchschnittlichen Regenfällen gekommen. Immerhin hatten fast alle Gebiete, die noch im Vorjahr unter Dürre litten, diesmal zumindest durchschnittliche Regenmengen abbekommen. Klimaforscher gehen davon aus, dass die globale Erwärmung und der Klimawandel den Monsun verändern werden. Die offene Frage ist: Was hat dies für Folgen für die Menschen?

1. Stellen Sie den Jahresgang des Monsuns dar (Kap. 1.3).
2. Charakterisieren Sie die verschiedenen Formen der Variabilität des Monsuns (M1 – M5).
3. Vergleichen Sie die Monsunjahre 2018 und 2019 (M1 – M5).
4. Erläutern Sie die Auswirkungen des Klimawandels auf den Monsun (M1, M7).
5. Erklären Sie die Auswirkungen des Klimawandels auf die Monsunvariabilität im Kontext der Landwirtschaft (M7, M6).
6. Beurteilen Sie die ökonomische Bedeutung der Monsunvorhersage in Indien (M6 – M9).

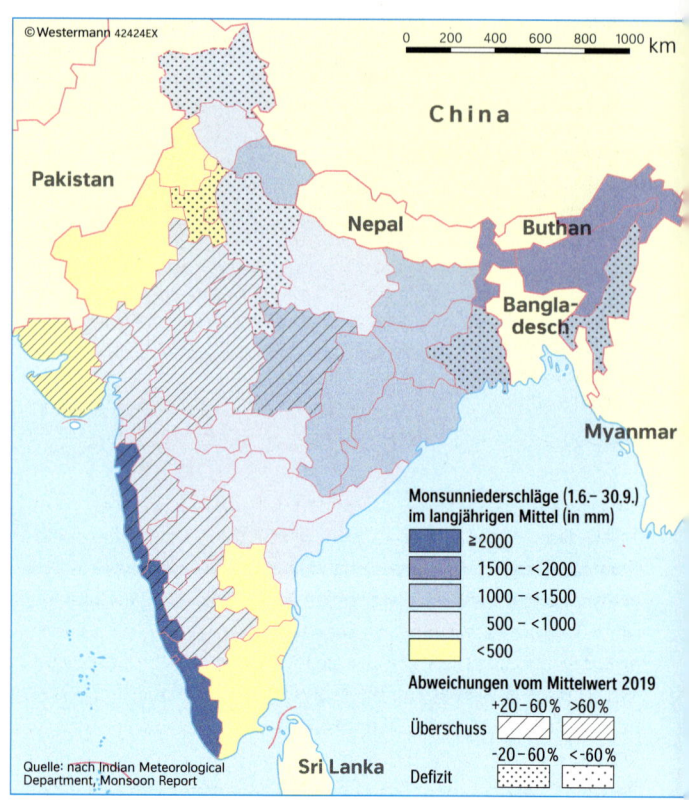

M3   Indien: Mittlerer Monsunniederschlag (1.6. – 30.9.) und Abweichungen vom Mittelwert 2019

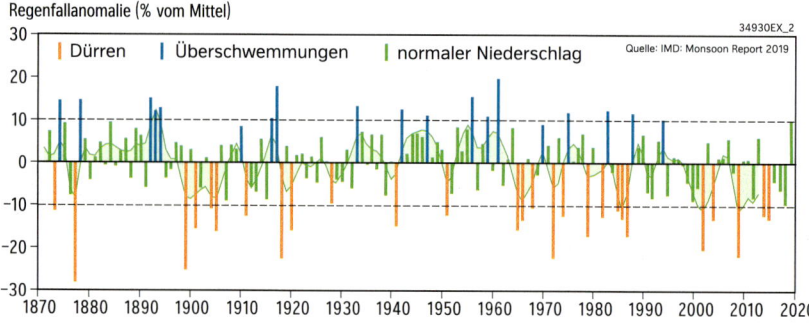

M1   Indien: Variabilität des Monsuns (1870 – 2019)

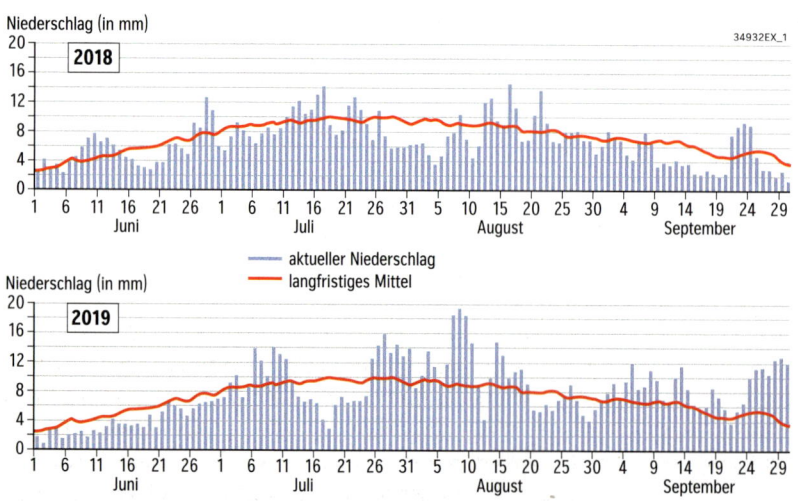

M2   Gewichteter Tagesniederschlag (in mm) 2018 und 2019 und im langfristigen Mittel in Indien während der SW-Monsunperiode

Jahr	Monsun-niederschlag: Abweichungen vom langjährigen Mittel	Anteil der Distrikte mit	
		Normalnie-derschlag/ Überschuss	unterdurch-schnittlichem Niederschlag
2009	77 %	41 %	59 %
2010	102 %	69 %	31 %
2011	102 %	76 %	24 %
2012	93 %	59 %	41 %
2013	106 %	72 %	28 %
2014	88 %	54 %	46 %
2015	86 %	51 %	49 %
2016	97 %	68 %	32 %
2017	95 %	66 %	34 %
2018	91 %	61 %	39 %
2019	110 %	77 %	23 %

Abweichungen vom Durchschnitt (langjähriges Mittel 887,5 mm): überdurchschnittlich >+20%; normal +19 – -19%; unterdurchschnittlich > -20

M4   Indische Distrikte mit über- und unterdurchschnittlichem Niederschlag (2009 – 2019)

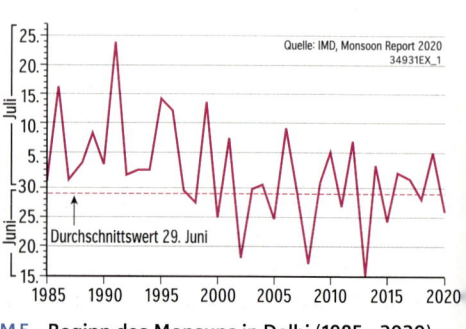

M5   Beginn des Monsuns in Delhi (1985 – 2020)

Niederschläge in der Vormonsunzeit	Gefährdung der Ernte der Vormonsunfrucht
Verfrühter Monsunbeginn	Feldbearbeitung für Monsunfrucht nicht abgeschlossen
Verspäteter Monsunbeginn	Verkürzung der Vegetationsperiode, ggf. Vertrocknen des ausgebrachten Saatguts
Längere Trockenperioden zwischen Monsunereignissen	Felder trocknen aus, ggf. Bewässerung nötig (Kosten steigen)
Verfrühter Rückzug des Monsuns	Wachstum der Frucht noch nicht abgeschlossen, ggf. Bewässerung nötig
Verspäteter Monsunrückzug	Gefährdung der Ernte (ggf. Verfaulen), mögliche Überschwemmungen bei durchfeuchteten Böden und vollen Wasserläufen
Zu geringe Monsunniederschläge	Wasserangebot für Frucht und Folgefrucht zu gering, Wasserspeicher werden nicht voll
Zu hohe Monsunniederschläge	Überschwemmungen, Zerstörung der Ackerfrucht

M 6   Auswirkungen der Variabilität auf die Landwirtschaft

M 7   Interview mit der Klimaforscherin Elena Surovyatkina
In Zusammenarbeit mit indischen Wissenschaftlern arbeiten weltweit Forschungsgruppen mit verschiedenen Methoden an einer Verbesserung der Monsunvorhersage, in Deutschland u. a. Prof. Elena Surovyatkina am Potsdam Institut für Klimafolgenforschung PIK. Während meteorologische Dienste das Einsetzen des Monsuns derzeit nur zwei Wochen im Voraus vorhersagen können, prognostiziert Prof. Surovyatkina den Monsunbeginn bereits 40 Tage und das Ende sogar 70 Tage im Voraus. Dies ist damit eine der frühesten Vorhersagemethoden für den Monsuneintritt. Sie wurde speziell für den zentralen Teil Indiens entwickelt, für den es bisher keine frühen Prognosen gab. Sie legt die Angleichung der Temperaturunterschiede zwischen dem Monsunrandbereich Nordpakistan/Afghanistan und Zentralindien westlich der Ostghats zugrunde und basiert damit auf einer Analyse von Beobachtungsdaten. Der Klimawandel wirkt sich auf die Monsunvariabilität aus und macht daher genaue Vorhersagen noch wichtiger.

Wo liegen die Probleme bei der Monsunvorhersage?
Es gibt drei Aspekte des Problems: Der Monsun beginnt nicht zu einem festen Termin, in verschiedenen Teilen des Landes beginnt er zu verschieden Terminen und von Jahr zu Jahr variiert der Beginn innerhalb einer Monatsspanne. Die Variabilität der Rückzugstermine ist sogar noch höher.

Können Sie uns ein Beispiel nennen, warum eine Monsunvorhersage bedeutsam ist?
Der Niederschlag des Sommermonsuns ist die wichtigste Wasserquelle in Indien. Etwa 80 Prozent des Abflusses der Flüsse findet während der vier bis fünf Monate der Sommermonsunzeit statt. Das Regenwasser wird während der Monsunzeit in einem System von Stauseen für den Bedarf in der Trockenzeit gesammelt. Besonders Wasserkraftwerke werden mit dem Monsunwasser betrieben. Daher ist es am Ende der Monsunzeit oberstes Ziel, so viel Wasser wie möglich zu speichern. Das Ablassen von Wasser aus dem Stausee in diesem Zeitraum wird scharf kritisiert, da es als Verschwendung der höchst wertvollen Ressource gesehen wird. Wenn jedoch die Stauseen voll sind und schwere Regenfälle auftreten, kann dies ein Überlaufen der Stauwerke und Überschwemmungen mit katastrophalen Folgen auslösen, wie weiträumige Zerstörung und Todesopfer. Eine langfristige Monsunvorhersage ist für eine Reduktion des Katastrophenrisikos, für ein Management der Ressourcen Wasser und Energie, für die sichere Versorgung mit Lebensmitteln und Wasser entscheidend.

Der Klimawandel ist möglicherweise auch mit der Monsunzirkulation verbunden. Gibt es gegenwärtig schon Phänomene, die dem Klimawandel zugerechnet werden können?
Der Klimawandel beeinflusst die Zeitabläufe des indischen Sommermonsuns in mehrfacher Hinsicht. Erst einmal hat als Folge zunehmender

M 8   Hangrutschung nach heftigen Regenfällen in Kedarnath (Bundesstaat Uttarakhand, 2013)

M 9   India Meteorological Department in Neu-Delhi. Der zentrale indische Wetterdienst gibt unter anderem Vorhersagen zu Eintritt des Monsuns und zu den zu erwartenden Niederschlägen heraus und veröffentlicht für die einzelnen Bundesstaaten agrometeorologische Ratgeber für die Landwirtschaft mit Wettervorhersagen und Anbauhinweisen.

Temperatur im letzten Jahrzehnt die Intensität der Monsunniederschläge in Zentralindien zugenommen. Dies geschieht, weil die Landoberfläche sich schneller als das Wasser erwärmt. Der Kontrast zwischen heißem Land und dem Ozean und der daraus resultierende Druckgradient führen zu extremem Niederschlag über dem Land in der Anfangsphase des Monsuns. Seit einigen Jahren führt das Überheizen zu Vormonsun-Niederschlag, was den Beginn der Monsunzeit verzögert.

Wenn die Temperatur an der Peripherie des Monsuns in Pakistan und Afghanistan hoch ist, führt dies zweitens zu einer Verzögerung des Monsunrückzugs. Es dauert länger, bis sich der Kontinent soweit abgekühlt hat, dass sich der Monsun zurückzieht. Andererseits verkürzt sich die Monsunperiode, wenn die Temperatur in Nordpakistan niedrig ist (um 4°C geringer als im Durchschnitt der letzten fünf Jahre) – infolge einer Frühjahrshitze in Sibirien wie 2020. Dann dauert es weniger lange, bis die Temperaturen in Nordpakistan das Temperaturniveau Zentralindiens erreichen. Wenn sich schließlich ein Teil des Subkontinents erhitzt, während ein anderer sich abkühlt, führt dies zu extremeren Monsunniederschlägen.

Was müssen die Menschen in Südasien tun, um sich auf die Zukunft einzustellen?
In einer sich erwärmenden Welt müssen sich die Menschen in Südasien vermehrt auf Wetterextreme einstellen. Hitzewellen in der Vormonsunzeit, schwere Stürme zu Beginn des Monsuns und Überschwemmungen in der Endphase des Monsuns können häufiger auftreten. Eine langfristige Vorhersage könnte Regierungen helfen, strategisch zu planen, Ressourcen zu bündeln, präventive Maßnahmen bei den Stauseen durchzuführen um Überlauf und Überflutungen zu verhindern, und die Fähigkeit stärken effektiv auf Katastrophen zu reagieren.

1.5 Land unter! Die Gefahren des Meeresspiegelanstiegs

Immer mehr Inseln und dicht bevölkerte Küstenregionen werden vom steigenden Meeresspiegel, der in Verbindung mit der globaler Erwärmung steht, bedroht. Der Anstieg gefährdet nicht nur Siedlungen, sondern stellt auch eine Gefahr für die Trinkwasserversorgung, die Land- und Forstwirtschaft und die Biodiversität dar. Oftmals stellt sich für die betroffenen Regionen und Menschen die Frage: klimabedingte Anpassung oder Flucht? Die begrenzten technologischen und finanziellen Kapazitäten stellen dabei Staaten wie beispielsweise Bangladesch vor enorme Herausforderungen.

1. Erklären Sie die Ursachen des Meeresspiegelanstiegs (M1, M4).
2. Beschreiben Sie die regionalen Trends des Meeresspiegelanstiegs (M5).
   Ⓩ b) Erklären Sie deren Ursachen (Internet).
3. Erläutern Sie die zukünftige Bedeutung des Klimawandels als Migrationsursache (M8, M9).
4. a) Erläutern Sie die Bedrohungen für Bangladesch bei einem steigenden Meeresspiegel (M5, M6, M7, Atlas).
   b) Flucht oder Anpassung? Erörtern Sie Möglichkeiten Bangladeschs auf die Klimawandelfolgen zu reagieren.
5. Nehmen Sie Stellung zu der Frage, ob Klimawandelfolgen in die Genfer Flüchtlingskonvention als Fluchtgrund aufgenommen werden soll.
6. Nehmen Sie Stellung zu dem Zitat „Wann in der Geschichte mussten wir darüber entscheiden, ganze Länder verschwinden zu lassen?" (Aussage eines Vertreters Tuvalus im Namen von 43 kleinen Inselstaaten bei der 13. UN-Klimakonferenz in Nairobi, November 2006).

M2   Küstenerosion in Bangladesch

M3   Versalzung* der überschwemmten Flächen in Bangladesch

In der Erdgeschichte schwankte der Meeresspiegel als Folge von Warmzeiten und Eiszeiten um nahezu 200 m in der Höhe. Während der letzten 2000 Jahre war er relativ konstant, steigt aber seit Mitte des neunzehnten Jahrhunderts global und regional differenziert an. Für das zwanzigste Jahrhundert wurde mit Gezeitenpegeln ein Anstieg von durchschnittlich 1,8 mm/Jahr gemessen, für die letzten zwei Dekaden zeigen jedoch moderne Satellitenmessungen einen Anstieg von gut 3 mm/Jahr. Ursache dafür sind vermutlich überwiegend anthropogene Klimaänderungen, wobei das langfristige Signal typischerweise von einer dekadischen natürlichen Klimavariabilität überlagert ist.

Zwei Effekte dominieren den Anstieg des globalen Meeresspiegels: zum einen die Erwärmung und die damit zusammenhängende thermische Ausdehnung des Wassers und zum anderen der Eintrag von zusätzlichem Wasser in den Weltozean. Die Hauptquellen hierfür sind schmelzende Eisschilde und Gletscher, auf kürzeren zeitlichen Skalen sind aber durchaus auch Schwankungen des globalen Wasserhaushalts, d.h. Änderungen des Wasseraustauschs zwischen Land und Ozean sowie auch zwischen Atmosphäre und Ozean zu beobachten. Für die weltweit rund 200 Millionen Menschen, die küstennah derzeit weniger als 5 m über dem mittleren Meeresspiegel wohnen, ist der regionale Wasserstand besonders bedeutsam. Anhand der Satellitendaten der letzten 20 Jahre konnte gezeigt werden, dass die regionalen Trends des Meeresspiegels mit bis zu 12 mm/Jahr teilweise erheblich von denen des globalen mittleren Anstiegs abweichen.

Quelle: Saskia Esselborn, Tilo Schöne: Globale Beobachtungen des Meeresspiegels und seiner Änderungen. System Erde. GFZ Journal 1/2012, S. 17

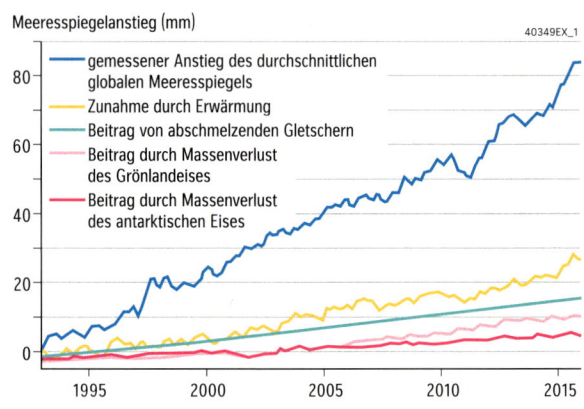

Meeresspiegelanstieg (mm)

40349EX_1

— gemessener Anstieg des durchschnittlichen globalen Meeresspiegels
— Zunahme durch Erwärmung
— Beitrag von abschmelzenden Gletschern
— Beitrag durch Massenverlust des Grönlandeises
— Beitrag durch Massenverlust des antarktischen Eises

M4   Beiträge zum Meeresspiegelanstieg (1993 – 2016)

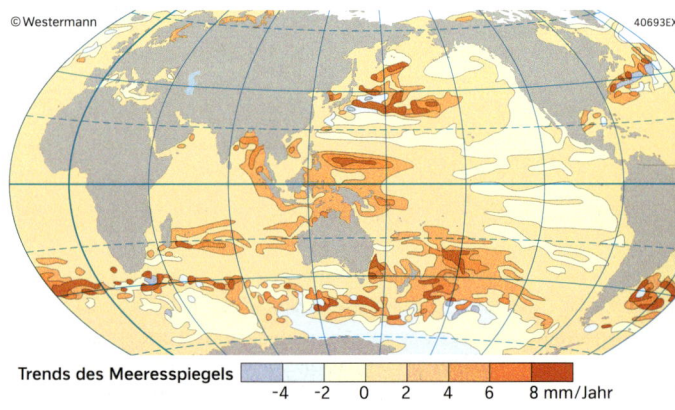

© Westermann   40693EX

Trends des Meeresspiegels
-4 -2 0 2 4 6 8 mm/Jahr

M1   Quellentext zum Meeresspiegelanstieg

M5   Regionale Trends des Meeresspiegelanstiegs (1992 – 2018)

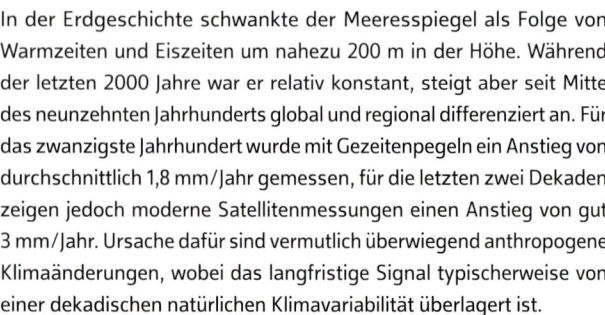

M 6   Auswirkungen des Klimawandels in Küstenregionen in Bangladesch

In diesem Jahrhundert ist nach neueren Studien mit einem Meeresspiegelanstieg von durchschnittlich zwischen etwa 40 cm (bei einer Begrenzung auf 1,5 °C Temperaturanstieg) und fast zwei Meter (bei RCP8.5-Szenarien, die zu 3°C und mehr Anstieg führen) zu rechnen. Bangladesch zählt zu den Ländern, die am stärksten davon betroffen sein werden. Es liegt zum größten Teil im Deltabereich* der drei großen Flüssen Ganges, Brahmaputra und Meghna und besitzt rund 700 Kilometer Küstenlinie. Da weite Teile Bangladeschs nur knapp über dem Meeresspiegel liegen und sich das Land zum Teil auch absenkt, kommt es immer wieder zu verheerenden Überschwemmungen. Zugespitzt wird die Situation durch tropische Wirbelstürme und Sturmfluten. Anders als in Mitteleuropa gibt es jedoch keinen derart ausgedehnten Hochwasserschutz, denn Bangladesch zählt zu den ärmsten Ländern der Welt. Ein Meeresspiegelanstieg von einem Meter würde bis zu 17 000 km^2 (12 % der Landesfläche) Bangladeschs permanent überfluten. Die Folge wäre eine dauerhafte Zerstörung wertvoller Siedlungsgebiete und fruchtbarer Ackerflächen. Böden und Trinkwasserreservoire in Küstennähe drohen zu versalzen. Diese Folgen sind heute bereits in Ansätzen zu sehen und es werden dadurch die für den Küstenschutz wichtigen

Mangroven beschädigt. Für viele Millionen Menschen könnte dies den Verlust der Heimat und ihrer Lebensgrundlage bedeuten. Sturmfluten können aufgrund des höheren Pegels noch stärkere Wirkung entfalten. Allerdings ist hervorzuheben, dass sich Bangladesch nicht seinem „Schicksal" hingibt, sondern seit Jahren bereits vielfältige Maßnahmen der Klimaanpassung unternommen hat, zum Teil mit internationaler Unterstützung, im Küstenschutz wie auch in anderen Bereichen. Diese und zukünftige Maßnahmen hat die Regierung auch offiziell beim UN-Klimasekretariat als Teil seines nationalen Beitrags unter dem Pariser Klimaabkommen eingereicht. Nach Schätzungen der Weltbank sieht sich Bangladesch alleine gegenüber Sturmrisiken und inländischer Überflutung Anpassungskosten von ca. 6,6 Mrd. US-$ bis zum Jahr 2030 gegenüber. [...] Der steigende Meeresspiegel birgt so auch Risiken für die sozialen und wirtschaftlichen Aktivitäten. Anpassungsstrategien sind aufgrund des Mangels an Kapital, Kenntnissen und Technologie [...] nur begrenzt zu realisieren. Als Ausweg bleibt für viele lediglich die Migration [...].

Quelle: Germanwatch (Hrsg.): Diercke Spezial Globaler Klimawandel. Braunschweig: Westermann 2018, S.58

M 7   Quellentext zu Auswirkungen des Meeresspiegelanstiegs in Bangladesch

Zunehmend trägt der Klimawandel dazu bei, dass Menschen geplant oder ungeplant ihre Lebensräume verlassen. Der Klimawandel gehört zu den wesentlichen und an Bedeutung gewinnenden Push-Faktoren [...] neben dem Bevölkerungswachstum in katastrophengefährdeten Gebieten, schneller und ungeplanter Urbanisierung, ungleicher Eigentumsverteilung, schwachen Regierungssystemen und gescheiterten und krisengeschüttelten Staaten. Unter dem Begriff „klimabedingte Migration" werden im Wesentlichen folgende Formen von Migration und Flucht zusammengefasst:

• Migration wegen schleichender Erosion der Lebensgrundlagen;
• fluchtartige Migration infolge von Katastrophen wie Stürmen oder Überschwemmungen;
• Verlust von Territorium infolge des Meeresspiegelanstiegs, der insbesondere für kleine Inselstaaten und flache Küstengebiete zum Teil existenzgefährdende Folgen hat [...].

Der Begriff „Klimaflüchtling" ist dabei eher umstritten, da „Flüchtling" einer klaren Definition nach der Genfer Flüchtlingskonvention unterliegt, der die Folgen des Klimawandels nicht umfasst [...].
Studien [...] lassen erwarten, dass das Ausmaß der Migration infolge des Klimawandels in den nächsten Jahrzehnten – je nach Ausmaß des Temperaturanstiegs und den ergriffenen Klimaanpassungsmaßnahmen – stark ansteigen könnte. Wenngleich der größte Teil der klimabeding-

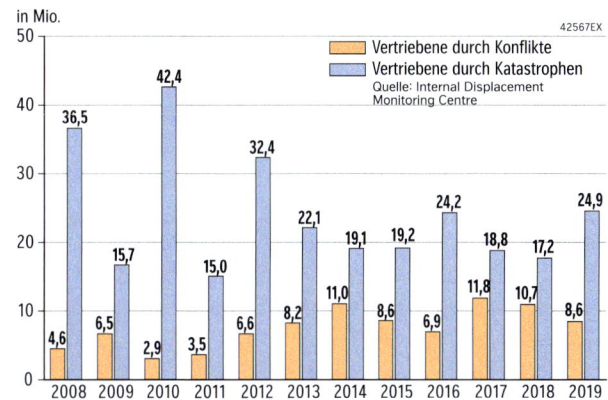

M 9   Anzahl der neu vertriebenen Menschen durch Konflikte und Katastrophen weltweit (2008 – 2019)

ten Migration derzeit noch innerhalb von Staaten stattfindet, gibt es natürlich auch Wanderung über Grenzen hinweg. Zudem besteht die Erwartung, dass diese Herausforderung in Zukunft noch wächst, insbesondere wenn besonders dicht besiedelte Staaten stark durch den Klimawandel betroffen sind und Land knapp wird (z.B. in Bangladesch).

Quelle: Germanwatch (Hrsg.): Diercke Spezial Globaler Klimawandel. Braunschweig: Westermann 2018, S.62

M 8   Quellentext zum Klimawandel als Migrationsgrund

1.6 Naturrisiken und Verwundbarkeit

Abgesehen von den Unabwägbarkeiten des Monsuns sind die Menschen Südasiens verschiedenen weiteren Naturrisiken ausgesetzt, die regelmäßig zu Naturkatastrophen mit vielen Todesopfern und Verletzten sowie Milliardenschäden führen. Doch ist dies allein auf die hohe Gefährdung der Region für Naturereignisse wie Erdbeben, Tsunamis, tropische Wirbelstürme, Überschwemmungen und Erdrutsche zurückzuführen?

1. Beschreiben Sie die vorherrschenden Naturrisiken in Südasien und dessen räumliche Verteilung (M2, Atlas).
Ⓩ 2. Erläutern Sie die Besonderheiten im Auftreten und den Folgen von Naturkatastrophen in Asien (M9).
3. Erläutern Sie arbeitsteilig die verschiedenen Naturrisiken (Gruppenpuzzle). Gehen Sie dabei auf mögliche Ursachen und Folgen ein (M1, M5, M9, Atlas, Internet).
4. Nehmen Sie Stellung, inwiefern eine Naturkatastrophe das Ergebnis einer Kombination von Risiko und Verwundbarkeit ist (M4).
5. a) Erläutern Sie das Konzept des Weltrisikoindexes (Atlas).
   b) Vergleichen Sie den Weltrisikoindex der südasiatischen Staaten (M3, Atlas).
6. Beurteilen Sie unter dem Gesichtspunkt der Vulnerabilität* die Maßnahmen zum Katastrophenschutz in Indien und Bangladesch sowie die aktuellen Herausforderungen (M6, M8, Internet).

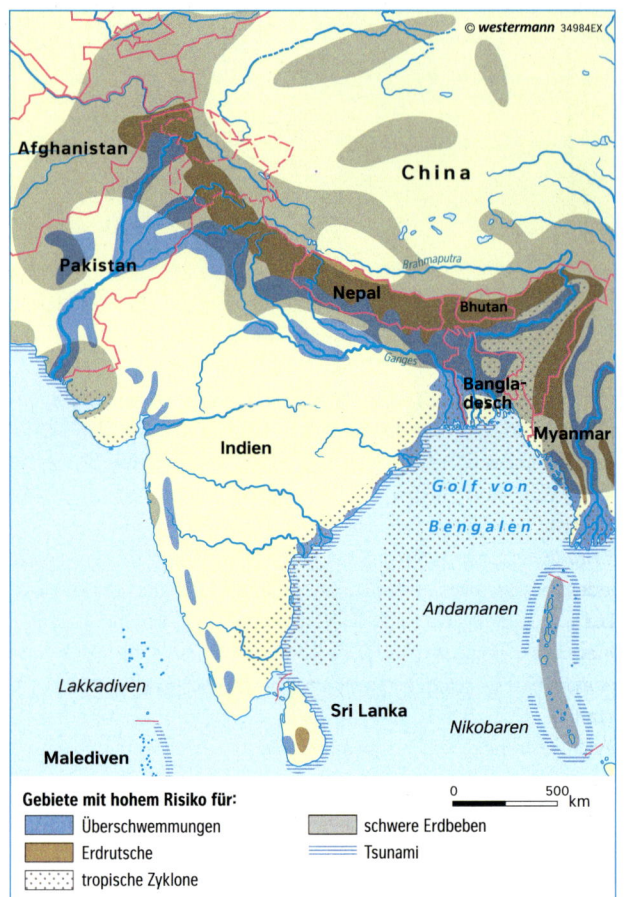

Gebiete mit hohem Risiko für:
- Überschwemmungen
- Erdrutsche
- tropische Zyklone
- schwere Erdbeben
- Tsunami

0   500 km

M2 Naturrisiken in Südasien

Land	Rang	Weltrisiko-index (in %)	Gefährdung (in %)	Vulnerabili-tät (in %)
Bangladesch	13	16,40	28,28	57,98
Indien	89	6,62	12,51	52,94
Malediven	171	2,12	4,77	44,40
Nepal	121	4,77	8,62	55,28
Pakistan	87	6,68	11,74	56,89
Sri Lanka	74	7,57	15,99	47,32
Deutschland	*162*	*2,63*	*11,52*	*22,81*
Vanuatu	*1*	*49,74*	*86,77*	*57,32*

Quelle: Weltrisikobericht

M3 Die südasiatischen Staaten im Weltrisikoindex 2020

Datum	Ereignis	Gebiet	Tote	Schäden (in Mio. US-$)	Erläuterung / Schadensbeschreibung
Jan. – Dez. 2015	Dürre	Indien	k.A.	1500	Dürre infolge eines verspäteten und schwächeren Monsuns; Ernte auf 37 000 km² beschädigt, 30 % Ernteverlust; 6 Mio. Bauern betroffen
25.4.2015	Erdbeben	Nepal, Bangladesch, China, Indien	17 821	4800	Stärke 7,8; 920 000 Häuser, Kulturdenkmäler zerstört; >21 000 Verletzte, 65 000 Evakuierte, 3,5 Mio. Obdachlose
Mai – Juni 2015	Hitzewelle	Indien, Pakistan	3670		Hohe Temperaturen (48 °C), Dürre, hitzebedingte Todesfälle
Juni – Mitte Oktober 2017	Monsun, Überschwemmung	Indien, Nepal, Bangladesch	2670	3500	Nepal: Überschwemmung von 40 Mio. ha Land, 70 000 Haus- und Nutztiere verendeten. Bangladesch: enorme Beschädigung der Infrastruktur und 750 000 Häuser (100 000 zerstört)
26.4.2019	Zyklon* Fani	Indien, Bangladesch	89	8100	Kat.5-Zyklon; Böen bis 250 km/h, 1,2 Mio. Evakuierungen in Odisha
1.8 – 26.8. 2019	Monsun, Überschwemmung	Indien	215	7000	Monsun-Regenfälle, Erdrutsche, 120 000 Menschen in Notlagern, Zerstörung > 200 Häusern
24.9.2019	Erdbeben	Pakistan	40	100 – 1000	Stärke 5,4; 850 Verletzte; Häuser und Infrastruktur zerstört (4 Brücken)
August 2020	Monsun, Überschwemmung	Pakistan	249	k.A.	Starke Monsunregenfälle, 77 000 Häuser zerstört, 300 000 auf Nahrungsmittelhilfe angewiesen

M1 Naturkatastrophen in Südasien (Auswahl)

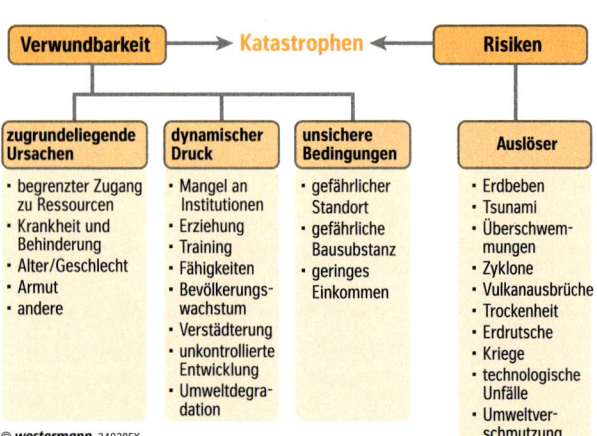

Verwundbarkeit → Katastrophen ← Risiken

zugrundeliegende Ursachen
- begrenzter Zugang zu Ressourcen
- Krankheit und Behinderung
- Alter/Geschlecht
- Armut
- andere

dynamischer Druck
- Mangel an Institutionen
- Erziehung
- Training
- Fähigkeiten
- Bevölkerungswachstum
- Verstädterung
- unkontrollierte Entwicklung
- Umweltdegradation

unsichere Bedingungen
- gefährlicher Standort
- gefährliche Bausubstanz
- geringes Einkommen

Auslöser
- Erdbeben
- Tsunami
- Überschwemmungen
- Zyklone
- Vulkanausbrüche
- Trockenheit
- Erdrutsche
- Kriege
- technologische Unfälle
- Umweltverschmutzung

© *westermann* 34938EX

M4 Katastrophe – Verwundbarkeit und Risiko

M5   Schäden nach Zyklon* Amphan in Kolkata Mai 2020

M7   Notausgabestelle bei Kolkata im Juni 2020

In Indien und Bangladesch verursachte Zyklon Amphan im Mai [2020] extreme Schäden. Zwischenzeitlich war Amphan ein Superzyklon der höchsten Kategorie mit Windgeschwindigkeiten von bis zu 260 km/h. Beim Auftreffen auf Land in West-Bengalen an der Grenze zu Bangladesch hatte der Sturm Windgeschwindigkeiten von etwa 150 km/h. Die hohen Windgeschwindigkeiten, extreme Niederschläge und eine meterhohe Sturmwelle verursachten hohe Schäden. Tausende Häuser wurden zerstört, Millionen Menschen waren ohne Strom. 135 Menschen starben. Mehrere Millionen Menschen waren evakuiert worden. Die Evakuierungen wurden durch die Corona-Pandemie erschwert, da wegen der Social-Distancing-Regeln weniger Menschen in Schutzgebäude durften. Mit einem Gesamtschaden von rund 11,5 Mrd. US$ war Amphan einer der teuersten Wirbelstürme im nordindischen Ozean. Der versicherte Schaden steht noch nicht fest, dürfte aber nur einen geringen Anteil ausmachen.

Quelle: Munich Re: Hohe Schäden durch Gewitter in Nordamerika – Die Naturkatastrophen-Bilanz des 1. Halbjahres. 23.7.2020

Der Bezirk Satkhira [an der Küste im Westen von Bangladesch] war eines der am stärksten betroffenen Gebiete des Landes. Der Zyklon schwemmte Dämme, Lehmhäuser und Fischzuchten weg, auf die Tausende von Familien für ihren Lebensunterhalt angewiesen waren, und die sanitären Infrastrukturen brachen zusammen. Vor Amphan hatte bereits der Ausbruch von COVID-19 am 26. März 2020 Bangladesch lahmgelegt. Mit 68504 gemeldeten Fällen und Tausenden weiteren, die aufgrund der Abriegelungsmaßnahmen ihre Lebensgrundlage verloren haben, sind die Herausforderungen für marginalisierte Gemeinschaften, die in katastrophengefährdeten Gebieten leben, noch größer. [...]

Als Amphan zuschlug, traten [die Leiterin einer gemeindebasierten Frauenorganisation Shampa Goswami] und ihr Team in Aktion und halfen bei der Evakuierung von rund 150 Frauen und Männern in Zyklon-Schutzräume. „Viele Menschen wollten ihre Häuser nicht verlassen, weil sie erstens nicht sicher waren, wie stark der Zyklon sein würde, und zweitens befürchteten, sich mit COVID-19 zu infizieren", erklärt Goswami. Mein Team und ich überzeugten sie, in den Schutzraum zu gehen, um ihr Leben zu retten und Masken zu tragen, um sich vor der Krankheit zu schützen. [...] Die Aufrechterhaltung der physischen Distanz war eine große Herausforderung in einem dicht besetzten Schutzraum. „Es gab etwa 100-120 Menschen, die in 5-7 Räumen untergebracht waren. In einem Zyklon-Schutzraum lebten 15-20 Menschen in einem Zimmer, mit 4-5 Familien, die sich sehr gut kannten und nicht getrennt werden wollten", erinnert sich Goswami.

Quelle: UN Woman: As Bangladesh battles COVID-19 and the aftermath of Super Cyclone Amphan, women's organizations lead their communities through recovery. New York 15.6.2020 (Übersetzung: Thilo Girndt)

M6   Quellentexte zum Zyklon* Amphan

Mit „Fani" traf Anfang Mai [2019] der schwerste Zyklon seit 20 Jahren Indien und Bangladesch. In den 1970er-Jahren jedoch forderten ähnliche Stürme Hunderttausende Todesopfer – diesmal starben 56 Menschen. Der Grund: Indien und Bangladesch haben seit den großen Katastrophen sehr viel dafür getan, die Menschen zu schützen. Einmal durch Aufklärung. So gehen in Bangladesch Behördenmitarbeiter von Tür zu Tür und erklären die richtigen Verhaltensweisen. Außerdem werden die Warnungen verständlich verfasst und frühzeitig über Radio, Fernsehen und Soziale Medien verbreitet. Der Aufwand, der betrieben wird, ist hoch. So wurden in Indien mehr als eine Million Menschen evakuiert. Der Verlust an Menschenleben ist sehr viel geringer – allerdings bleibt der wirtschaftliche Schaden hoch. [...] Zudem sorgt der Klimawandel dafür, dass Schutzmaßnahmen sozusagen neu gedacht werden müssen [...]. Die Stürme werden stärker, der Meeresspiegel steigt – und beides verschärft die Auswirkungen. Wenn heute beispielsweise Deiche geplant werden, muss sich die Höhe nach den Simulationen für das Jahr 2080 oder 2100 richten [...]. Die Tsunami-Frühwarnsysteme sind auf Ereignisse ausgelegt, die durch Erdbeben entstehen. Im vergangenen Jahr ist Indonesien beispielsweise von einem tödlichen Tsunami getroffen worden, der durch einen untermeerischen Erdrutsch entstanden ist. Darauf ist das Frühwarnsystem nicht ausgelegt. Hier muss technologisch noch einiges geschehen.

Quelle: Dagmar Röhrlich: Frühwarnsysteme müssen umfassender werden. Deutschlandfunk 15.5.2019

M8   Quellentext zum Zyklonen-Katastrophenschutz in Indien

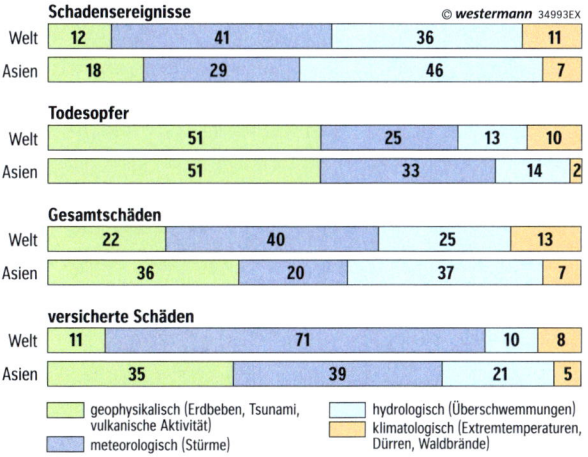

Schadensereignisse   © *westermann* 34993EX

Welt	12	41	36	11
Asien	18	29	46	7

Todesopfer

Welt	51	25	13	10
Asien	51	33	14	2

Gesamtschäden

Welt	22	40	25	13
Asien	36	20	37	7

versicherte Schäden

Welt	11	71	10	8
Asien	35	39	21	5

- geophysikalisch (Erdbeben, Tsunami, vulkanische Aktivität)
- meteorologisch (Stürme)
- hydrologisch (Überschwemmungen)
- klimatologisch (Extremtemperaturen, Dürren, Waldbrände)

M9   Naturkatastrophen nach Hauptgefahren in Asien und weltweit (Schadensereignisse, Todesopfer, Schäden; 1980 bis 2014, Anteile in %)

1.7 Geteilt in die Unabhängigkeit

Viele Regionen auf der Welt leiden unter den Folgen der Kolonialzeit. Auch in Südasien kommt dem Erbe der britischen Kolonialherren bis heute eine wichtige Rolle zu. Die Politik der südasiatischen Staaten und zahlreiche Probleme in ihren wechselseitigen Beziehungen lassen sich nur vor dem Hintergrund des Gangs in die Unabhängigkeit verstehen. Hier nahmen viele der bis heute andauernden zwischenstaatlichen Konflikte ihren Ausgang. Die Bevölkerungsverschiebungen, die die Teilung Britisch-Indiens mit der Unabhängigkeit auslöste, veränderten zudem die regionalen Bevölkerungsstrukturen und führten zu internen Spannungen.

1. Beschreiben Sie Britisch-Indien am Ende der Kolonialzeit (M1, M3).
2. Erläutern Sie die Kriterien und die Praxis der Teilung Britisch-Indiens 1947 (M2, M3).
3. Analysieren Sie die Migrationen in Pakistan und Indien nach der Teilung (M2, M4, M6, M7).
4. Die Art der Integration in die Zielgesellschaft lief für verschiedene Gruppen von Flüchtlingen ganz unterschiedlich ab. Erläutern Sie Aspekte dieser Unterschiede (M5, M8).
5. Erläutern Sie den Kaschmirkonflikt als Konsequenz der britisch-indischen Teilung (M9, M10).
6. Die Folgen der Teilung zeigen sich unter anderem in der heutigen Religionsverteilung in Südasien. Analysieren Sie M11 vor dem Hintergrund von M2.

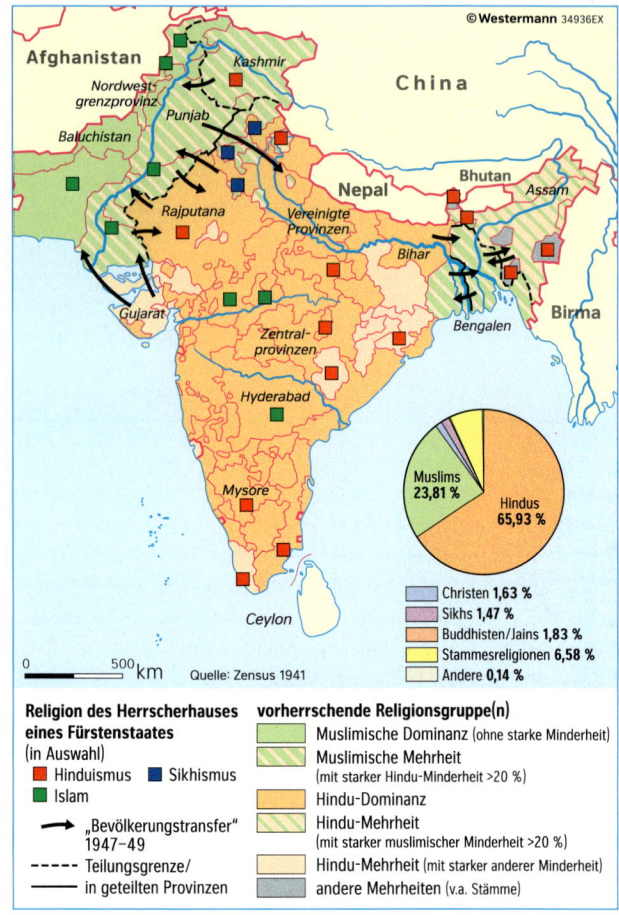

© Westermann 34936EX

Religion des Herrscherhauses eines Fürstenstaates (in Auswahl)
- 🟥 Hinduismus
- 🟦 Sikhismus
- 🟩 Islam
- → „Bevölkerungstransfer" 1947–49
- ---- Teilungsgrenze/
- —— in geteilten Provinzen

vorherrschende Religionsgruppe(n)
- Muslimische Dominanz (ohne starke Minderheit)
- Muslimische Mehrheit (mit starker Hindu-Minderheit >20 %)
- Hindu-Dominanz
- Hindu-Mehrheit (mit starker muslimischer Minderheit >20 %)
- Hindu-Mehrheit (mit starker anderer Minderheit)
- andere Mehrheiten (v.a. Stämme)

Muslims 23,81 %
Hindus 65,93 %
- Christen 1,63 %
- Sikhs 1,47 %
- Buddhisten/Jains 1,83 %
- Stammesreligionen 6,58 %
- Andere 0,14 %

Quelle: Zensus 1941

M2 Die Teilung Britisch-Indiens und Religionsgruppen in Britisch-Indien vor der Teilung

Seit Anfang des 16. Jahrhunderts hatten Portugiesen an der Küste Handelsniederlassungen gegründet. Holländer, Franzosen, Dänen, vor allem aber die Briten folgten. 1619 erhielt die British East India Company* im Mogulreich* Handelsprivilegien und eroberte 1757 Bengalen und anschließend weitere Teile Südasiens. Seit 1877 war Britisch-Indien Teil des Empire und galt als „Juwel in der britischen Krone". [...] Nicht das ganze Land wurde direkt durch den britischen Vizekönig verwaltet; einheimische Fürsten, Maharajas, herrschten weiterhin über weite Teile des Landes, hatten aber die britische Oberhoheit zu akzeptieren und Steuern zu zahlen. Schließlich gab es im Nordwesten Stammesgebiete, die keinem Fürsten unterstanden, sondern zwar von britischen Beamten beaufsichtigt wurden, in internen Fragen aber große Autonomie besaßen. [...]
Seit Mitte des 19. Jahrhunderts wuchs der regionale Widerstand gegen die Kolonialherren und nahm unter dem 1885 gegründeten Indian National Congress* nationale Formen an. 1906 wurde die All India Muslim League gegründet, die später auf einen eigenen Staat für Muslime auf indischem Boden hinarbeitete. Mit Agitation, Mitteln des gewaltfreien Widerstandes und zivilen Ungehorsams führte Gandhi, genannt Mahatma, „Große Seele", seit den 1920er-Jahren die Unabhängigkeitsbewegung. Nach dem Zweiten Weltkrieg akzeptierten die Briten schließlich die Unabhängigkeit, und 1947 wurde Britisch-Indien, 1948 Ceylon (heute Sri Lanka) selbständig. Mit der Unabhängigkeit wurde British-Indien aufgeteilt in Pakistan als Staat indischer Muslime und Indien/Bharat, das sich als säkularer Staat versteht. Mit der Unabhängigkeit einher ging ein enormer Bevölkerungsaustausch zwischen Indien und Pakistan (damals noch West- und Ostpakistan, seit 1971 Bangladesch), den Millionen Menschen nicht überlebten.
Quelle: Basabi Khan Banerjee, Georg Stöber: Diercke Spezial Südasien. Braunschweig: Westermann 2012, S. 10–11

M1 Quellentext zu Südasien am Ende der Kolonialzeit

Gebiete	Teilungskriterien
Von Großbritannien direkt verwaltetes Gebiet und Stammesgebiete	Teilung in die zwei Staaten Indien (mehrheitlich Hindus) und Pakistan (muslimisch), wobei sich der Grenzverlauf an der Mehrheitsreligion der Bevölkerung der Gebiete orientierte
Fürstenstaaten* (Princely States; nominell unabhängige, von einheimischen Fürsten regierte Staaten unter britischer Oberhoheit)	freie Entscheidung der Herrscher, welchem Staat sie beitreten wollten (keine Berücksichtigung der Religion der Bevölkerung)
Kolonien anderer europäischer Staaten (z.B. Goa, Mahé, Pondicherry), britische Kronkolonie Ceylon, die Protektorate Sikkim und Bhutan	zunächst nicht in die Teilung einbezogen, portugiesische und französische Niederlassungen traten bei ihrer späteren Unabhängigkeit der Indischen Union bei

M3 Kriterien bei der Teilung Britisch-Indiens

	Bevölkerung[1] 1945	Auswanderung[2]	Einwanderung[2]
Indien	336,56 Mio.	8,5 Mio.	7,3 Mio.
Westpakistan	32,74 Mio.	5,4 Mio.	6,5 Mio.
Ostpakistan[3]	40,29 Mio.	2,9 Mio.	0,7 Mio.

[1] Bezogen auf das Gebiet des heutigen Staates
[2] Bevölkerungstransfer in direkter Folge der Teilung (bis 1951)
[3] seit 1971 Bangladesch

M4 „Bevölkerungstransfer" als Folge der Teilung Südasiens 1947–1951

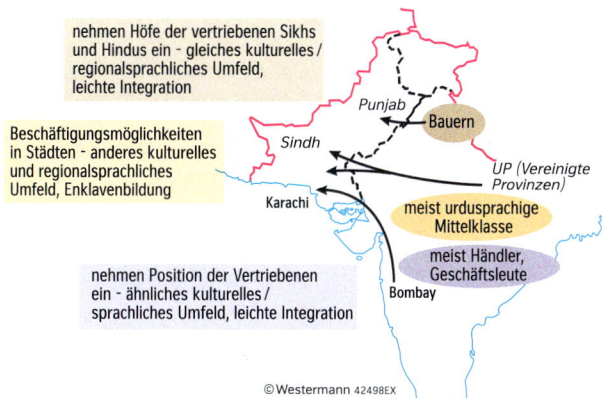

M 5 Muslimische Auswanderer (Muhajirs*) nach Westpakistan

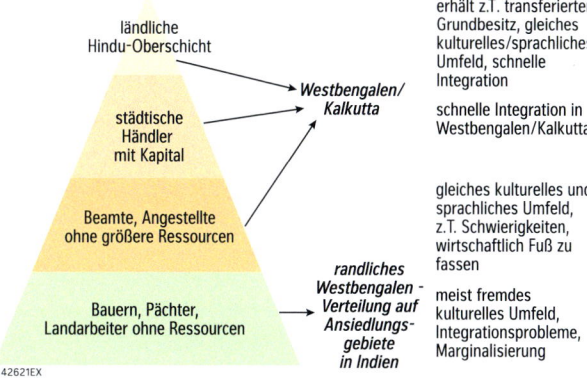

M 8 Hinduistische Auswanderer aus Ostpakistan nach Indien

Die britisch-indische Teilung ist auch die Ursache für den Kaschmir-konflikt, der bis heute das indisch-pakistanische Verhältnis belastet. Die mehrheitlich muslimische Bevölkerung Kaschmirs verlangte mit der Unabhängigkeit einen Anschluss an Pakistan. Es kam zu Aufständen gegen das unterdrückerische Herrscherhaus. Der hinduistische Maharaja, der eine Eigenständigkeit anstrebte, sah sich gezwungen, der Indischen Union beizutreten, um militärische Unterstützung gegen die Aufständischen zu erhalten. Es kam zum ersten pakistanisch-indischen Krieg. Ein zweiter Krieg wurde 1972 mit einer (vorläufigen) praktischen Teilung Kaschmirs entlang einer Waffenstillstandslinie beendet. Indien wie Pakistan erachten den von der Gegenseite verwalteten Teil als vom anderen widerrechtlich besetzt. Anschläge von Terrororganisationen, die von pakistanischer Seite aus operieren, und Militäraktionen über die Waffenstillstandslinie hinweg halten bis heute den Konflikt in einer heißen Phase.

M 9 Der Kaschmirkonflikt

[Foto]

M 6 Muslimische Flüchtlinge auf einem Bahnhof in Delhi 1947

„Unsere Nachbarn waren Muslime. Wir besaßen das meiste Land, aber vor 1947 lebten wir wie Brüder. Es gab keine Differenzen zwischen uns [...]. Am 15. August 1947 gab die Regierung die Teilung bekannt. Wir hatten keine Angst. Wir hatten von der Idee von Pakistan gehört, aber wir dachten, das mache für uns keinen Unterschied. [...] Dann, ganz plötzlich, am 10. September, bekamen wir eine Nachricht vom obersten Beamten von Lyallpur. Die besagte: ,Ihr Leute könnt nicht bleiben, ihr müsst euer Haus und euer Dorf verlassen und nach Indien gehen.' [...] Was sollten wir machen? Alle Dorfbewohner begannen, ihre Sachen auf Ochsenkarren zu laden. [...] Als wir am nächsten Morgen gegen sechs oder sieben losziehen wollten, erschienen plötzlich vielleicht fünf- oder sechstausend Muslime vor den Dorfmauern, schwangen ihre Schwerter und nannten uns Hunde und Ungläubige. [...] In der zweiten Nacht [...] kam die englische Armee. [...] Am nächsten Tag evakuierte uns der englische Colonel auf seinen Lastwagen. Jeder konnte nur eine kleine Tasche mitnehmen und wir mussten all unsere Karren, die Ziegen, Schafe, Büffel und Ochsen zurücklassen. [...] Der Colonel brachte uns nach Amritsar und von da nahmen wir den Zug nach Delhi."
Quelle: William Dalrymple: City of Djinns. New Delhi 2004, S. 39 – 45

„Ich wurde 1941 in einem kleinen Dorf in der Nähe des Flusses Beas geboren, es hieß Gadriwal. Das liegt heute in Indien. Ich kann mich noch gut an die Kindheit dort erinnern. Ich habe im Fluss Schwimmen gelernt. Nur im Monsun war der Strom zu reißend. Sonst konnten wir immer dort schwimmen. [Unsere] Nachbarn waren überwiegend Muslime. Aber das sei damals egal gewesen [...]. Im Sommer 1947 waren wir im Dorf. Es waren Ferien. Mein Vater war Lehrer. Dann erfuhren wir, dass das Dorf von Hindus angegriffen werden sollte. Wir mussten flüchten. Wir sind nachts über den Fluss, in Booten. Tagsüber haben wir uns aus Angst vor den Hindus in den Feldern versteckt. Drei Nächte lang waren wir unterwegs, bis wir die Hauptstraße nach Lahore erreichten. Dort waren riesige Menschenmassen unterwegs."
Quelle: Silke Diettrich, Jürgen Webermann: Das Trauma ewiger Feindschaft. Deutschlandfunk 27.2.2019

M 7 Zeitzeugenberichte über die Teilung des Punjab 1947

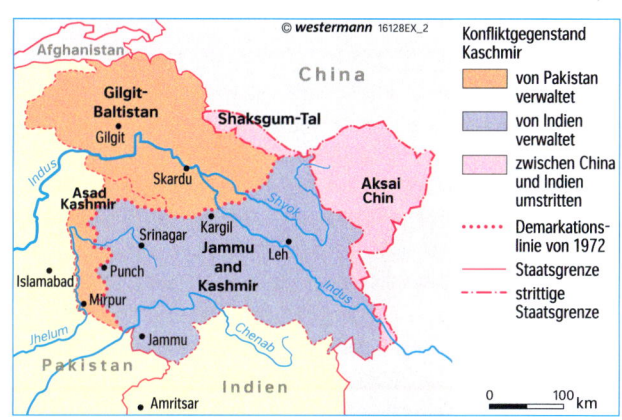

M 10 Kaschmir

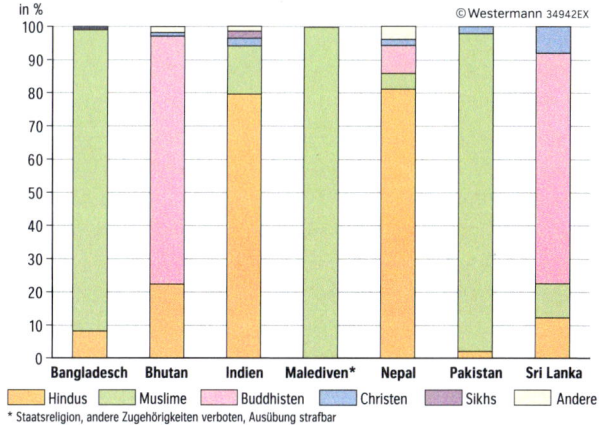

M 11 Südasien: Religionszugehörigkeit der Bevölkerung (2015)

1.8 Vom Konflikt zur Zusammenarbeit?

Auch wenn in der öffentlichen Wahrnehmung vor allem Pakistan von Konflikten zerrissen scheint, gibt es doch kaum einen Staat in Südasien, in dem es nicht gewaltsame innere Konflikte gäbe, die zum Teil über die Grenzen in die Nachbarländer ausstrahlen und das Verhältnis zwischen den Staaten negativ beeinflussen. Hinzu kommen zwischenstaatliche Konflikte, sei es um umstrittene Territorien wie Kaschmir oder die Nutzung des Flusswassers (vgl. Kap. 2.10). Zusätzliche Brisanz entsteht dadurch, das Indien und Pakistan Atomwaffen besitzen. Auch China, der große Nachbar im Norden und regionaler Gegenspieler Indiens, ist ein wichtiger Faktor in der komplizierten geopolitischen Situation, in der sich Südasien befindet. Kann eine produktive regionale Zusammenarbeit, wie sie die Gründung der SAARC (South Asian Association for Regional Cooperation) anstoßen wollte, unter solchen Bedingungen gelingen?

M 2   Atomar bestückbare Mittelstreckenrakete bei einer Militärparade zum Nationalfeiertag in Islamabad 2021

Ⓩ 1. Recherchieren Sie einen internen Konflikt in Südasien (M4) und stellen ihn in einem Kurzreferat vor.
2. Erläutern Sie den zentralen Konflikt in der Region zwischen Indien und Pakistan (M1).
3. Stellen Sie die weiteren zwischenstaatlichen Konfliktlagen der südasiatischen Staaten dar (M4, M6).
4. Charakterisieren Sie die Rolle Chinas in Südasien (M1).
5. Vergleichen Sie die Bedeutung des Militärs und der Militärausgaben in den südasiatischen Staaten (M5, M8). Setzen Sie die Militär- in Beziehung zu den Bildungsausgaben.
6. Erläutern Sie die Schwierigkeiten, die einer südasiatischen Integration innerhalb einer Organisation wie der SAARC entgegenstehen (M4, M7).

M 3   Proteste einer indischen radikalen Hindu-Organisation nach einem pakistanischen Überfall auf eine Polizeistation in Kaschmir

Trotz jahrzehntelanger Verhandlungen haben sich die beiden asiatischen Großmächte Indien und China nicht über den umstrittenen gemeinsamen Grenzverlauf im Himalaya verständigen können. [...] Keine der beiden Seiten rückt von ihrer Position ab, und beide wollen jeden Zentimeter umstrittenen Territoriums verteidigen. Um drei Gebiete entlang der fast 4000 km langen Grenze geht der Streit. Im westlichen Teil das sogenannte Aksai Chin, im östlichen Teil der indische Staat Arunachal Pradesh, den China als Süd-Tibet bezeichnet, und als drittes der mittlere Sektor, weniger umstritten und von China als „Sikkim State of the Republic of India" quasi informell anerkannt.

Der Grenzkonflikt hat seinen Ursprung in der Kolonialzeit. Großbritannien hinterließ das Gebiet bei der Unabhängigkeit Indiens als „undefinierte Grenze zwischen China und Indien". Verschiedene Konventionen [...] werden von Indien und China unterschiedlich interpretiert, und immer wieder versuchen beide Seiten, mit Nadelstichen die eigene Position zu stärken. 1962 führten die Differenzen zu einem Krieg, bei dem die indische Armee eine empfindliche Niederlage erlitt, die in Neu-Delhi bis heute als Schmach empfunden wird. [...] Die Rivalität zwischen Indien und China sitzt tief und betrifft auch das Verhältnis zu Pakistan, Indiens „Erzfeind". China unterstützt Pakistan politisch und ökonomisch und stärkt, zum Ärger und zur Sorge Indiens, das pakistanische Militär. Trotz einiger Versuche Indiens, die Beziehungen zu Pakistan zu normalisieren, führt der Streit um Kaschmir seit der Unabhängigkeit vor mehr als sieben Jahrzenten immer wieder zu Rückschlägen. Vier Kriege zwischen den beiden Atommächten Indien und Pakistan hinterließen eine Beziehung, die

durch Ressentiments und Misstrauen gekennzeichnet ist. Der nicht gelöste Kaschmirkonflikt, die territorialen Ansprüche beider Seiten, der Ruf nach Autonomie in Kaschmir selbst und der von pakistanischen Milizen ausgehende Terrorismus lassen kaum Spielraum für Diplomatie zu. Bislang bedroht man sich mit konventionellen militärischen Mitteln, doch beide Seiten haben ein einsatzfähiges Atomarsenal in der Hinterhand.

In dieser indisch-pakistanischen Gemengelage hat sich die chinesische Regierung eindeutig auf Pakistans Seite geschlagen. China ist mit Abstand der größte Waffenlieferant Pakistans, und bei politisch-diplomatischen Bemühungen stützt Pakistan konsequent Chinas Position, umgekehrt unterstützt China Pakistan. Mithin sind die Grenzprobleme für Indien sowohl mit Pakistan als auch mit China eine Quelle der Unsicherheit.

Chinas Projekt „Neue Seidenstraße" heizt die Situation weiter an. Insbesondere ist der „Chinesisch-pakistanische Wirtschaftskorridor" zwischen der chinesischen Unruheprovinz Xinjiang und Pakistans Tiefseewasserhafen Gwadar ein Dorn im Auge der indischen Regierung. [...] Chinas Aktivitäten werden in Indien nicht nur als globale Konkurrenz angesehen wie in Europa und den USA. In der unmittelbaren geografischen Nachbarschaft Indiens haben sie eine spannungsgeladene sicherheitspolitische Dimension. [...]

Beide Regierungen fühlen sich, trotz ungelöster sozialer und politischer Probleme als asiatische Kraftzentren und wollen sich politisch, wirtschaftlich und militärisch positionieren.

Quelle: Herbert Wulf: In die Quere gekommen. IPG Journal 22.6.2020

M 1   Quellentext zu den Konflikten zwischen Indien, China und Pakistan

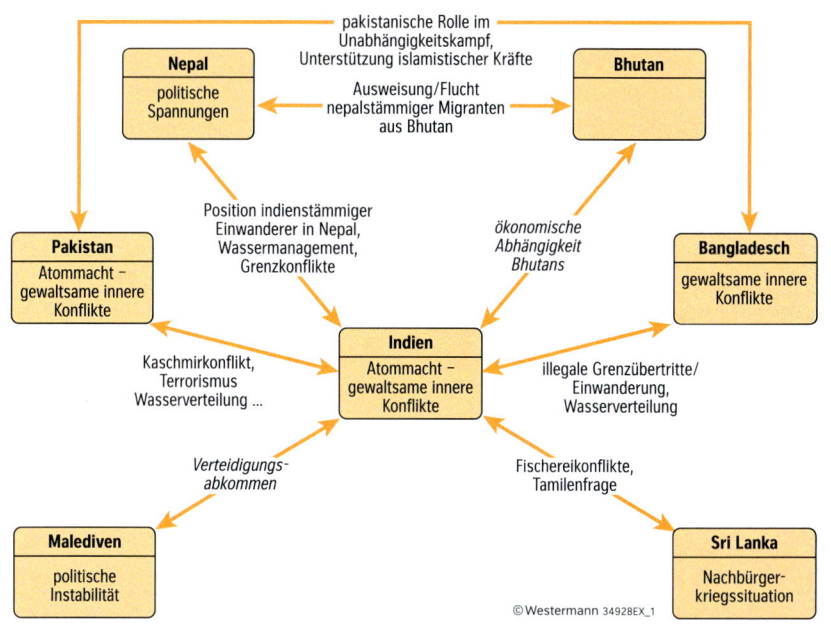

M 4 Konfliktlinien in Südasien

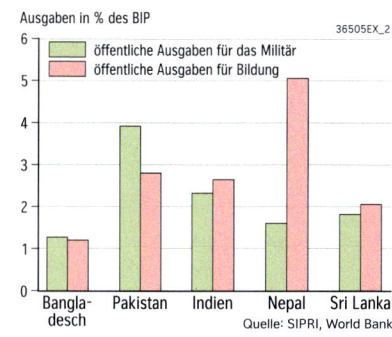

M 8 Ausgaben für Bildung und Militär ausgewählter Staaten Südasiens (2018)

Land	Militärpersonal	Militärausgaben (in Mio. US-$)	Militärausgaben (in % vom BIP)	Militärausgaben (in % der Staatsausgaben)	Militärausgaben/Ew. (in US-$)
Bangladesch	227050	4558	1,3	9,3	27,7
Indien	3026500	72887	2,9	9,1	52,8
Nepal	111600	424	1,4	4,8	14,6
Pakistan	944800	10376	4,0	17,4	47,0
Sri Lanka	317000	1574	1,9	10,3	73,5
China	2695000	252304	1,7	4,7	175,3

Quelle: SIPRI, World Bank

M 5 Militär in Südasien und in China (2020)

1947-1949	Erster indisch-pakistanischer Krieg um Kaschmir
1962	Indisch-chinesischer Krieg – Grenzkonflikt
1965	Indisch-pakistanischer Krieg – 2. Kaschmir-Krieg
1967	Chinesisch-indische Grenzgefechte (Sikkim)
1971	Unabhängigkeitskrieg Bangladeschs (Pakistan-Bangladesch-Indien)
1987	Chinesisch-indische Grenzgefechte (Arunachal Pradesh)
1999	Kargil-Krieg zwischen Pakistan und Indien (Kaschmir)
2019	Ind. und pakistan.Luftangriffe nach Terroranschlag in Kaschmir
2020	Chinesisch-indische Grenzgefechte (Sikkim)

M 9 Zwischenstaatliche kriegerische Auseinandersetzungen in Südasien

Postkoloniale Entwicklungen in Südasien sind von einem folgenreichen Erbe gekennzeichnet, das sich unmittelbar nach der Unabhängigkeit in Grenzkonflikten und Kriegen – Stichwort Kaschmir und Bangladesch – niedergeschlagen hat. Diese Konfrontationen haben zu einem mangelhaften Austausch und schwer belasteten nachbarschaftlichen Beziehungen beigetragen [...]. Das Potenzial für bilateralen Austausch, multilateralen Handel und regionale Mobilität ist kaum ausgeschöpft worden. Ganz im Gegenteil: Indien, Bangladesch und Pakistan haben mehrere gewaltsam ausgefochtene und verlustreiche Kriege und Scharmützel erlebt. Innerstaatliche Konflikte lähmten Sri Lanka (Singhalesen-Tamilen-Konflikt) und Nepal (maoistisch inspirierter Untergrundkampf zum Sturz der Monarchie) über lange Jahre und sind bis heute nicht in eine konstruktive Aufbauphase übergegangen. Das buddhistische Königreich Bhutan beschmutzte seinen positiven Ruf durch die Vertreibung eines Sechstels seiner Bevölkerung Anfang der 1990er-Jahre nach Nepal; die Betroffenen leben dort zu einem großen Teil bis heute in Flüchtlingslagern. Pakistan ist von regionalistischen Bewegungen in seiner staatlichen Einheit herausgefordert; diese innenpolitischen Auseinandersetzungen, seien es die von Afghanistan unterstützte Pashtunistan-Bewegung oder die opferreichen Auseinandersetzungen um die Ressourcen Baluchistans, um nur zwei zu nennen, binden staatliche Ressourcen und behindern Infrastrukturausbau und wirtschaftliche Entwicklung. Indien erscheint international zwar weniger prominent in den Medien, seine Regierung kämpft aber in fast allen Bundesstaaten des Nordostens um Autorität und staatliche Kontrolle.
Quelle: Hermann Kreutzmann. In Länder des Südens. Westermann 2017, S. 158

M 6 Quellentext zu Konflikten in Südasien

Um eine Kooperation zwischen den Staaten Südasiens zu fördern, initiierte Bangladesch Ende der 1970er-Jahre die Bildung der SAARC (South Asian Association for Regional Cooperation). Die Konfliktlage in der Region erschwerte das Vorhaben, aber 1985 gründeten schließlich Bangladesch, Bhutan, Indien, die Malediven, Nepal, Pakistan und Sri Lanka die Organisation. 2007 wurde Afghanistan aufgenommen. Die Gründung wurde möglich, da die Behandlung bilateraler und strittiger Punkte durch die Satzung ausgeklammert wird und als Leitprinzipien die gegenseitige Respektierung der Integrität und Souveränität, Nichtangriff, Nichteinmischung in innere Angelegenheiten, Gleichheit und Zusammenarbeit sowie friedliche Koexistenz (panchsheel) zur Grundlage gemacht und hiermit indische Vorbehalte berücksichtigt wurden.

Ein Sekretariat in Kathmandu koordiniert die Aktivitäten und organisiert Gipfeltreffen, Ministertreffen und Veranstaltungen diverser Komitees. Arbeitsfelder sind beispielsweise Landwirtschaft, Umweltschutz, Energie und Verkehr, Gesundheit, Tourismus sowie eine südasiatische Freihandelszone, die 2004 offiziell ins Leben gerufen aber noch nicht erreicht wurde. So bleiben die Ergebnisse begrenzt, wenngleich die informellen Gespräche, die im Rahmen der SAARC-Treffen möglich wurden, durchaus nützlich waren.

Aufgrund schwerer Zerwürfnisse, vor allem zwischen Pakistan und Indien, hat es nach 2014 keine Gipfeltreffen mehr gegeben; Treffen blieben auf Experten- und Ministerebene beschränkt. Inzwischen sprechen sich aber auch in Indien Stimmen dafür aus, SAARC wiederzubeleben, unter anderem um China nicht nur als Nationalstaaten gegenübertreten zu können.

M 7 Kooperation in Südasien

1.9 Bevölkerungsstruktur und -entwicklung

Demografische Daten wie Geburten-, Sterbe- und Fertilitätsraten zeichnen ein wichtiges Bild über die Altersstruktur* und das Wachstum der Bevölkerung eines Landes. Die Bevölkerungsentwicklung stellt eine zentrale Herausforderung für die wirtschaftliche und soziale Entwicklung der südasiatischen Staaten dar, allen voran Indien, dem in wenigen Jahren bevölkerungsreichsten Land der Erde. Daher versucht man, durch staatlich geförderte Maßnahmen der Geburtenkontrolle den Bevölkerungszuwachs zu reduzieren.

1. Vergleichen Sie die Altersstruktur der indischen und pakistanischen Bevölkerung (M9, M11).
2. (Z) Analysieren Sie für drei selbst gewählte südasiatische Staaten die demografische Struktur und Entwicklung (M1).
3. a) Stellen Sie das Modell des demografischen Übergangs* dar (M3).
   b) Beurteilen Sie die Positionierung Südasiens und der südasiatischen Staaten in diesem Modell (M3, M4).
4. a) Vergleichen Sie die Entwicklung der Bevölkerung und der Fertilitätsrate in China und Indien (M2).
   b) Begründen Sie die Ursachen dieser Entwicklung.
   (Z) c) Erörtern Sie die Folgen für beide Länder.
5. Erläutern Sie das Geschlechterverhältnis in den südasiatischen Ländern (M1, M8).
6. a) Nennen Sie Methoden der Geburtenkontrolle/-planung.
   b) Beurteilen Sie die Maßnahmen der Geburtenkontrolle und Familienplanung in Indien und Sri Lanka (M7, M10, M1).

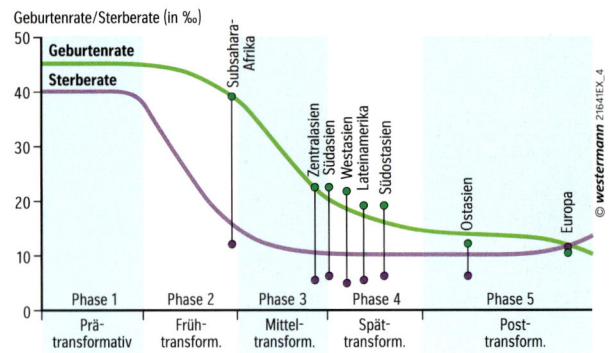

M3   Modell des demografischen Übergangs*

	Sterberate[1]		Geburtenrate[1]	
	1950–55	2015–20	1950–55	2015–20
Bangladesch	24,8	5,5	46,2	18,4
Bhutan	34,6	6,3	48,7	17,5
Indien	26,8	7,2	43,6	18,0
Malediven	27,7	2,8	43,4	14,4
Nepal	28,7	6,4	47,8	20,0
Pakistan	27,4	7	42,2	28,5
Sri Lanka	18,9	6,6	37,2	16,0
Deutschland	11,1	11,2	15,6	9,4

[1] pro 1000 Ew.   Quelle: UN Population Prospects 2019

M4   Sterbe- und Geburtenraten südasiatischer Länder

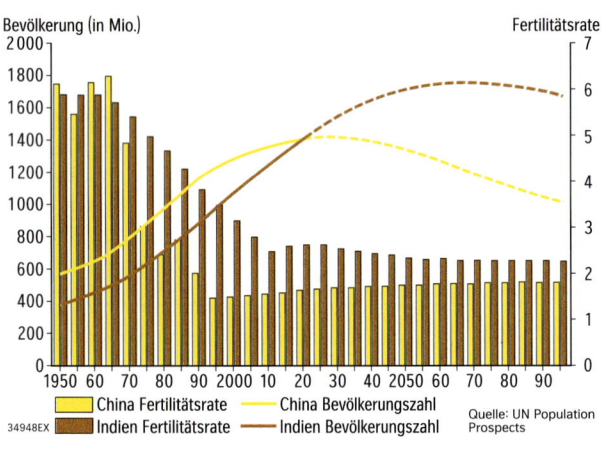

M2   Demografischer Vergleich: Indien und China

M5   Plakat der indischen Familienplanungskampagne „Wir zwei – unsere zwei – kleine Familie – glückliche Familie" (1967)

	Gesamtbevölkerung (in Mio.)			Jährl. Wachstumsrate (in %)[1]	Zusammengefasste Fruchtbarkeitsziffer*		Lebenserwartung bei Geburt (in Jahren)		Anteil der Bevölkerung (in %, 2015)		Säuglingssterblichkeit (in ‰)[2]	Geschlechterverhältnis bei Geburt (Jungen auf 100 Mädchen)	Zahl der Männer auf 1000 Frauen
	1990	2020	2050	2015–20	1985–90	2015–20	1985–90	2015–20	< 15 J.	> 65 J.	2015–20	2015–20	2020
Bangladesch	106,0	164,7	202,2	1,1	4,98	2,05	57,0	72,2	26,8	5,2	27	105	1022
Bhutan	0,5	0,8	1,0	1,2	6,11	2,00	50,5	71,3	24,9	6,2	24	104	1134
Indien	870,6	1380,0	1705,3	1,0	4,27	2,24	56,8	69,3	26,2	6,6	32	110	1082
Malediven	0,2	0,5	0,5	3,5	6,66	1,88	59,3	78,5	19,6	3,6	7	107	1735
Nepal	18,7	29,1	36,2	1,5	5,33	1,93	52,1	70,3	28,8	5,8	28	107	845
Pakistan	107,6	220,9	309,6	2,1	6,30	3,55	59,3	67,0	34,8	4,3	61	109	1060
Sri Lanka	17,3	21,4	20,8	0,5	2,64	2,21	68,9	76,7	23,7	11,2	8	104	921
Deutschland	79,0	83,8	74,5	0,5	1,43	1,59	75,0	81,1	14,0	21,7	3	105	978

Quelle: UN Population Prospects 2019   [1]natürliche Bevölkerungsentwicklung und Nettowanderungsrate [2]Jährliche Anzahl von Todesfällen von Säuglingen im ersten Lebensjahr pro 1000 Lebendgeborene

M1   Demografische Daten südasiatischer Staaten

 100800-276-02 schueler.diercke.de    100800-276-03 schueler.diercke.de   100800-162-02 schueler.diercke.de

M 6   Vater mit seinen Kindern in Delhi

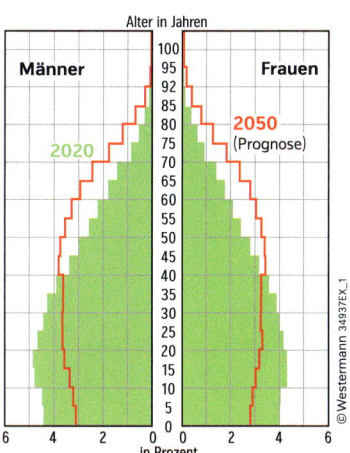

M 9   Bevölkerungspyramide Indiens

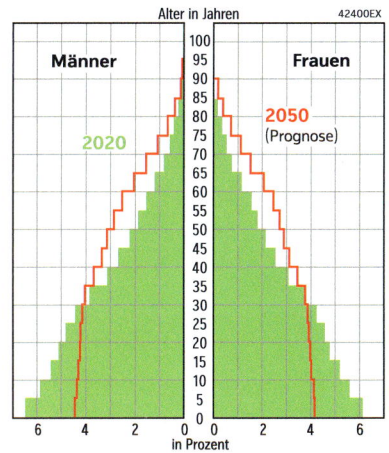

M 11   Bevölkerungspyramide Pakistans

Trotz früherer Skepsis ist es jetzt relativ klar, dass sich Wissen und Verfügbarkeit [von Mitteln zur Geburtenkontrolle] auf das Fruchtbarkeitsverhalten der Familien in Ländern mit hoher Geburtenrate und knappen Mitteln zur Kontrolle auswirken. [...] Der indische Bundesstaat Tamil Nadu senkte seine Fruchtbarkeitsrate von 3,5 im Jahre 1979 auf 2,2 1991. Tamil Nadu hatte ein aktives, aber kooperatives Familienplanungsprogramm und konnte seine vergleichsweise gute Position in Indien in Bezug auf soziale Errungenschaften nutzbar machen: eine der höchsten Alphabetisierungsraten der großen indischen Staaten, eine hohe Erwerbsbeschäftigung der Frauen und eine relativ geringe Kindersterblichkeit. [...]

Andere Bundesstaaten im sogenannten indischen Kernland (wie Uttar Pradesh, Bihar, Madhya Pradesh, Rajasthan) besitzen ein viel geringeres Bildungsniveau, vor allem der Frauen, und eine schlechtere allgemeine Gesundheitsversorgung. Diese Staaten haben alle hohe Fruchtbarkeitsraten – zwischen 4,4 und 5,1. Und dies trotz der Beharrlichkeit, mit der in diesen Staaten harte Methoden der Familienplanung durchgeführt werden, einschließlich einigen Zwangs [...].

Wie indische Familienplanungsspezialisten festgestellt haben, erfuhren freiwillige Programme zur Geburtenkontrolle in Indien einen starken Rückschlag durch das kurzzeitige Zwangssterilisierungsprogramm. Die Menschen hatten ein tiefes Misstrauen gegenüber der gesamten Familienplanungsbewegung entwickelt. Abgesehen davon, dass die Zwangsmaßnahmen, die während des Ausnahmezustandes in einigen Regionen Indiens durchgeführt wurden, kaum direkte Auswirkungen auf die Fruchtbarkeitsraten hatten, folgte ihnen eine lange Phase der Stagnation der Geburtenrate, die erst um 1985 endete.

Quelle: Amartya Sen: Development as freedom. New Delhi: Oxford University Press 2006, S. 223, 224 (Übersetzung: Georg Stöber)

M 7   Quellentext zur Bevölkerungspolitik in Indien

[In Sri Lanka] wurde 1965 Familienplanung mit Gesundheitsprogrammen für Mutter und Kind kombiniert und drei Jahre später das Familiengesundheitsbüro gegründet. [...] In Sri Lanka werden freie Dienstleistungen der Familienplanung durch Einrichtungen der gesundheitlichen Grundversorgung und Krankenhäuser angeboten. Krankenschwestern und Hebammen des Gesundheitsdienstes stellen an der Basis Leistungen zur Gesundheitsversorgung für Mutter und Kind sowie zur Familienplanung bereit. Orale Empfängnisverhütungsmittel und Kondome sind rezeptfrei in Apotheken erhältlich und Einrichtungen des öffentlichen und privaten Sektors sind inselweit für andere empfängnisverhütende Methoden verfügbar. [...]

Methoden der Empfängnisverhütung, auch die modernen, sind auf Sri Lanka allgemein bekannt. Fast jede der in der Vergangenheit oder derzeit verheirateten Frauen kennt mindestens eine, die Befragten im Mittel neun Methoden. Das Wissen über ein großes Methodenspektrum hilft den Frauen, die für sie geeignetste oder bevorzugteste Methode zu wählen und selbst die Wahl zu treffen. [...] 65 Prozent der derzeit verheirateten Frauen im Alter zwischen 15 und 49 verwenden aktuell eine der Methoden. Wie in früheren Surveys, war die Sterilisation der Frauen die am häufigsten verwandte von zwölf Methoden [14 Prozent, angewendet vor allem in den Altersgruppen ab 35 Jahren]. [...] 72 Prozent der derzeitigen Nutzerinnen [von Verhütungsmethoden] haben Familienplanungsdienste von Einrichtungen des staatlichen Sektors bezogen.[...]

Der Wunsch nach Familienplanung wird von 72 Prozent geäußert, 42 Prozent zur Geburtenbegrenzung, 20, Prozent um die Abstände zwischen den Geburten zu erhöhen.

Quelle: Department of Census and Statistics: Sri Lanka Demographic and Health Survey 2016. Colombo 2017, S. 59 – 62, 73 (Übersetzung: Georg Stöber)

M 10   Quellentext zur Familienplanung in Sri Lanka

Die wichtigste Erklärung [für das hohe Verhältnis von Männern zu Frauen] ist die Abtreibung weiblicher Föten. Anstrengungen, die Praxis geschlechtsselektiver Abtreibungen einzudämmen, stehen beträchtlichen Schwierigkeiten gegenüber. Die Bevorzugung eines Sohnes begründet sich in der kulturellen Erwartung, dass ein Sohn die Eltern im Alter versorgt, und dem starken Wunsch, dass ein Sohn den Scheiterhaufen der Eltern anzündet. Üblicherweise verlassen Töchter den Haushalt mit ihrer Heirat, um bei der Schwiegerfamilie zu wohnen. Ein Sprichwort macht diese Bevorzugung recht deutlich: „Eine Tochter zu haben, ist wie den Garten des Nachbarn zu

bewässern." Die Motivation, einen Sohn zu haben, wächst mit dem Rückgang der Fertilitätsrate.

Während Abtreibung in Indien seit 1972 legal ist, ist geschlechtsspezifische Abtreibung seit 1994 illegal. Die Regierung hat eine effektive „Rettet das Mädchen"-Kampagne ins Leben gerufen. In Bundesstaaten mit ungewöhnlich hohen Geschlechtverhältnissen bei Geburt, wie in Haryana und Punjab, gingen die Verhältniszahlen zurück [...], sind weiterhin rückläufig, aber immer noch hoch.

Quelle: Carl Haub, O.P. Sharma: India approaches replacement fertility. Population Bulletin 70 (1) 2015 (Übersetzung: Georg Stöber)

M 8   Quellentext zur Rolle von Söhnen und Töchtern in Indien

1.10 Kasten, Klassen, Schichten

Schon immer war die religiös begründete Abgrenzung sozialer Gruppen in Kasten nur einer der Aspekte, an denen sich soziale Ungleichheit in Indien festmachen ließ. Im Zeitalter der Globalisierung* mutet die Kastenhierarchie gar nicht mehr zeitgemäß an. Doch trotz Modernisierung von Wirtschaft und Gesellschaft mit neuen Berufen und der Übernahme globalisierter Lebensstile bleibt das „Kastenwesen" erstaunlich verankert, sodass sich nicht wenige fragen, ob es die Entwicklung des Landes nachhaltig behindert.

1. Fassen Sie wesentliche Aspekte des sogenannten „Kastenwesens" in Indien zusammen (M1, M4).
2. Charakterisieren Sie die Struktur der indischen Gesellschaft (M7).
3. Analysieren Sie die Bedeutung der Kastenzugehörigkeit im modernen Indien (M4).
4. „Kasten sind (nur) ein Aspekt sozialer Differenzierung in Indien." Erklären Sie diese Aussage (M2, M6).
5. Ist eine Reservierungspolitik gerechtfertigt, um soziale Unterschiede abzubauen? Nehmen Sie Stellung (M6, M8).
6. Das „Kastenwesen" wurde in der Vergangenheit oft als „Entwicklungshemmnis" dargestellt. Beurteilen Sie eine solche Aussage vor dem Hintergrund dieses Kapitels.

M3   Dalit lives matter

Das Wort [Kaste] ist portugiesischen Ursprungs (‚casta') und stammt vom lateinischen ‚castus' – rein – ab. [...] Das Kastenwesen bezeichnet eine in Südasien verbreitete gesellschaftliche Organisationsform, die Gruppen sozial hierarchisiert, gegeneinander abgrenzt und sich dabei, vergleichbar einer feudalen oder ständischen Struktur, vor allem an Abstammung und erblicher Berufsspezialisierung orientiert. Sie weist jedem Mitglied der Gesellschaft einen festen Platz und den einzelnen Kasten ihre spezifischen Normen zu. [...] Das Kastenwesen gewann während der britischen Kolonialherrschaft an Bedeutung. [...] [Heute] gibt es ein Gesetz, das die Benachteiligung aufgrund der Kastenzugehörigkeit verbietet, und anders als im ländlichen Alltag spielt diese für das Leben in den Städten auch kaum eine Rolle. Doch sind Heiratsannoncen wie diese nach wie vor nicht ungewöhnlich: ‚Südindischer brahmanischer Vater sucht passende Ehepartnerin für seinen im IT-Sektor tätigen Sohn.' Frauen niederer Kasten sind in dieser Familie chancenlos.

Quelle: Sven Hansen: Das Kastenwesen. In: Indien: die barfüßige Großmacht. Edition Le Monde diplomatique 2010 Nr. 2, S.13

M1   Quellentext zum Kastenwesen

Die in ganz Indien übliche Unterteilung in Varnas („Farben") unterscheidet Brahmanen, Kshatriya, Vaishya, Shudra. Dies sind Gruppen mit unterschiedlichem rituellen Status und eigenen rituellen Praktiken. Außerhalb dieser Varnas stehen die Asprishya, die als Unberührbare bezeichnet wurden. Diese vier Varnas haben eine rituelle Bedeutung und sind mit Konzepten von Reinheit und Unreinheit verbunden. Sie beziehen sich auf Hindus. Angehörige anderer Religionen stehen wie die Unberührbaren, heute Dalits* genannt, außerhalb des Systems. Die Varnas werden als hierarchische Ordnung angesehen, in die man hineingeboren wird, wobei Brahmanen an der Spitze stehen. Ehen werden in der Regel zwischen Angehörigen desselben Varna geschlossen (Endogamie). Frauen können allerdings auch in ein höheres Varna einheiraten (Hypergamie). Die Varnas werden oft mit bestimmten Tätigkeitsfeldern assoziiert, die dadurch auch in eine Hierarchie gebracht werden: „Priester", „Krieger", „Händler" und „Bauern/Arbeiter", obwohl dies mit der tatsächlichen Tätigkeit der Angehörigen nicht übereinstimmen musste.

Zudem wird die traditionelle Gesellschaft in Jatis gegliedert. Dies sind Berufsgruppen, die von manchen Wissenschaftlern mit europäischen Gilden verglichen werden. Sie umfassen auch Berufsgruppen von Angehörigen anderer Religionen. Auch die Jatis sind meist endogam, das heißt Ehen werden zwischen Männern und Frauen der gleichen Berufsgruppe geschlossen. Der Beruf wurde in der traditionellen Gesellschaft von Generation zu Generation innerhalb des Jati weitergegeben. Die Jatis haben oftmals eigene Bräuche und befolgen spezifische Riten.

Quelle: Basabi Khan Banerjee, Georg Stöber: Südasien 2012, S. 30

M4   Quellentext zu den Klassifikationen von „Kasten"

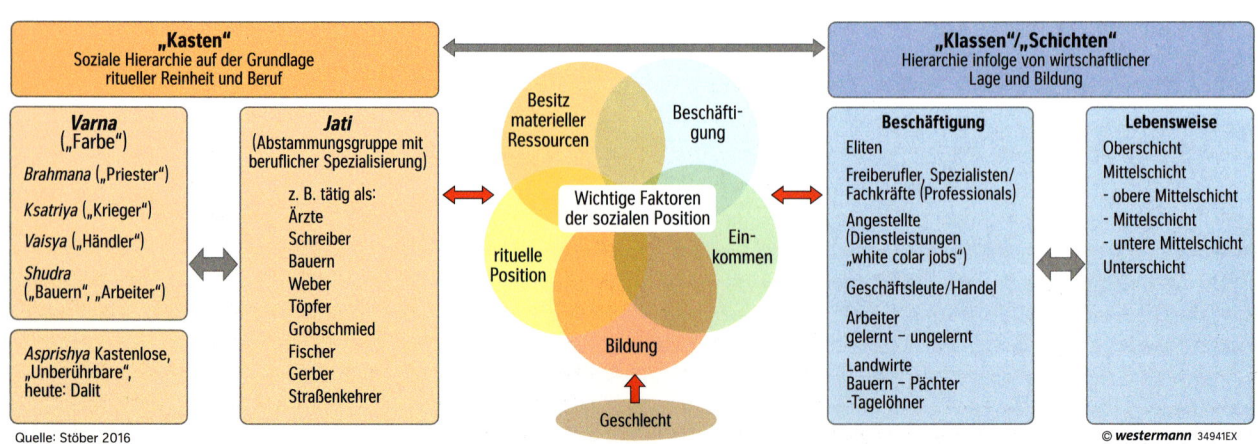

M2   Kasten, Klassen, Schichten

„In Isolationszentren lehnten es COVID-19 Patienten oberer Kasten aus Uttar Pradesh und Uttarakhand ab, die Mahlzeiten zu essen, da diese von Dalit-Köchen zubereitet worden waren. Solche Vorfälle von Essensverweigerung werden auch aus zahlreichen anderen Bundesstaaten gemeldet."

„Vier Dalits starben an Ersticken während sie eine Klärgrube reinigten. Ein Dorfbewohner hatte sie – alle Latrinenreiniger– engagiert. Alle erstickten durch giftige Gase. Die Männer waren unter 30, einer ein 17-jähriger Minderjähriger. Die Todesfälle unter Dalits, während sie Kanalisation und Latrinen reinigen, ist in Indien alltäglich geworden. Allein 2019 starben über 100 an Ersticken, obwohl ein Gesetz seit 2013 die Beschäftigung eines jedes Menschen zur manuellen Reinigung verbietet. Kein einziger Täter wurde unter diesem Gesetz seit 2018 zur Rechenschaft gezogen."

„Eine 19-jährige Dalit-Frau wurde in Uttar Pradesh brutal von mehreren Männern vergewaltigt und erlag später in einem Krankenhaus in Delhi ihren Verletzungen. Die anschließenden Aktionen der Polizei und Verwaltung des Bundesstaates gerieten in die Kritik; ihnen wurde vorgeworfen, die hochkastigen Beschuldigten zu schützen. Nach Beschluss des Obersten Gerichts wurden daraufhin auch die zentralen Ermittlungsbehörden eingeschaltet. In einer späteren Gerichtsverhandlung wurden die Angeklagten jedoch „mangels Beweisen" freigesprochen. Am nächsten Tag wurde der Vater des Opfers erschossen, um ihm „eine Lektion zu erteilen" dafür, dass er das Gericht angerufen hatte."

„Ein 21-jähriger Dalit wurde von einer Gruppe hochkastiger Männer so schwer zusammengeschlagen, dass er neun Tage später starb. Sein „Verbrechen": er saß während einer Hochzeit in ihrer Gegenwart auf einem Stuhl und aß. Der Bräutigam war ebenfalls ein junger Dalit. Das Hochzeitsessen war jedoch von Anwohnern höherer Kasten zubereitet worden, weil viele Menschen in abgelegenen Regionen kein Essen anrühren, das von Dalits zubereitet worden ist. Die Angehörigen des Opfers verlangten Gerechtigkeit, erhielten aber wenig Unterstützung in der Gemeinde. Aus Angst schwiegen auch die anderen Dalits, die in dieser Gegend in einer Minderheitenposition sind."

M 5   Kasten-Realität im heutigen Indien nach Pressemeldungen

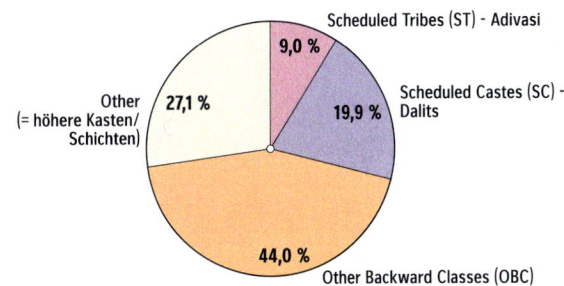

Scheduled Castes (SC) - Dalits	Benachteiligte Kasten wurden seit 1936 unter dieser Kategorie als besonders schutzbedürftig in einer Liste zusammengefasst. Auch die indische Verfassung stellt sie unter Schutz. In Volkszählung erfasst; nur Hindus, Buddhisten, Sikhs werden als Angehörige anerkannt; Konvertiten verlieren den Schutz.
Scheduled Tribes (ST) - Adivasi	Zur Kolonialzeit Teil der „Depressed Classes"/ Scheduled Castes. In indischer Verfassung Liste von Stämmen, die besonderen Schutz genießen. In Volkszählung erfasst; keine religiösen Grenzen der Zugehörigkeit.
Other Backward Classes (OBC)	Allgemein als Schutzbedürftige in der Verfassung genannt. Keine religiösen Grenzen der Zugehörigkeit; Kategorie nicht in Volkszählung erfasst, Umfang umstritten.

„scheduled" = „gelistet". Listen werden auf bundesstaatlicher Ebene erstellt und von der Zentralregierung übernommen. Abweichungen zwischen Bundesstaaten sind möglich.

© Westermann
34940EX_1

Quelle: berechnet nach Schätzungen in NSO, Periodic Labour Force Survey 2018-19

M 7   Sozialstruktur in Indien (2011)

1959	1965	1974	1984	1995	2005	2015
1,18	1,64	3,25	6,92	10,12	11,9	12,26

Quelle: National Commission for Scheduled Castes

M 8   Anteil der Scheduled Castes (SC, Dalits) an hochbezahlten Positionen bei Angestellten der Zentralregierung (in %)

Nicht nur eine rituelle Hierarchie und traditionelle Berufsgruppen strukturieren die Gesellschaften Südasiens. Auch andere Aspekte bilden die Grundlage für soziale Ungleichheit, beispielsweise Einkommen, Besitz oder auch Bildung. Diese Aspekte berücksichtigend, haben Sozialwissenschaftler Modelle entwickelt, die Menschen anhand sozialer und ökonomischer Merkmale differenzieren. Die Zugehörigkeit zu einer Klasse beruht dabei auf der Verfügung über Produktionsmittel (Kapital, Boden, Arbeitskraft). Schichtmodelle hingegen orientieren sich an Einkommenshöhe und Tätigkeitsfeldern. Einzelne gesellschaftliche Schichten haben einen Bezug zu unterschiedlichen Lebensweisen, die darüber hinaus aber auch durch verschiedene Wertvorstellungen geprägt werden. Anders als Varnas und Jatis sind Klassen und Schichten aber „künstliche", wissenschaftliche Kategorien und entstammen nicht dem Selbstverständnis der Gesellschaften Südasiens.

Und doch besteht eine Verbindung zwischen der Kasten- und der Klassen/Schichten-Zugehörigkeit von Personen. Hohe Kasten sind häufiger in hohen beruflichen Positionen zu finden, sind besser ausgebildet usw. Angehörige unterer Kasten und Kastenlose (Dalits) gehen noch immer zu einem großen Teil wenig geschätzten und wenig einbringenden Tätigkeiten nach. Es ist aber die Frage, was hier das ausschlaggebende Element ist. Selbst ohne jede Kastenstruktur reproduzieren sich soziale Positionen. Es ist daher wenig verwunderlich, dass Rechtsanwälte oder Ärzte oft aus bessergestellten Familien stammen, ebenso wenig, dass Kindern aus Familien, denen es an Mitteln mangelt bei einem gewissen Lebensstandard für eine gute schulische Bildung zu sorgen, ebenfalls nur „niedrige" Beschäftigungen offenstehen. Dass die einen nicht selten auch Brahmanen sind, die anderen unteren Kasten oder den Kastenlosen angehören, ist nicht zuletzt eine Frage der Ausgangslage. Dennoch ist die Kastenzugehörigkeit kein zufälliges Beiwerk. In verschiedenen sozialen Situationen des Alltags spielen Kaste, Beruf, Bildung, Eigentum, aber

M 6   Soziale Strukturen in Indien

auch das Geschlecht jeweils eine unterschiedliche Rolle. Und in manchen Situationen wird der Einzelne als Mitglied einer Kaste angesprochen. Oft wird die „Kastengesellschaft" als sehr statisch charakterisiert. Dennoch beobachtet man auch soziale Mobilität. Schon unter traditionellen Verhältnissen gab es Positionswechsel ganzer Jatis innerhalb der Kastenhierarchie, ein Prozess, der als „Sanskritisierung" bezeichnet wird. Ein Aufstieg war in der Regel damit verbunden, dass rituelle Praktiken höherer Kasten übernommen wurden, wie das Vegetariertum. Heute gibt es – vor allem im städtischen Raum – sehr viele Berufe, die sich nicht in den traditionellen Jatis wiederfinden, sodass diese auch ihre Rolle verlieren, die berufliche Laufbahn des Einzelnen vorzubestimmen. Auch die indischen Regierungen versuchen, eine Verbesserung der Lage der unteren sozialen Gruppen zu unterstützen. So wurde in der indischen Verfassung „Unberührbarkeit" abgeschafft und Kastendiskriminierungen wurden gesetzlich unter Strafe gestellt. Um die Lage der „Scheduled castes" (SC), „Scheduled tribes" (ST) und „Other Backward Classes" (OBC) zu verbessern, wurde eine Politik der „Reservierungen" eingeschlagen. Es wurden Quoten definiert, die den unteren Gruppen einen Zugang zu Bildungsinstitutionen und öffentlichen Stellen ermöglichen sollen. Zum Beispiel sind nach den seit 2016 gültigen Quoten von Stellen der Zentralregierung 15 für SC, 7,5 für ST und 27 Prozent für OBC reserviert. Da nicht alle mit dieser Politik einverstanden waren und sind und sich benachteiligt fühlen, legte das Oberste Gericht fest, dass Reservierungsquoten zusammen nicht mehr als 50 Prozent aller Positionen ausmachen dürfen. Manche indische Wissenschaftler kritisieren, dass die Regierung mit der Reservierungspolitik den Fokus nur auf die Kastenunterschiede lege. Hierdurch werden andere Faktoren der Benachteiligung wie Klasse und Geschlecht ausgeblendet. Zudem werde die Bedeutung der Kastendifferenz zementiert, die ja eigentlich abgebaut werden soll.

1.11 Methodentraining: Auswerten von Indikatoren und Indizes

Entwicklungsindikator Bildung

1. Beschreiben Sie die Alphabetisierung und ihre Entwicklung in Südasien (M2 – M4).
2. Charakterisieren Sie die Differenzierungen des nationalen Mittels der Alphabetisierungsrate Indiens (M4, M5).
3. Vergleichen Sie die Bildungsindikatoren dreier selbstgewählter Staaten (M3, M6).
4. Entwickeln Sie unter Zuhilfenahme der verschiedenen Bildungsindikatoren eine Rangliste der südasiatischen Staaten bezüglich der Bildung.
5. Erklären Sie die Ermittlung des HDI (M8).
6. Erörtern Sie die Indikatorenauswahl und die Aussagekraft des HDI.

M1 Street School in Karachi, Pakistan

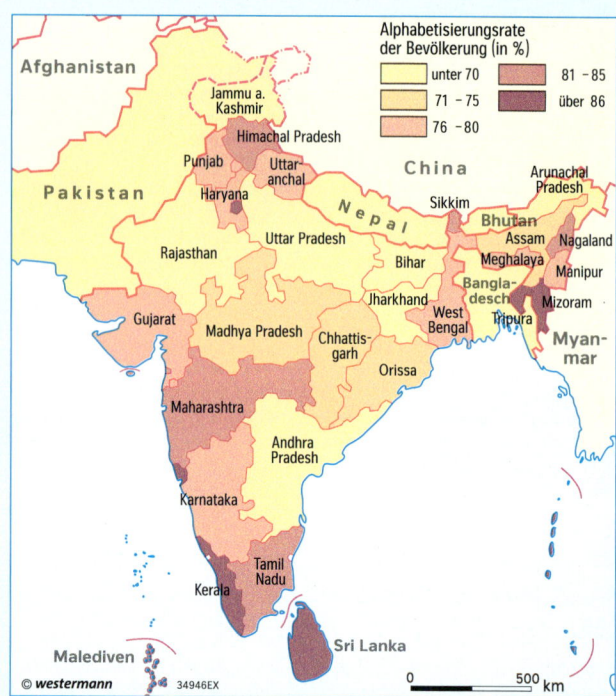

M4 Alphabetisierungsrate in Südasien (über 15 Jahre, 2015) und den indischen Bundesstaaten (über 7 Jahre, 2011)

Alphabetisierung

„Eine Person wird als alphabetisiert bezeichnet, wenn sie eine kurze, einfache Aussage zu ihrem alltäglichen Leben mit Verständnis sowohl lesen als auch schreiben kann." (OECD-Definition)

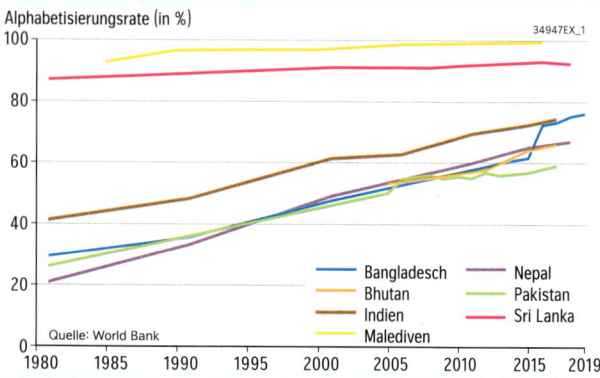

M2 Entwicklung der Alphabetisierung (über 15 Jahre) in südasiatischen Staaten (1981 – 2019)

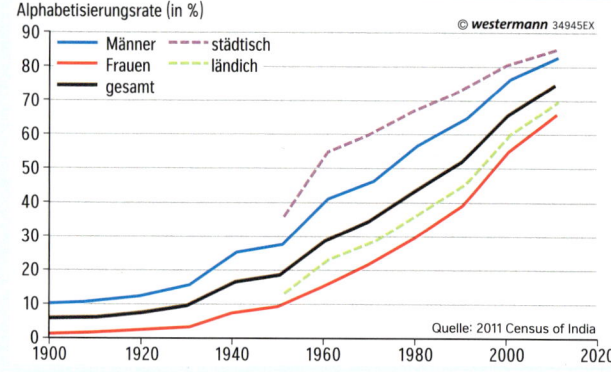

M5 Entwicklung der Alphabetisierung (über 7 Jahre) in Indien (1901 – 2011)

	Alphabetisierungsrate (in %)			Nettoeinschulungsrate (in %)			Schüler-Lehrer-Verhältnis (Primarstufe)	Anteil der Lernenden auf Privatschulen		Öffentliche Ausgaben für den Bildungsbereich (Anteil in % des BIP)
	15 Jahre und älter	15 – 24 Jahre	25 – 65 Jahre	Primarstufe[1]	Sekundarstufe[2]	Tertiärausbildung[3]		Primarstufe	Sekundarstufe	
Bangladesch	73,9	93,3	69,8	k.A.	66,5	20,6	30,1	23,9	93,9	1,3
Bhutan	66,6	93,1	61,1	88,0	70,2	15,6	34,7	4,2	10,3	7,2
Indien	74,4	91,7	71,6	92,3[4]	61,6[4]	28,1	32,7	35,2	51,1	3,8[4]
Malediven	97,7	98,8	98,2	95,4	k.A.	31,2	10,2	3,9	4,8	4,1
Nepal	67,9	92,4	60,7	96,3	57,5	12,4	20,9	16,6	k.A.	5,5
Pakistan	59,1	74,5	52,3	67,6	37,4	8,9	44,1	34,8	32,5	2,9
Sri Lanka	91,7	98,8	92,5	99,1	91,0	19,6	21,7	3,1	7,3[4]	2,1
Deutschland	k.A.	k.A.	k.A.	90,1	85,3	70,3	12,2	5,0	9,6	4,9

[1] in der Regel Klasse 1 – 6 [2] in der Regel Klasse 7 bis 11/13 [3] Fach- u. Hochschulausbildung [4] 2013 Quelle: World Bank nach UNESCO

M3 Bildungsindikatoren in den südasiatischen Staaten (2017 und 2018)

Was ist ein Indikator und wie werte ich ihn aus?

Um einen mehr oder minder abstrakten Sachverhalt (z.B. Bildung, Gesundheit, Wirtschaftskraft) beschreiben, vergleichen und in seiner Entwicklung beobachten zu können, verwendet man in der Wissenschaft *messbare* Größen, sogenannte Indikatoren (Alphabetisierung, Lebenserwartung, Bruttonationaleinkommen), die man mit statistischen Verfahren erheben kann. Bei der Arbeit mit Indikatoren gilt es zunächst einmal, genau zu verstehen, was ein Indikator überhaupt aussagt. Dies ist manchmal nicht ganz einfach, wie etwa der Bildungsindikator *Nettoeinschulungsrate* verdeutlicht. Mit Schultüte und *Ein*schulung hat er nur bedingt etwas zu tun. Er gibt eigentlich die altersgruppenspezifische *Be*schulungsrate an, also den Anteil der Schülerinnen und Schüler einer bestimmten Altersgruppe, die eine Bildungseinrichtung einer Bildungsstufe (siehe M2) besuchen, bezogen auf alle Menschen der entsprechenden Altersstufe.

Was ist ein Index oder Score?

In der Geographie und anderen Wissenschaften kann hiermit versucht werden, ein komplexes Phänomen (menschliche Entwicklung, Gleichstellung, Armut, soziale Ungleichheit, politische Teilhabe uvm.) zu „messen" und mit Zahlen darzustellen, um soziale Gruppen oder Räume (Staaten, Landkreise etc.) miteinander vergleichen (Rangliste) oder Entwicklungen im Laufe der Zeit beobachten zu können. Dabei werden meist verschiedene messbare Einzelindikatoren kombiniert, um – oft mit einem komplizierten mathematischen Verfahren – einen Wert auf einer Skala mit einem Minimal- und einem Maximalwert zu bestimmen.

Wie gehe ich kritisch mit Indikatoren und Indizes um?

Man sollte immer hinterfragen, ob Indikatoren wirklich geeignet sind, um einen Sachverhalt zu beleuchten (Sagt die Schulbesuchsdauer etwas über Bildung aus?). Auch wenn keine genauen Aussagen darüber vorliegen, schadet es nicht, auch das Zustandekommen der Werte kritisch zu betrachten. Oft sind es Schätzungen oder Fortschreibungen einmal gemessener Daten. Bei Indizes sollte die Auswahl und Gewichtung seiner Indikatoren analysiert werden. So fehlt beim HDI zum Beispiel eine ökologische Komponente, die wirtschaftliche Komponente wird zudem sehr hoch gewichtet. Veränderungen bei der Auswahl der Indikatoren eines Index lassen eine Vergleichbarkeit über die Jahre nicht mehr zu.

	Beispiel	Rolle
Abstraktum/ theoretisches Konstrukt	Bildungswesen	Benennt einen (gesellschaftlich) bedeutsamen Bereich, der zahlreiche verschiedene Aspekte aufweist und nicht direkt beobachtbar ist.
Operationalisierung Quantifizierung		Bestimmt (mehrere) Einzelaspekte, Variablen, die für das Phänomen als bedeutsam angesehen werden und die beobachtbar sind. Legt Regeln zur Messbarmachung über Indikatoren fest.
Indikator	Bildungsindikator („Schüler-Lehrer-Verhältnis")	Repräsentiert einen (bedeutsamen, repräsentativen) Aspekt des Phänomens; Indikatoren ermöglichen Zeitreihenvergleiche; mehrere Indikatoren ermöglichen qualitativen Vergleich verschiedener Fälle (zeitlich u./od. räumlich) und ggf. (quantitative) Hinweise auf Zusammenhänge (Korrelationen)
Bildung mehrdimensionale (quantitativer) Indizes		Fasst die Werte verschiedener (quantitativer) Indikatoren zu einer Maßzahl zusammen; gewichtet die Indikatoren gegebenenfalls, um ihrer unterschiedlichen Bedeutung gerecht zu werden.
Index	Bildungsindex („Bildungsungleichheitsindex")	Ermöglicht mehrdimensionalen quantitativen Vergleich durch Zusammenfassung diverser quantitativer Indikatoren zu einer Indexzahl, ermöglicht Ranking (z.B. „HDI-Rank") – aber Verlust an Aussagekraft in Bezug auf die einzelnen eingehenden Aspekte.

Quelle: Eigener Entwurf　© *westermann* 34973EX

M8　Vom Abstraktum zum Index

Bruttoeinschulungsrate

Anteil der Schülerinnen und Schüler in einer Bildungsstufe unabhängig vom Alter bezogen auf die Gesamtzahl der Altersgruppe, die der relevanten Altersgruppe dieser Stufe entspricht. Der Wert kann wegen zu frühen oder späten Schuleintritts oder von Klassenwiederholungen 100 Prozent übersteigen.

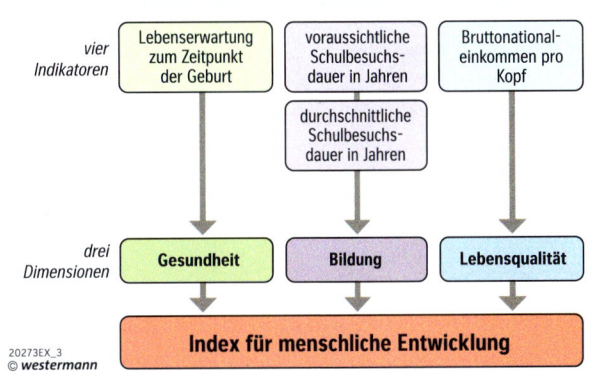

20273EX_3
© *westermann*

M9　Indikatoren des Human Development Index

(Bruttoeinschulungsrate-Grafik M6:)

Bruttoeinschulungsrate
Primärschule　　Sekundarschule

Bangladesch, Bhutan, Indien, Malediven, Nepal, Pakistan, Sri Lanka

Quelle: World Bank　© Westermann 34944EX_1

1999　2019
Junge
Mädchen

M6　Schulbesuch von Jungen und Mädchen (1999 und 2019)

in Bez. setzen

Land	HDI 2019 (Rang)	HDI 1990	Lebenserwartung (in Jahren)	Vorraussichtliche Schulbesuchsdauer	Durchschnittliche Schulbesuchsdauer	Bruttonationaleinkommen/Ew. (in US-$)
Bangladesch	0,632 (133)	0,386	72,6	11,6 Jahre	6,2 Jahre	4976
Bhutan	0,654 (129)	-	71,8	13,0 Jahre	4,1 Jahre	10746
Indien	0,645 (131)	0,428	69,7	12,2 Jahre	6,5 Jahre	6681
Malediven	0,740 (95)	-	78,9	12,2 Jahre	7,0 Jahre	17417
Nepal	0,602 (142)	0,384	70,8	12,8 Jahre	5,0 Jahre	3457
Pakistan	0,557 (154)	0,399	67,3	8,3 Jahre	5,2 Jahre	5005
Sri Lanka	0,782 (72)	0,620	77,0	14,1 Jahre	10,6 Jahre	12707
Deutschland	0,947 (4)	0,801	81,3	17,0 Jahre	14,2 Jahre	55314

M7　Human Development Index und seine Einzelindikatoren (2019; Quelle: UNEP)

Zusammenfassung

Teilung und Konflikt

Die Staaten Südasiens, unter denen Indien schon aufgrund seiner Größe und Bevölkerungszahl, aber auch aufgrund seiner Wirtschaftskraft, dominant herausticht, verbindet eine gemeinsame koloniale Erfahrung. Die Teilung Britisch-Indiens bei Erlangen der Unabhängigkeit, wie später auch die Teilung Pakistans, war nicht nur mit Vertreibung und Tod von Millionen von Menschen verbunden. Sie legte auch den Grundstein für bis in die Gegenwart ungelöste Konflikte, die zum Teil gewaltsam ausgetragen werden. Indien und Pakistan, die Hauptkontrahenten, sind hochgerüstet und haben eigene Atomwaffen entwickelt. Diese Konflikte behindern eine intensive regionale Zusammenarbeit, beispielsweise im Rahmen der SAARC, die aufgrund der zahlreichen auch grenzüberschreitenden Probleme wünschenswert wäre.

Naturraum und Naturrisiken

Die Großlandschaften Südasiens schließen Hochgebirge wie den Himalaya, Tiefländer wie die Becken von Indus und Ganges, Hochländer wie das Dekkan-Plateau, Randgebirge und Küstenebenen sowie Atolle auf den Malediven ein. Der Monsun ist für alle Staaten kennzeichnend und Voraussetzung für die landwirtschaftliche Nutzung des Raumes. Doch die jährlichen Monsun-Niederschläge variieren in Menge, zeitlicher und räumlicher Verteilung. Dies ist mit der Gefahr von Dürren einerseits und Flutschäden andererseits verbunden. Der Klimawandel wird voraussichtlich die Variabilität des Monsuns verstärken und ein Meeresspiegelanstieg droht auch die Küstensäume wie in Bangladesch zu überfluten. Morphologische Struktur, Klima und Hydrologie schließen auch darüber hinaus Risiken ein, die bei einer stark verwundbaren Bevölkerung nicht selten zu Katastrophen führen, hervorgerufen durch Erdbeben, Tsunamis, Zyklone oder Überschwemmungen. Durch Vorbereitungs- und Schutzmaßnahmen können jedoch die Opferzahlen reduziert werden.

Bevölkerungsstruktur und -wachstum

Die Länder Südasiens sind durch eine junge Bevölkerung gekennzeichnet – trotz steigender Lebenserwartung. Dieser Umstand ergibt sich aus den noch immer relativ hohen Geburtenraten, auch wenn die Fruchtbarkeitsziffern in den letzten Jahrzehnten stark gesunken sind. Als Konsequenz dürfte die Bevölkerung in den kommenden Jahrzehnten in den meisten Ländern weiterhin beträchtlich wachsen, was nicht nur dazu führt, dass Indien China demnächst als bevölkerungsreichstes Land der Erde ablöst, sondern die südasiatischen Länder auch vor die Herausforderung stellt, die Menschen mit Arbeitsplätzen und Nahrung zu versorgen. Die Regierungen betreiben daher schon seit Jahrzehnten eine Bevölkerungspolitik, die auf Geburtenbeschränkung und Familienplanung abzielt – mit mehr oder minder großem Erfolg.

Gesellschaftliche Strukturen

Die Gesellschaft Indiens ist durch Kastenstrukturen gekennzeichnet, die mit dem Hinduismus, der Religion der Mehrheit der Bevölkerung, in Verbindung gebracht werden. Sie verbinden religiöse und berufliche Hierarchien und begründen soziale Praktiken wie die (offiziell abgeschaffte) „Unberührbarkeit", durch die ein beträchtlicher Teil der Bevölkerung diskriminiert wurde und wird.
Vor allem im städtischen Bereich überlagern heute andere Kriterien sozialer Differenzierung den Kastenaspekt: Hierarchien auf der Grundlage von Besitz, Einkommen oder Bildung – Klassen und Schichten -, die jedoch auch schon in der Vergangenheit eine Rolle spielten. Diese Aspekte sind miteinander verbunden, auch bei der familiären Weitergabe der sozialen Stellung von einer Generation zur nächsten. Die indische Regierung versucht seit Jahrzehnten, durch Reservierungen von Arbeits- und Ausbildungsplätzen für sozial benachteiligte niedrige Kasten und Schichten, deren gesellschaftliche Stellung zu verbessern.

Weiterführende Literatur und Internetlinks

Geographische Rundschau
- Deltaregionen Asiens 7-8/2016
- Indien 2015 1/2015
- Himalaya: Mensch und Umwelt 4/2012

Informationen zur politischen Bildung
- Indien – Band 296

Bernard Imhasly: Indien – Ein Länderportrait
Bonn: bpb 2017

Friedrich Stang: Indien
Darmstadt: WBG 2002

Rüdiger Glaser, Klaus Kremb: Asien
Darmstadt: WBG 2007

SAARC (South Asian Association for Regional Cooperation)
- www.saarc-sec.org

Indische Botschaft
- www.indianembassy.de

Informationsportal zu Südasien (Südasien-Informationsnetz)
- www.suedasien.info

Länderinformationen des BMZ
- www.bmz.de/de/laender_regionen/asien

Länderinformationsportal der GIZ
- www.liportal.de

Frontline
(englischsprachige Zeitschrift)
- www.frontline.in

Giga Focus Asien
- www.giga-hamburg.de

Weltrisikobericht/Weltrisikoindex
- http://weltrisikobericht.de/

Informationen zum Klimwandel und Meeresspiegelanstieg
- de-ipcc.de
- worldoceanreview.com

- www.deutsches-klima-konsortium.de
- https://wiki.bildungsserver.de/klimawandel

Monsunvorhersage
- https://mausam.imd.gov.in
- www.pik-potsdam.de/en/output/infodesk/forecasting-indian-monsoon

Census Indien
(Bevölkerungsinformationen zu Indien, neue Daten wahrscheinlich 2022)
- www.censusindia.net

UN World Population Prospects 2019
- https://esa.un.org/unpd/wpp

UN Development Programme (UNDP)
(Daten zum HDI)
- http://hdr.undp.org/en/data

UNESCO
(Bildungsdaten)
- http://uis.unesco.org

2 LANDWIRTSCHAFT UND WASSER

Landarbeiter dreschen Reis mit einer batteriengetriebenen Maschine in Westengalen (Indien)

2.1 Südasiatische Agrarwirtschaft

Südasien weist ganz unterschiedliche Nutzungsbedingungen für Ackerbau auf. Zum einen variiert das Wasserangebot infolge des Monsuns: Es nimmt in Richtung Nordwesten ab, ebenso im Regenschatten der Gebirge. Zum anderen beeinflussen verschiedene Böden die Anbaubedingungen: Tiefgründig in den Tiefländern und Deltas* der Flüsse, karg auf den steinigen Hoch- und Bergländern. Aber auch die Temperaturen, die mit der Höhe abnehmen, schaffen in den Gebirgen verschiedene Nutzungszonen: So gedeihen am Fuße tropische Früchte wie Mango, in höheren Lagen wie in Kaschmir können Früchte der gemäßigten Zone, zum Beispiel Äpfel, geerntet werden. Solche höheren Lagen sind wichtige Anbaugebiete von Sonderkulturen wie etwa das berühmte Teeanbaugebiet von Darjeeling.

In trockenen Lagen ist Ackerbau möglich, wenn bewässert werden kann (Kap. 2.6 – 2.8). Dies gilt für die Täler in den Binnenlagen der Hochgebirge, aber auch für die Flusstiefländer, beispielsweise am Indus. In anderen Gebieten, in denen Regenfeldbau* möglich ist, bietet eine zusätzliche Bewässerung mit Wasser aus Sammelbecken oder Brunnen die Möglichkeit, das Anbaurisiko zu minimieren.

Entwicklungsprobleme der Landwirtschaft

Trotz vielerorts guter naturräumlicher Bedingungen ist die Produktivität der südasiatischen Landwirtschaft im weltweiten Vergleich relativ gering (M1). Liegt dies an der beträchtlichen Variabilität der natürlichen Bedingungen, zum Beispiel der Monsunniederschläge (siehe auch Kap. 1.4)? Welche Rolle spielen dabei auch die Agrarsozialstrukturen (Kap. 2.2) und welche die Marktverflechtungen (Kap. 2.3 – 2.5)? Aber ist landwirtschaftliche Entwicklung lediglich an Produktivitätssteigerungen festzumachen?

Kommerzialisierung der Landwirtschaft

In Folge von Intensivierung und Globalisierung* kam es zu tiefgreifenden Veränderungen der südasiatischen Landwirtschaft. War sie früher vor allem auf die Deckung des Eigenbedarfs ausgerichtet (Subsistenz*), werden heute oftmals Nahrungsmittel für den einheimischen Markt oder den Export angebaut sowie Industriefrüchte, beispielsweise Baumwolle. Die Produktion verlangt einen hohen finanziellen Input: Gekauftes Saatgut, chemischer Dünger, Herbizide und Pestizide, Traktoren und gegebenenfalls Pumpen zur Bewässerung sind Investitionen und Betriebskosten, die einen erheblichen Teil des Erlöses aufzehren. Kleinbauern, die einen Großteil der Landwirte ausmachen, überschulden sich besonders in Dürrejahren schnell. So ist der Bauer nicht nur abhängig von natürlichen Voraussetzungen, sondern auch von den Marktbedingungen und dem wirtschaftspolitischen Umfeld. Vor diesem Hintergrund stehen die Länder vor der Entscheidung, ob die Erwirtschaftung von Devisen* durch Export landwirtschaftlicher Produkte oder die Ernährungssicherheit der einheimischen Bevölkerung im Vordergrund ihrer Agrarpolitik stehen soll.

Welche Auswirkungen hat die liberale Wirtschaftspolitik für die Bauern? Wie funktioniert ihre Einbindung in den nationalen und globalen Markt? Können sie unter diesen Bedingungen überhaupt bestehen?

Reis ist die Hauptnahrung im südlichen und östlichen Indien und nach Anbaufläche und Erntemenge das wichtigste Anbauprodukt des Landes. [...] Der Reis benötigt ein heißes und feuchtes Klima. Er wächst am besten in stehendem Wasser, sodass starke Monsunniederschläge optimale Bedingungen schaffen. [Im Bewässerungsfeldbau*] sind in ganzjährig feuchtwarmen Regionen mehrere Ernten möglich. Wegen seiner Frostempfindlichkeit gedeiht der Reis in Nordindien nur als Sommerfrucht. Demgegenüber dominiert in Tamil Nadu, bedingt durch die Niederschläge des Nordost-Monsuns, der Winteranbau. [...] Weizen ist die zweitwichtigste Anbaufrucht. Im indischen Nordwesten ist Weizen das Hauptnahrungsmittel. [...] Der zunehmende Genuss von Weißbrot in den Städten hat die Nachfrage nach Hartweizen ansteigen lassen. [...] Kühle Winter schützen das Saatgut vor dem Austrocknen. Während der Reifeperiode sind höhere Temperaturen günstig. Die wichtigsten Anbaugebiete haben unter 1000 mm Niederschlag. [...]

Hirsen [...] gelten als das Getreide der armen Leute und dienen vornehmlich der Selbstversorgung. Ihr Nährwert ist hoch [...] und ihr Stroh wird als Viehfutter genutzt. [...] Darüber hinaus erlaubt die kurze Vegetationsperiode nicht nur ein Vordringen in Trockengebiete, sondern auch eine Aussaat in Jahren mit verspätetem Monsunbeginn, der den Regenfeldbau* mit anderen Feldfrüchten nicht mehr zulässt.

Quelle: Friedrich Stang: Indien. Darmstadt: WBG 2002, S. 179 – 182

M3   Quellentext zum Getreideanbau in Indien

	Ertrag (in kg/ha)
Südasien	3 383
Südost-asien	4 340
Ostasien	6 244
Südamerika	5 204
Nordame-rika	7 118
West-europa	7 297
Welt	4 113

Quelle: FAO

M1   Durchschnittliche Getreideerträge in ausgewählten Großregionen (2019)

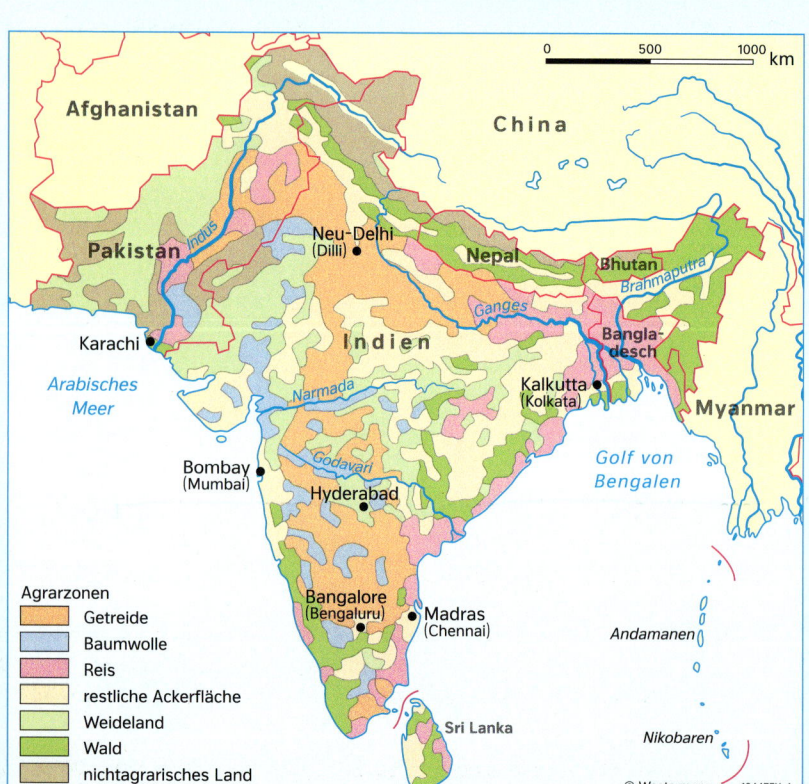

Agrarzonen
- Getreide
- Baumwolle
- Reis
- restliche Ackerfläche
- Weideland
- Wald
- nichtagrarisches Land

© Westermann   13447EX_1

M2   Agrarzonen in Südasien

Agrarsaison	Jahreszeit	Hauptfrüchte
Kharif	Monsunzeit	Reis/Zuckerrohr/Jute
Ravi	Winter	Weizen/Hirse/Ölsaaten
Boro	Herbst	Reis u./od. Gemüse

M4   Der Fruchtkalender

M5 Reisanbau in Südindien

M8 Anbau von Weizen und Gerste in Kaschmir

M9 Teeplantage in Kerala

Charakteristika	Jhum-Landwirtschaft	Flächenintensiver Subsistenzanbau*	Flächenextensiver kommerzieller Anbau	Plantagen
Art und Verbreitung	Brandrodungsfeldbau, v.a. üblich bei der Stammesbevölkerung im Nordosten, Gefahr der Bodenerosion	Traditioneller Pflugbau, weitest verbreiteter Anbautyp in Südasien	Moderner Pflugbau, beschränkt auf einzelne Gebiete Südasiens	Monokulturen unter optimalen natürlichen Bedingungen, Entstehung in der Kolonialzeit
Anbaufläche	temporäre Parzellen	kleine Felder	größere Flächen	großflächige Güter
Erträge	geringe Erträge	geringe Pro-Kopf-Erträge, ggf. hohe Erträge pro Fläche	hoher Pro-Kopf-Ertrag	hoher Pro-Kopf-Ertrag
Input	physische Arbeit	geringer Kapitaleinsatz für künstliche Düngung, Pestizide, Mechanisierung	hoher Kapitaleinsatz (Hochertragssorten, Düngung, Pestizide, Mechanisierung)	hoher Kapitaleinsatz, sehr arbeitsintensiv
Bewässerung	keine	traditionelle Methoden	moderne Methoden (Pumpen etc.)	traditionelle und/oder moderne Methoden
Produktionsziel	Subsistenz*	Anbau für eigenen Bedarf, Verkauf von Überschüssen	Marktanbau	kommerzieller Cash-Crop*-Anbau, Pflanzungen für externe Märkte
Vermarktung	keine	lokaler und/oder regionaler Verkauf	organisierte Lagerung und Vermarktung	sehr gute organisierte internationale Vermarktung
Hauptfrucht	Reis	Reis, Weizen	Weizen, Baumwolle, Zuckerrohr	Tee, Kaffee, Kautschuk

M6 Formen der Landwirtschaft in Südasien

	Landwirtschaftliche Nutzfläche (in 1000 ha)[1]	Ackerland (in 1000 ha)	Dauerkulturen (in 1000 ha)	Wiesen u. Weiden (in 1000 ha)	Bewässerte Fläche (in 1000 ha)	Kunstdüngerverbrauch (in kg pro ha)	Anteil der in der Landwirtschaft Beschäftigten (in %)	Anteil der Landwirtschaft am BIP (in %)[2]
Bangladesch	9202 (70,6 %)	7772	830	600	5550	289,4	39,4	13,1
Bhutan	513 (13,6 %)	94	6	413	33	13,3	56,1	16,0
Indien	179674 (60,4 %)	156416	13000	10258	70400	165,8	43,3	15,4
Malediven	8 (26,3 %)	4	3	1	k.A.	314,9	8,6	5,2
Nepal	4121 (28,7 %)	2114	212	1795	1369	74,1	65,1	25,8
Pakistan	36300 (47,8 %)	30507	793	5000	20200	144,3	37,4	22,9
Sri Lanka	28116 (43,7 %)	1372	1000	440	637	131,9	25,5	7,9
Deutschland	16645 (47,7 %)	11731	188	4715	676	197,2	1,3	0,7

[1] in Klammern: Anteil der LNF an Landesfläche [2] incl. Forstwirtschaft, Fischerei   Quelle: FAO, World Bank

M7 Kenndaten der Landwirtschaft in Südasien (2018)

1. Nennen Sie die Hauptanbaugebiete der wichtigsten Getreide und Marktfrüchte (M2, Atlas).
2. Vergleichen Sie die Landwirtschaft von Indien mit zwei von ihnen selbst ausgewählten südasiatischen Staaten anhand der Indikatoren in M7.
3. Erläutern Sie die wesentlichen Unterschiede der verschiedenen Anbauformen (M6).

2.2 Besitzstrukturen und Agrarreformen

Die Agrarstruktur eines Raumes ist nicht nur gekennzeichnet durch das, was die Landwirtschaft produziert, sondern auch unter welchen sozialen Bedingungen gewirtschaftet wird. Die Betriebsgrößen, Besitzverhältnisse und die Regelung der Erbteilung* sind entscheidende Aspekte. Während ein deutscher Agrarbetrieb durchschnittlich etwa 60 ha groß ist, müssen indische Bauern im Durchschnitt mit 1,15 ha auskommen (Bangladesch: 0,39 ha, Pakistan: 2,6 ha). Zwei Drittel der Betriebe sind kleiner als 1 ha. Zur Veränderung einer als ungerecht empfundenen Agrarsozialstruktur wurden in Südasien in der Vergangenheit mehrfach Agrarreformen unterschiedlicher Art durchgeführt.

1. a) Lokalisieren Sie die in M3 skizzierten „typischen" Betriebe in Indien (Atlas, M1, S.93) und berechnen Sie die den Haushalten zur Verfügung stehenden Erntemengen.
   Ⓩ b) Die Betriebsgröße eines Agrarbetriebs sagt noch nichts über seine Produktivität aus. Erklären Sie diese Aussage (M4).
2. Charakterisieren Sie die Grundbesitzverhältnisse zum Zeitpunkt der Unabhängigkeit Britisch-Indiens (M1).
3. a) Erläutern Sie die Entwicklung der Betriebsgrößenstruktur in Indien (M5).
   b) Erläutern Sie die Bedeutung sozialer Kategorien bei Kleinstbetrieben und bei Landarbeitern (M5, M6, Kap. 1.9).
Ⓩ 4. Vergleichen Sie die Betriebsgrößenstruktur der landwirtschaftlichen Betriebe in Pakistan und Indien (M5, M8).
5. Vergleichen Sie die Motive, Arten und mögliche Maßnahmen von Agrarreformen (M1, M7, M9, M10).
6. Beurteilen Sie den Erfolg von Agrarreformen in Indien und Pakistan vor dem Hintergrund der heutigen Situation.

Bei der Größe und Diversität Indiens sowie den verschiedenen politischen, wirtschaftlichen und sozialen Einflüssen aus der Geschichte verschiedener Herrscher und auswärtiger Eroberer ist es nicht verwunderlich, dass Landbesitz- und Verwaltungspraktiken zum Zeitpunkt der Unabhängigkeit beträchtlich über den Subkontinent hin variierten. Allen gemein war, dass Bodenpolitik von dem Bemühen der Herrscher geprägt war, Grundabgaben oder Steuern von denen einzuziehen, die das Land bearbeiteten. [...] So war zur Zeit der Unabhängigkeit die Agrarstruktur bestimmt durch parasitäre, renten*-hungrige Intermediäre [Zwischenpächter], unterschiedliche Landabgaben- und Besitzsysteme quer durch die Regionen, eine kleine Zahl von Landbesitzern, die einen großen Teil des Landes kontrollierten, eine hohe Dichte von Pächtern, viele davon mit unsicheren Pachtverhältnissen und durch ausbeuterische Produktionsbedingungen.

Quelle: R.S. Deshpande : Current land policy issues in India. Land reform – land settlement and cooperatives – special edition 2003/3, S. 155 – 174 (Übers.: G. S.)

M1   Quellentext zur kolonialen Grundbesitzstruktur

- hoher Anteil von Ackerflächen für Nahrungsmittelproduktion für den eigenen Bedarf
- (lageabhängig) geringe Vermarktungsmöglichkeiten für die angebauten Produkte
- oft zu geringe Qualität der Anbauprodukte für Vermarktung
- breite Anbaupalette
- manuelle Arbeit im Vordergrund, Mechanisierung kaum fortgeschritten
- wenig Risikobereitschaft
- andauernde Geldknappheit, hohe Verschuldung, kaum Zugang zu Bankkrediten

M2   Charakteristika von Klein- und Kleinstbetrieben in Südasien

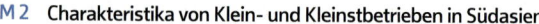

M3   Hof in Westbengalen

[1.] Ein typischer armer Teilpächter*-Haushalt in Westbengalen (Indien) mit fünf Familienmitgliedern [...] bestellt 0,4 ha Bewässerungsland. Eine zweite Ernte von bewässertem Reis und eine Gemüsefrucht folgen dem Kharif*-(Monsun-)Reis. Moderne Reissorten werden in beiden Jahreszeiten umgepflanzt und ergeben Erträge zwischen 1,9 und 2,4 t/ha. Hiervon behält der Teilpächter nur ein Drittel, da der Landeigentümer den Boden sowie seine Zugbüffel und Betriebsmittel einschließlich Dünger (ca. 150 kg/ha und Chemikalien für vier Spritzungen im Jahr) stellt. Der Haushalt verfügt über zwei Ziegen und einige Enten und Hühner und plant, mit einem Verwandten einen Milchbüffel zu kaufen. Beide Erwachsene arbeiten ca. 120 Tage im Jahr auf großen Höfen in der Nähe und in einer örtlichen Fabrik. Der Haushalt hat ein sehr geringes Jahreseinkommen und ist verwundbar in Bezug auf niedrige Erträge oder Arbeitseinkommen aufgrund von Krankheit oder Arbeitsplatzmangel.

[2.] Ein typischer armer Bauernhaushalt in Madhya Pradesh (Indien) mit sechs Familienmitgliedern bestellt 3 ha Land in Regenfeldbau*. Die Feldfrüchte schließen 1 ha Sorghum [Hirse] in der Nachregenzeit mit einem Ertrag von 1,3t/ha, ca. 0,5 ha Kichererbsen mit 0,85 t/ha, 0,2 ha Straucherbsen mit 0,5 t/ha, 0,3 ha Erdnüsse mit 0,6 t/ha und 0,2 ha Raps mit 0,7 t/ha ein. Der Haushalt besitzt zwei Rinder, einige Ziegen und Geflügel. Er hat ein gemeinsames Jahreseinkommen nahe der internationalen Armutsgrenze und ist verwundbar in Bezug auf Missernten.

[3.] Ein typischer armer Teilpächter-Haushalt in Uttar Pradesh (Indien) mit zwei Erwachsenen und drei Kindern bebaut 0,8 ha bewässertes Land mit Reis und Weizen. Der Reisfrucht zur Kharif-(Monsun-)Periode folgt Weizen und manchmal eine Gemüsefrucht. Die moderne Reissorte ergibt einen typischen Ertrag von 1,9 t/ha, von dem der Teilpächter zwei Drittel behält. Weizen ergibt im Mittel 2,5 t/ha. Der Haushalt besitzt einen Anteil an einer Milchkuh; die Milch wird täglich bei der Milchsammelstelle des Dorfes abgeliefert. Die Kuh wird mit Stroh, Wildkräutern und Gräsern gefüttert, die vom Feld oder an den Wegrändern gesammelt werden. Beide Erwachsene arbeiten ca. 160 Tage im Jahr als Arbeiter auf großen Höfen in der Nähe und in einer örtlichen Fabrik. Der Haushalt verfügt über ein mittleres Gesamteinkommen nahe der internationalen Armutsgrenze und ist verwundbar in Bezug auf niedrige Ernteerträge, einen Verlust der Milchkuh sowie reduziertes Einkommen aus der Lohnarbeit.

Quelle: John Dixon, Aidan Gulliver, David Gibbon, Malcolm Hall: Farming Systems and Poverty. Washington, D.C.: World Bank 2001, S. 187, 193, 202 (Übers.: G. S.)

M4   Quellentexte zu Kleinbetrieben in verschiedenen Anbausystemen

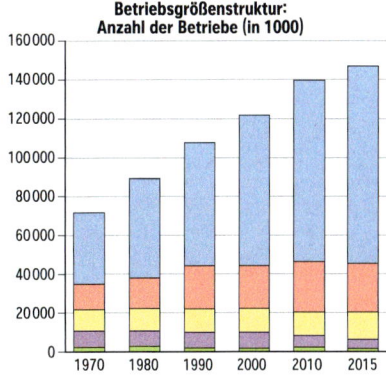

**Betriebsgrößenstruktur:
Anzahl der Betriebe (in 1000)**

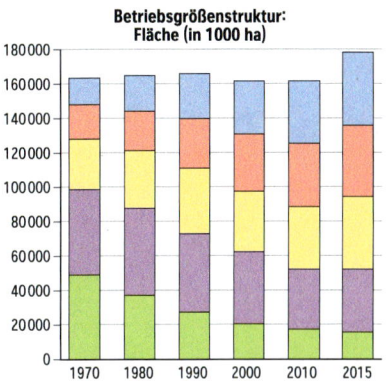

**Betriebsgrößenstruktur:
Fläche (in 1000 ha)**

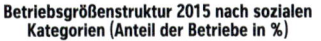

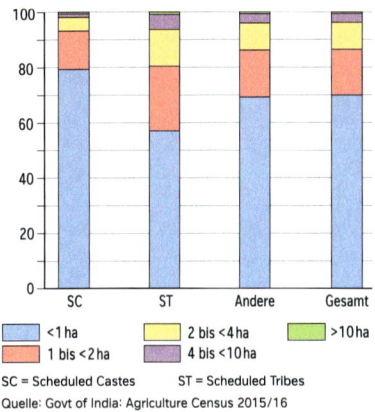

**Betriebsgrößenstruktur 2015 nach sozialen
Kategorien (Anteil der Betriebe in %)**

<1 ha   2 bis <4 ha   >10 ha
1 bis <2 ha   4 bis <10 ha

SC = Scheduled Castes   ST = Scheduled Tribes
Quelle: Govt of India: Agriculture Census 2015/16
© Westermann 36244EX_1

**M5   Indien: Betriebsgrößenstruktur in
Größenklassen nach Anzahl und be-
wirtschafteter Fläche (1970 – 2015)
und nach sozialen Gruppen (2015)**

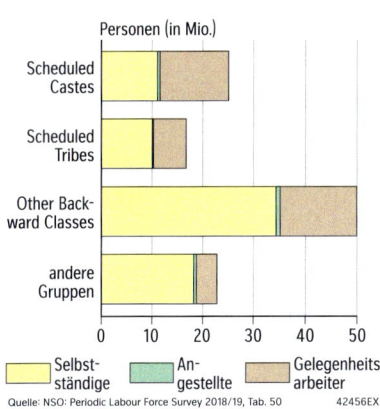

**M6   Indien: Selbständige, regulär Ange-
stellte und Gelegenheitsarbeiter in
der Landwirtschaft (2019)**

In fast allen Ländern Südasiens, in Indien auf bundesstaatlicher Ebene, gab es Landreformen, die zum Teil schon während der Kolonialzeit einsetzten, vor allem aber die 1950er- bis 1980er-Jahre prägten. Zu unterscheiden sind hierbei verschiedene Sachverhalte mit eigener Gesetzgebung:

• die rechtliche Regelung von Besitz- und (Teil-)Pachtverhältnissen, um die Position der Bodenbewirtschafter gegenüber den Grundherren abzusichern;

• die Ausschaltung von Zwischenpächtern zwischen Grundeigentümer und Landwirt;

• Bodenbesitzreformen, d. h. die Umverteilung von Anteilen des Besitzes von Großeigentümern an Pächter, Kleineigentümer und Landlose; in Pakistan beispielsweise wurde (1972) zulässiger Besitz auf 60 ha Bewässerungs- bzw. 200 ha unbewässertes Land begrenzt;

• die Zusammenlegung von Streubesitz (Bodenarrondierung, „Flurbereinigung").

M7   Agrarreformen in Südasien

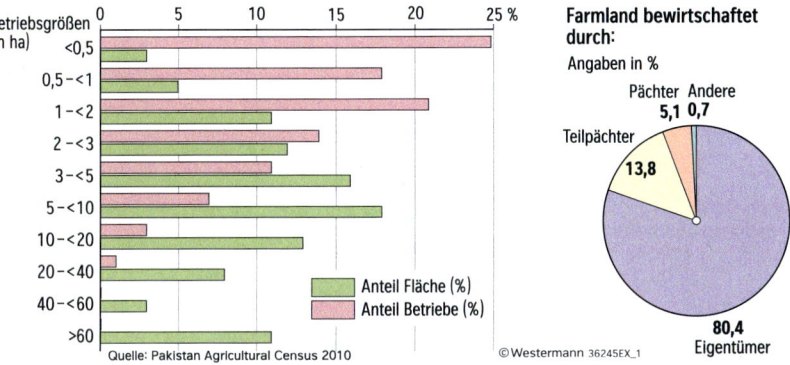

**M8   Pakistan: Anteil der Betriebe und der bewirtschafteten Fläche nach Betriebsgrößen-
klassen sowie bewirtschaftete Fläche nach Eigentumsverhältnissen (2010, in %)**

Alle drei Landreformen in der pakistanischen Geschichte, 1959, 1972 und 1977, haben ihre festgelegten Ziele überwiegend nicht erreicht. Gemeinsam war ihnen, dass sie Schwellenwert-Reformen waren, die nicht garantierten, dass landlose Pächter oder Teilpächter profitierten, sondern nur, dass die größten Grundeigentümer ihren Besitz verkleinerten. Durch den auf das Individuum, nicht den Haushalt, bezogenen Schwellenwert war der Umverteilungseffekt zudem immer gering, einfach, weil es viel mehr landlose Bauern gab, denen Boden zugewiesen werden sollte, als Land, das umverteilt werden konnte. 1959 [...] wurde weniger als 1,3 Prozent des gesamten Bodens erfasst. [...] Viele Grundeigentümer vermieden eine Umverteilung völlig, indem sie Ausnahmen beanspruchten oder Land „verschenkten"; und viele übertrugen auch ganz offiziell Boden an andere Familienangehörige. [...] [Auch 1972] gab es zahlreiche Methoden, die Reform zu unterlaufen, unter anderem durch das Kaschieren des Landbesitzes oder Aktenfälschung, was beides aufgrund politischer Beziehungen und Korruption möglich war. [...] Nur 0,6 Prozent des gesamten Landes wurden wiedergewonnen, und weniger als zehn Prozent aller landlosen Pächter kamen in den Genuss [einer Zuteilung].
Quelle: Shahrukh Rafi Khan et al.: The case for land and agrarian reforms in Pakistan. Islamabad: Sustainable Development Policy Institute (SDRI) 2001 (Übersetzung: Georg Stöber)

M9   Quellentext zur Auswirkung der Agrarreformen in Pakistan

Tausende Morgen von Land, das den Dalits* vor der Unabhängigkeit auf ihre Bitte hin von der Regierung zugeteilt worden war, wurde illegalerweise über die Jahre hinweg von Großgrundbesitzern, die Kasten angehörten, und anderen angeeignet. Forscher haben gezeigt, dass von den viel gepriesenen Landreformen [...] in erster Linie die Pächter und ein kleiner Teil marginalisierter Bauern profitiert haben. Landarbeiter, die meisten von ihnen Dalits, wurden im Stich gelassen. [...] Sogar wenn es ihnen gelang, Land zu erhalten, hatten sie mit der Feindseligkeit der Kastenhindus zu kämpfen, die fürchten, dass ihnen die Arbeitskräfte verloren gehen, wenn man Dalits Land gibt. Die dominante Gruppe der Kastenhindus bedient sich grausamer und illegaler Mittel, wenn Dalits versuchen, ihnen zugewiesenes Land in Besitz zu nehmen und mit dem Anbau zu beginnen. Frustriert geben dann viele Dalits das Land zurück und gehen wieder als Landarbeiter zu ihren alten Herren. [...] Die Kasten angehörenden Grundbesitzer nutzten die Situation [...] aus, indem sie ihre finanzielle Kraft und ihren sozialen Status einsetzten.
Quelle: S. Viswanathan: A land struggle. Frontline 17/2008 (Übersetzung: Georg Stöber)

M10   Quellentext zur Auswirkung der Agrarreformen in Indien

2.3 Grüne Revolution

Seit Mitte der 1960er-Jahre erlebte Südasien nicht nur ein enormes Bevölkerungswachstum, sondern auch eine beträchtliche Steigerung der Agrarproduktion. Diese ist mit Maßnahmen verbunden, die unter der Bezeichnung „Grüne Revolution" in die Geschichte eingingen. So beeindruckend die Statistiken auch wirken, die Grüne Revolution und ihre Folgen sind umstritten.

1. Fassen Sie die wesentlichen Maßnahmen der Grünen Revolution zusammen (M2, M6 – M8).
2. Vergleichen Sie die Entwicklung der Bevölkerung und die der Getreideproduktion (M1).
3. a) Erläutern Sie die Entwicklung der Produktivität, der Bewässerungswirtschaft und des Düngereinsatzes in Indien, Pakistan und Bangladesch (M1, M4, M5).
   ⓩ b) Vergleichen Sie die Erfolge der drei Länder durch die Grünen Revolution (M1, M4).
4. Beurteilen Sie die Entwicklung der Nahrungssicherheit* in Indien (M1, M3).
5. Die Erfolge der Grünen Revolution werden kontrovers diskutiert. Fassen Sie die Standpunkte der drei Autoren zusammen (M6). Welche Aspekte werden thematisiert? Was sind die jeweils dominierenden Gesichtspunkte? Wie unterscheiden sich die Bewertungen?
6. „Trotz andauerndem Bevölkerungswachstum ist eine Produktivitätssteigerung um jeden Preis keine gute Lösung." Nehmen Sie Stellung zu dieser Aussage.

M2   Traktoreinsatz auf einem Feld bei Daola, Haryana (Indien)

	1963	1988	2013
Produktion	71893	148446	240926
Import	4884	2728	113
Eigenverbrauch	74569	153524	216517
Export	3	378	24547

Quelle: FAO

M3   Produktion, Import, Export und Eigenverbrauch von Getreide in Indien (1963, 1988, 2013, in 1000 t)

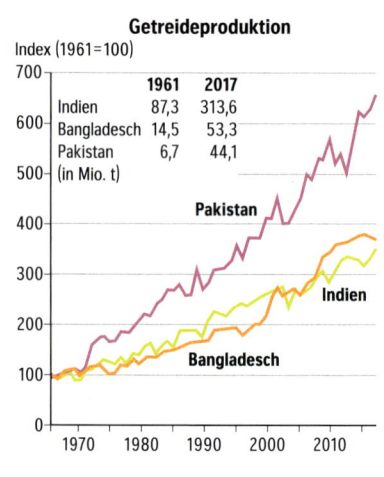

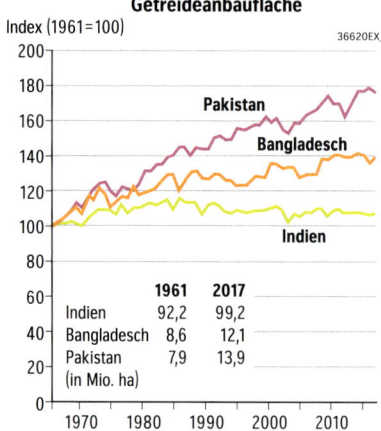

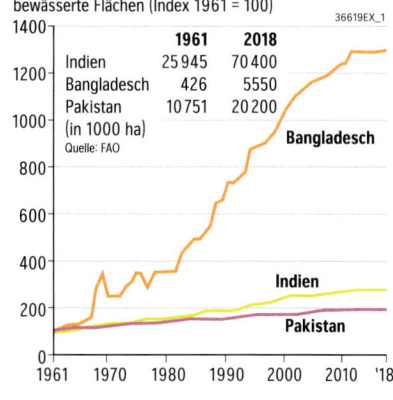

M4   Bewässerungsland in Indien, Bangladesch und Pakistan (1961 – 2018)

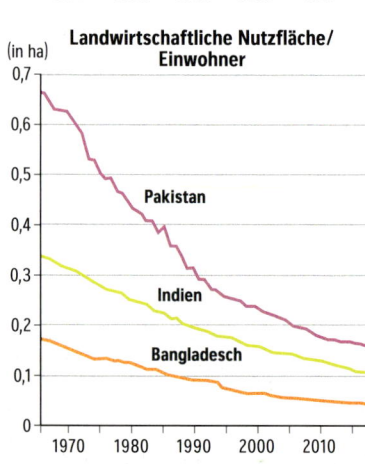

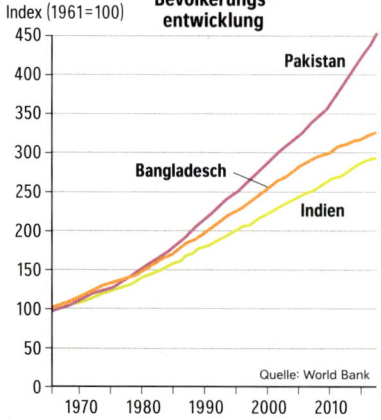

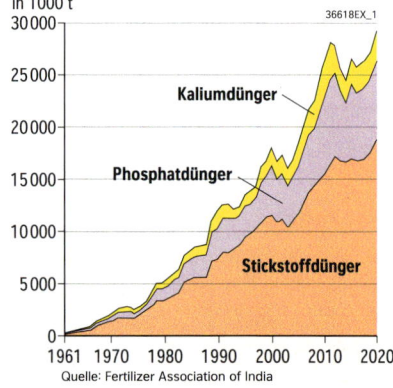

M5   Düngemittelverbrauch in Indien (1961 – 2019)

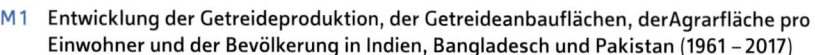

M1   Entwicklung der Getreideproduktion, der Getreideanbauflächen, der Agrarfläche pro Einwohner und der Bevölkerung in Indien, Bangladesch und Pakistan (1961 – 2017)

Die erste Grüne Revolution [späte 1960er- und frühe 1970er-Jahre] bot Bauern neue Varietäten von Feldfrüchten an, die es ihnen ermöglichten, ihre Erträge zu steigern – zum Beispiel viel mehr Weizen und Reis pro Hektar zu ernten. [...] Die Ford- und Rockefeller-Stiftungen halfen zusammen mit bilateralen Entwicklungshilfeorganisationen wie USAID, internationale landwirtschaftliche Forschungszentren einzurichten und zu finanzieren, die die Grüne Revolution in verschiedenen Teilen der Welt vorwärtstrieben. Es waren Zentren wie das Internationale Reisforschungszentrum (IRRI) auf den Philippinen und das Internationale Zentrum für die Verbesserung von Mais und Weizen (CIMMYT) in Mexiko, die neue Varietäten züchteten und die Technologien entwickelten, die sie begleiteten. [...] Die Prognose einer massiven Hungersnot in Indien in den 1960er-Jahren war der Aufruf zum Handeln. Vor der Grünen Revolution waren etwa zwei Drittel der ländlichen Bevölkerung Indiens hungrig und arm, und die Nation hing von US-Getreidespenden ab. Die Grüne Revolution brachte Indien der Selbstversorgung nahe [...]. Der Hunger war abgewendet. [...]

Zwischen 1970 und 1995 erhöhten die neuen Hochertragssorten in Verbindung mit künstlicher Düngung und Bewässerung die Getreideproduktion in Asien um mehr als das Doppelte. Hierbei stieg die Nutzfläche um nur sechs Prozent. Während die Bevölkerung Asiens um fast 60 Prozent wuchs, stieg die Verfügbarkeit von Getreide pro Kopf der Bevölkerung um fast ein Drittel. Dies senkte die Lebensmittelpreise für jedermann, einschließlich der städtischen und ländlichen Armen. Das war wichtig, da die Armen den größten Teil ihres Einkommens für Lebensmittel ausgeben. [...] Die Grüne Revolution verstärkte auch die Beschäftigung in der ländlichen außerlandwirtschaftlichen Wirtschaft beträchtlich, und die landwirtschaftlichen Löhne stiegen allgemein.

Gordon Conway, *britischer Agrarökologe und Präsident der Rockefeller Foundation, Rede 12.3.2003*

Die letzten drei Jahrzehnte haben unser Ernährungssystem zerstört. [...] Grüne Revolution ist ein irreführender Name für ein auf Chemie basierendes Landwirtschaftsmodell, das in Indien 1965 eingeführt wurde. Nach dem Zweiten Weltkrieg suchten die Chemieunternehmen und Fabriken verzweifelt nach neuen Märkten, auf denen sie synthetische Düngemittel verkaufen konnten. Sie wurden in Sprengstofffabriken hergestellt, die während des Krieges aufgebaut worden waren. Einheimische Varietäten der Feldfrüchte verschmähten diese Kunstdünger, sodass kleinwüchsige Varietäten entworfen wurden, die die [Agro-]Chemie akzeptierten – und davon abhängig waren. Mitte der 1960er-Jahre waren diese neuen Saatgut-Chemie-Pakete fertig, um in die Länder des globalen Südens unter der Marke „Grüne Revolution" exportiert zu werden. [Die allgemein verbreitete Darstellung] schreibt der Grünen Revolution zu, Indien aus dem Hunger geführt zu haben [...]. Aber es gab 1965 keine Hungersnot in Indien. In den Städten waren infolge einer landesweiten Dürre die Nahrungsmittelpreise gestiegen, und das Land musste Getreide importieren. Aber mit der Strategie, Chemie in der Landwirtschaft zu fördern, stellten die US-Regierung und die Weltbank die Bedingung auf, dass die USA nur Nahrungsgetreide nach Indien schicken würde, wenn das Land auch Saatgut und [Agrar-]Chemie importieren würde. Es gibt eine riesige Kluft zwischen den Erzählungen der Grünen Revolution als Erfolgsgeschichte und den Realitäten im Punjab. Reduziert darauf, ein Land von Reis und Weizen zu sein, begann der Staat, als Ergebnis der industriellen Landwirtschaft, weniger Arten von Nahrungsmitteln mit geringerem Nahrungswert zu produzieren. [...] Während die Grüne Revolution im Punjab desertifizierte* Böden, erschöpfte Aquifere, eine verschwindende Biodiversität, verschuldete Bauern und einen „Krebs-Zug" zurückgelassen hat, in dem die Opfer von Pestizid-bedingten Krebsleiden nach Rajasthan zur kostenlosen Behandlung fahren, wird dieses nicht-nachhaltige Modell in die östlichen Staaten Indiens und auch nach Afrika exportiert.

Vandana Shiva, *indische Naturwissenschaftlerin und Globalisierungskritikerin (2017)*

Zusammenfassend denke ich, dass die Grüne Revolution der 1960er- und 1970er-Jahre uns auf dreierlei Weise geholfen hat. Erstens gab sie unserer Landwirtschaft Selbstbewusstsein. Diese hatte bis dahin einen niedrigen sozialen Status. Nun wurden die Agrarwissenschaftler sozial anerkannt, sie konnten aufrecht stehen. Und in den 1960er-Jahren begannen auch unsere Medien unsere Erfolge wahrzunehmen. Zweitens war die Selbstversorgung mit Nahrungsmitteln ein Beitrag zur staatlichen Eigenständigkeit. Der dritte bedeutende Erfolg der Grünen Revolution lag auf dem Gebiet der ländlichen Infrastruktur. Landstraßen wurden gebaut und die Elektrifizierung begann. [...]

Aber die Grüne Revolution wurde zu einer Revolution der Gier [greed revolution]. Schon 1968 warnte ich [...], dass wir, wenn wir Boden und Grundwasser übernutzen und auf großen Flächen nur eine genetische Sorte anbauen, auf eine Ära landwirtschaftlicher Katastrophen, nicht des Fortschritts, zusteuern. In einigen Gebieten trat genau dies ein. Die Grüne Revolution führte zu einer exzessiven Nutzung von Pestiziden und einem unangemessenen und unausgewogenen Einsatz von Düngern. [...] Wir brauchen jetzt eine Immergrüne Revolution. Wir haben keine andere Option, als mehr auf weniger Land mit weniger Wasser zu produzieren. Wir müssen sicherstellen, dass die Landwirtschaft, die eine Hauptsäule unseres Systems der Lebenssicherung und der Umweltsicherung ist, in einer Weise betrieben wird, dass sie mehr produzieren kann, aber auf nachhaltige Weise. Wir müssen mehr produzieren, aber auf eine andere Art. Das bezeichne ich als nachhaltige Entwicklung der Produktivität.

M.S. Swaminathan, *indischer Agrarwissenschaftler (1999)*

M6 **Quellentexte zur Grünen Revolution** (Übers. G.S.)

M7 Düngereinsatz bei Alleppey, Kerala (Indien)

M8 Einsatz von Pestiziden auf einem Zwiebelfeld

2.4 Globalisierung und Liberalisierung der Landwirtschaft

Den Millionen von Kleinbauern, die auf kleinsten Flächen meist auf Subsistenzbasis arbeiten, eine wirtschaftliche Perspektive zu geben, ist eine der zentralen Herausforderungen Indiens. Viele Jahrzehnte war der indische Agrarmarkt stark reglementiert und weitgehend vom Weltmarkt abgekoppelt. Seit einige Zeit sieht die indische Regierung aber in Liberalisierung* und Globalisierung* den Weg, die Landwirtschaft zu modernisieren. Ein Ansatzpunkt ist dabei die Vertragslandwirtschaft*. Viele Kleinbauern fürchten jedoch, dass dies auf ihre Kosten geschieht und Großbetriebe und (internationale) Agrarkonzerne die einzigen Profiteure dieser Entwicklung sind.

1. Beschreiben Sie die Entwicklung des Agrarhandels in Indien seit Anfang der 1990er-Jahre (M2, M4).
2. Erläutern Sie die Einbindung Indiens in den globalen Agrarhandel (M1).
3. Erläutern Sie die Widerstände gegen die Liberalisierung des Agrarmarkts in Indien (M3).
4. ⓩ Erläutern Sie die Vertriebsstrukturen für die indischen Kleinbauern vor den Neuregelungen (M6, Internet).
5. Charakterisieren Sie jeweils Vor- und Nachteile von Agrobusiness-Unternehmen und Kleinbauern bei der Vertragslandwirtschaft (M7).
6. Vergleichen Sie die in M5 aufgeführten Folgen der Globalisierung für Indien und für seine Kleinbauern.
7. 2020 wurden Liberalisierungsgesetze erlassen. Fassen sie die Position der Akteure und ihre Argumente zusammen (M6).
8. Das Spannungsfeld von Nahrungssicherheit* und Export von Agrarprodukten als Devisenquelle, der Förderung einer produktiven Landwirtschaft und dem Auskommen von Millionen von Kleinbauern ist komplex. Entwickeln Sie Grundsätze für eine zukunftsfähige Landwirtschaft in Indien.

Indien trat 1991 in den Prozess der Globalisierung ein, als es eine schwere Wirtschaftskrise im Land gab. Um die Wirtschaftskrise zu überwinden, wandte sich Indien an den Internationalen Währungsfonds (IWF) und bat um finanzielle Unterstützung. Der IWF gewährte diese Hilfe unter der Bedingung, dass einige strukturelle Veränderungen und Reformen in der indischen Wirtschaft durchgeführt werden. [...] Diese Reformen und Veränderungen können grob in drei Bereiche eingeteilt werden: Liberalisierung, Privatisierung und Globalisierung (LPG). Dazu gehören der Rückzug der staatlichen Kontrolle über den Markt, die Privatisierung von Organisationen des öffentlichen Sektors und der Abbau von Exportsubventionen und Importbarrieren, um den freien Handel zu ermöglichen.
Quelle: T. Ramesha: Liberalisation Privatisation Globalisation Impact on Agriculture Sector. International Journal of Research and Analytical Reviews (IJRAR) October2019, Volume 6, Issue 4 (Übersetzung: Thilo Girndt)

Die Liberalisierung der indischen Landwirtschaft ist seit langem Gegenstand heftiger Kontroversen. Seit den frühen Tagen der indischen Republik und insbesondere seit der Grünen Revolution in den 1960er-Jahren wurden die Landwirte von komplexen Systemen staatlicher Subventionen abhängig. Dazu gehörten Mindeststützungspreise für Produkte, die Abschirmung vor dem internationalen Wettbewerb, staatlich regulierte Mechanismen für den lokalen Handel mit landwirtschaftlichen Rohstoffen und Sonderregelungen für solche, die als „essenziell" eingestuft wurden. [...] Während ein Großteil der indischen Wirtschaft seit den späten 1980er-Jahren neoliberalen Reformen unterworfen wurde, erwies sich die Landwirtschaft für die Reformer als schwieriger zu handhaben. Um Rückschläge bei Wahlen zu vermeiden, waren die Regierungen sehr darauf bedacht, umfassende Reformen im Agrarsektor zu vermeiden und Aspekte der Subventionsregelungen und des Protektionismus aus der Zeit vor der Liberalisierung beizubehalten. Bezeichnenderweise wurde Indiens ehrgeiziges Programm zur Ernährungssicherung wiederholt von der WTO als zu protektionistisch bezeichnet. [...] Dennoch hat eine allmähliche und stückweise Öffnung der indischen Agrarwirtschaft stattgefunden. Einige Bundesstaaten haben die oben genannten staatlichen Bestimmungen weitgehend abgeschafft. Darüber hinaus haben die indischen Regierungen die Subventionen für Betriebsmittel reduziert, den Saatgutsektor für ausländische Direktinvestitionen dereguliert, die Privatisierung von Bankgeschäften in der Landwirtschaft erleichtert und nicht zuletzt die Forschung und Entwicklung in den privaten Sektor verlagert.
Quelle: Kenneth Bo Nielsen, Jostein Jakobsen,Alf Nilsen: Liberalising Indian Agriculture. Oslo16.10.2020 (Übersetzung: Thilo Girndt)

	Anbaufläche (in Mio. ha)	Agrarproduktion (in Mrd. US-$)	Agrarexporte (in Mrd. US-$)	Agrarimporte (in Mrd. US-$)
Indien	(1) 169,4	(2) 418,5	(17) 30,7	(16) 21,7
USA	(2) 160,4	(3) 341,5	(1) 143,3	(2) 138,3
China	(3) 135,7	(1) 883,7	(5) 56,1	(1) 164,3
Brasilien	(5) 63,5	(4) 142,7	(3) 82,9	(42) 9,3
Deutschland	(27) 11,9	(15) 48,6	(4) 80,6	(3) 95,1

in Klammern Rangzahl   Quelle: FAO

M1 Landwirtschaftliche Anbaufläche, Prodution, Exporte und Importe in ausgewählten Ländern (2018)

M3 Quellentext zur Liberalisierung der indischen Landwirtschaft

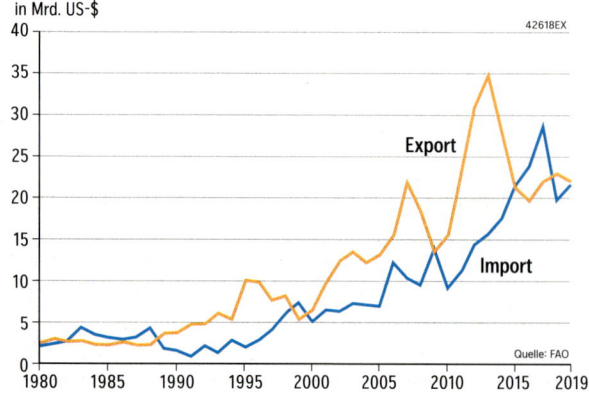

M2 Handelsbilanz für Agrarprodukte in Indien (1990 – 2019)

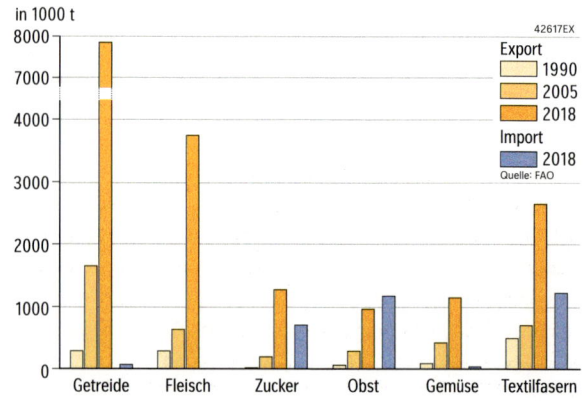

M4 Indien: Ex- und Importe ausgewählter Produkte (1990 – 2018)

Positive Folgen	Negative Folgen
• Verfügbarkeit moderner Agrartechnologien (Pestizide, Herbizide und Düngemittel, Hochertragspflanzen) • Produktions- und Produktivitätssteigerung bei Lebensmitteln und Agrargütern • Wachstum des Nationaleinkommens • Beschäftigung in neuen Bereichen (z. B. für Klassifizierung, Standardisierung und Verarbeitung, Verpackung, Kühllagerung der Produkte für den Export) • Landwirtschaft als Triebkraft für industrielle Produktion/Gesamtwirtschaft • Anstieg der Gesamtexporte und Wachstum der Agrarexporte (Preise auf dem Weltmarkt höher als auf dem indischen Markt) • Verringerung der absoluten Armut	• Schuldenfalle und Bauernselbstmorde (hohe Verschuldung der Kleinbauern durch hohe Investitionskosten, weiterhin Abhängigkeit von privaten Geldverleihern mit hohen Zinsen) • Aufgabe der Landwirtschaft (aufgrund der niedrigen Wettbewerbsfähigkeit vieler Kleinbauern), Migration von Arbeitskräften • Geringeres Einkommen der Landwirte (im Gegensatz zu Industrieländern geringere Subventionierung) • Schwächung der internationalen Wettbewerbsfähigkeit (geringe Qualität und Standardisierung der Produkte gegenüber internationaler Konkurrenzprodukte) • Ungewöhnlicher Anstieg der Preise für Düngemittel und Pestizide sowie der Stromkosten (wegen hoher Nachfrage) • Preisverfall (durch Wegfall der Importzölle und -gebühren, Überschwemmung mit Billigimporten) • Rückgang der Beschäftigung in der Landwirtschaft

M 5　Folgen der Globalisierung für die indische Landwirtschaft

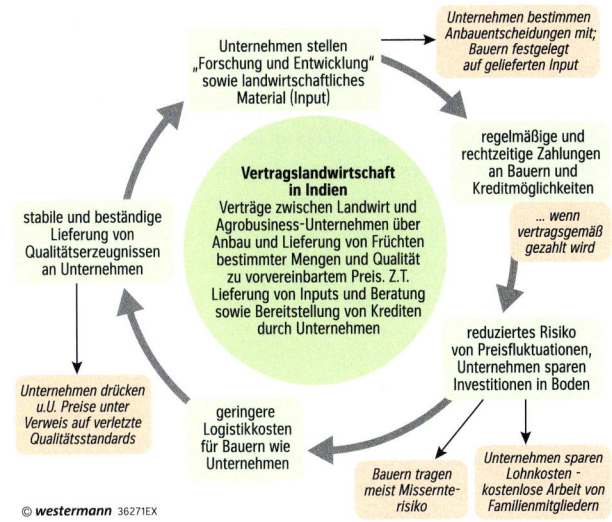

© westermann　36271EX

M 7　Aspekte der Vertragslandwirtschaft

M 8　Demonstration in Kolkata im Dezember 2020

[Drei neue Gesetze sollen den Agrarmarkt liberalisieren. Sie] lockern alle bisherigen Vorschriften rund um Verkauf, Preisbildung und Lagerhaltung. Als das indische Parlament im September zwei der Gesetze durchwinkte, [gingen] die Bauern wütend auf die Straße, weil sie um ihre Existenz fürchten. „Wird dieses Gesetz nicht zurückgenommen, macht es uns mit der Zeit zu Sklaven. Wir Kleinen werden zerstört. Premierminister Modi hat uns versprochen, das Einkommen der Bauern zu verdoppeln. Aber nichts ist passiert. Der Mindestpreis für Hirse liegt bei 2150 Rupien pro 100 Kilo. Doch wir bekommen nur 1200 Rupien dafür."
Bislang haben die Bauern ihre Produkte auf Märkten [Mandis] verkauft, auf denen die Regierung die Preise kontrolliert. Die neuen Gesetze sehen nun vor, dass die Bauern ihre Ernten auch an private Unternehmen verkaufen dürfen: etwa an Agrar-Handelsbetriebe, an Supermarktketten und Lebensmittelhändler, die Online verkaufen. Vorgesehen ist eine vertraglich ausgehandelte Landwirtschaft, in der die Bauern entsprechend der Nachfrage anpflanzen. [...]
[Aus Sicht eines Verwaltungsbeamten in einem staatlichen Marktkomitee] verbessern die neuen Gesetze die Lage der Bauern: „Die Bauern bekommen eine Alternative. Bislang konnten sie ihre Ernte nur im Mandi verkaufen. Aber jetzt bekommen sie von der Regierung die Möglichkeit, ihre Produkte auch anderswo anzubieten. [...] Wenn es Wettbewerb gibt, steigen die angebotenen Preise, weil die Bauern mehr Möglichkeiten bekommen. Früher gab es nur einen, der ihnen ihre Ernte abkaufte. Jetzt gibt es viele." [...]
Sanjay Verma [...] ist der Präsident [eines] Zusammenschlusses der sogenannten „Mittelsmänner". Die leben davon, dass sie zwischen den Landwirten und den Kunden vermitteln und dafür eine Gebühr verlangen. [...] „Ist es wirklich möglich, dass die Bauern, nachdem sie den ganzen Tag auf dem Feld gearbeitet haben, am nächsten Tag losgehen und ihre Ernte verkaufen? Der Bauer macht seinen Job. Er kann seine Produkte ab und an verkaufen, aber er hat keine Routine darin. Wir haben ein System aufgebaut, in dem jeder seine Rolle einnimmt." [...] Die Mittelsmänner gewähren den Bauern auch Darlehen. Und die Bauern befürchten, dass mit der Abschaffung der Mittelsmänner auch diese Möglichkeit abgeschafft wird. [...] Die Regierung hingegen argumentiert, dass die von den Mittelsmännern verlangten Zinsen viel zu hoch sind.

M 6　Quellentexte zu den Liberalisierungsgesetzen von 2020

In Indien hängen 600 Millionen Menschen von der Landwirtschaft ab. Die Landwirte kämpfen seit Jahrzehnten gegen Missernten und für faire Preise. Die Nationalbank [...] hat errechnet, dass fast die Hälfte der landwirtschaftlichen Haushalte verschuldet sind. [...] Der Analyst für Lebensmittel- und Handelspolitik Devinder Sharma ist davon überzeugt, dass das kein Zufall ist. In den letzten Jahrzehnten hätten alle aufeinander folgenden Regierungen Gesetze gegen die Bauern erlassen, die zu Millionen von Landflüchtlingen geführt haben: „Wir haben in der Landwirtschaft Bedingungen geschaffen, die die Menschen dazu zwingt, die Landwirtschaft aufzugeben und aus den ländlichen Gebieten in die Städte abzuwandern."
Quelle: Antje Stiebitz, Raghavendra Verma: Bedroht von Corona und Marktliberalisierung. Deutschlandfunk 12.11.2020

Während die Regierung die Reform damit begründet, die Produktivität auf dem Subkontinent steigern zu wollen, argwöhnen Bauernverbände, dass sich hinter dem Rückzug aus der Regulierung eigentlich eine Agenda der Stärkung von Agrarkonzernen verbirgt. Das schürt auch Ängste vor dem Verlust von Land. Zwar enthalten die drei Gesetze nichts, was den Landwirten direkt das Land wegnehmen würde [...]. Aber sie verstärken – etwa durch die Stärkung von Contract Farming – doch Trends, unter denen Parzellenbauern und Kleinlandwirte in der Vergangenheit landlos geworden sind. [...] Vor allem stützen viele Experten die Ängste der Bauernbewegung, dass am Ende die Ernährungssicherheit leidet, wenn gewinnorientierte Großkonzerne das öffentliche Versorgungssystem ins Wanken bringen.
Quelle: Bharat Dogra: Bauern in Aufruhr. Agrar- & Ernährungspolitik 04/2021

2.5 Plantagenwirtschaft auf Sri Lanka

In verschiedenen Ländern des indischen Subkontinents richteten die Kolonialherren Pflanzungen ein, deren Dauerkulturen* auf den Bedarf des Mutterlandes ausgerichtet waren. Diese Plantagenwirtschaft* war im Lauf der Geschichte technologischen, politischen und ökonomischen Veränderungen unterworfen, spielt aber bei der Einbindung in den Weltmarkt auch heute noch eine wichtige Rolle. Am Beispiel Sri Lanka soll die Plantagenwirtschaft vorgestellt werden.

1. Charakterisieren Sie die Betriebsgrößenstruktur auf Sri Lanka (M2).
2. Analysieren Sie die Rolle der Plantagenwirtschaft in der Landwirtschaft und bei der Produktion wichtiger landwirtschaftlicher Exportprodukte (M1, M3 – M5).
3. Charakterisieren Sie die Struktur eines Plantagen betreibenden Unternehmens (M8) im Kontext der Entwicklung des Plantagensektors auf Sri Lanka (M1).
4. Erläutern Sie die wirtschaftliche Einbindung des Plantagensektors am Beispiel der Teeplantagen (M9, M11).
5. Beurteilen Sie die Arbeitsbedingungen auf den Teeplantagen auch vor dem Hintergrund der Preis- und Kostenstruktur im Teeanbau (M10, M11).

Jahr	Ereignis
1769	Gründung von Zimt-Plantagen auf Ceylon durch Holländer
Ab frühem 19. Jh.	Kaffeeanbau, etwas später Experimente mit Tee, seit 1840 Anwerbung indischer Tamilen zur Arbeit auf Plantagen im Hochland
1867	Erste Teeplantage
1870er-Jahre	Pilz-Befall („Kaffee-Rost") zerstört Kaffeepflanzungen, Umstellung auf Teeanbau
1876	Kautschuk wird auf Ceylon eingeführt.
1968	Erste Ölpalmenpflanzung
1971-72	Verstaatlichung der 502 privaten Plantagen in Hand von Sri Lankern und Ausländern; staatliche Gesellschaften übernehmen den Plantagensektor.
1992	Wegen dauerhafter Verluste der Staatsunternehmen Re-Privatisierung des Managements des Plantagensektors; langfristige Verpachtung (53 Jahre) eines Großteils der Plantagen an 23 Plantagengesellschaften mit staatlicher Beteiligung. 33 Plantagen bleiben unter Verwaltung der staatlichen Gesellschaften.
Nach 1992	Zahlreiche Umstrukturierungen der Firmenstrukturen. Staatliche Plantagen aufgrund andauernder Verluste später z. T. ebenfalls privatisiert oder aufgelöst.

M1   Entwicklung des Plantagensektors auf Sri Lanka

M4   Sri Lanka: Landwirtschaft

	Anbaufläche		Produktion (in t)	Export	
	(in ha)	Anteil der Plantagen[1]		(in t)	(in Mio. Rs.)[2]
Tee	200 000	52 %	300 100	292 700	240 637
Kautschuk	138 000	56 %	74 800	13 000	4 321
Kokosnuss	204 454	16 %	3 086[3]	692[3]	28 779[4]
Kakao	1 827	55 %	548	520	197
Zimt	34 231	11 %	20 352	17 480	33 583
Kardamom	1 724	86 %	69	13	34
Nelken	7 977	12 %	4 786	5 126	5 436
Pfeffer	41 030	5 %	22 156	8 335	9 031

Quelle: Economic and Social Statistics of Sri Lanka 2020, Economic Census 2013/14
[1] Plantagensektor = Betriebe >8 ha (2013/14) [2] 100 Rs. = 0,42 Euro [3] in Mio. Nüsse
[4] ohne Kokosfasern u.ä.

M5   Dauerkulturen in Sri Lanka: Anbau und Export (2019)

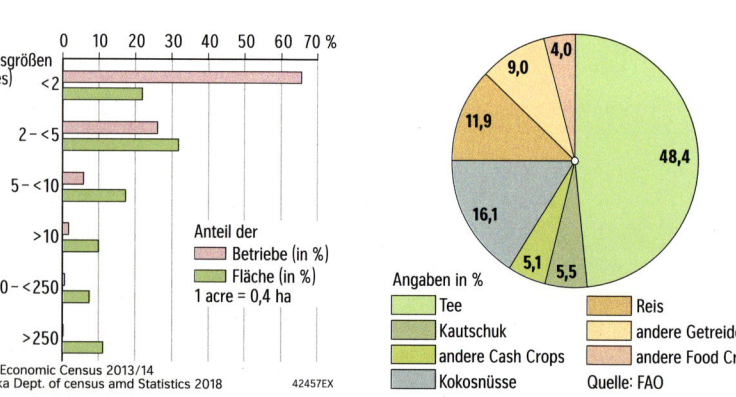

M2   Sri Lanka: Größenstruktur landwirtschaftlicher Betriebe (2014)

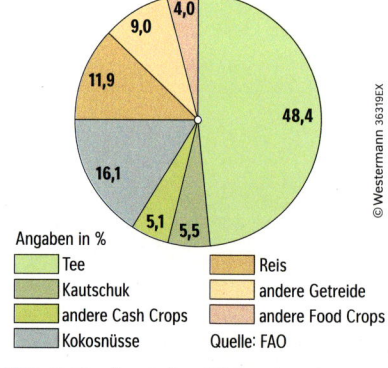

M3   Sri Lanka: Anbauflächen im Plantagenbereich (2013)

M6   Teefabrik in Sri Lanka

M 7   Pflückerinnen auf einer Teeplantage auf Sri Lanka

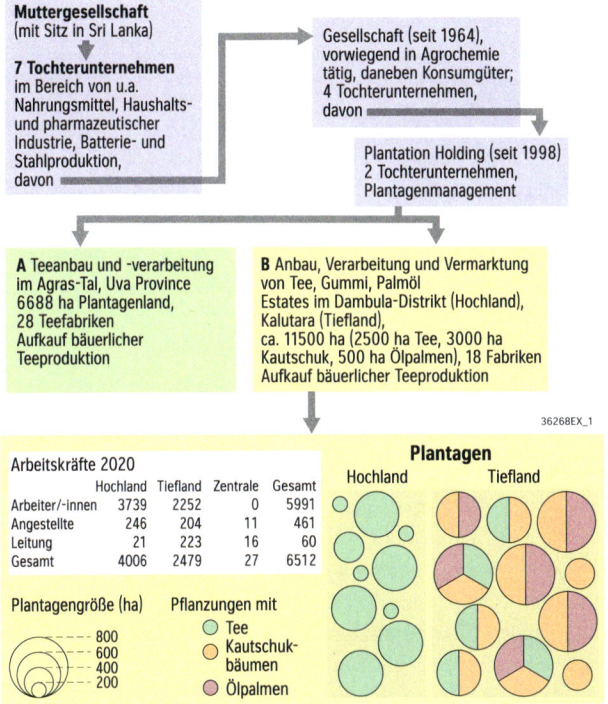

Muttergesellschaft
(mit Sitz in Sri Lanka)

7 Tochterunternehmen
im Bereich von u.a.
Nahrungsmittel, Haushalts-
und pharmazeutischer
Industrie, Batterie- und
Stahlproduktion,
davon

Gesellschaft (seit 1964),
vorwiegend in Agrochemie
tätig, daneben Konsumgüter;
4 Tochterunternehmen,
davon

Plantation Holding (seit 1998)
2 Tochterunternehmen,
Plantagenmanagement

A Teeanbau und -verarbeitung
im Agras-Tal, Uva Province
6688 ha Plantagenland,
28 Teefabriken
Aufkauf bäuerlicher
Teeproduktion

B Anbau, Verarbeitung und Vermarktung
von Tee, Gummi, Palmöl
Estates im Dambula-Distrikt (Hochland),
Kalutara (Tiefland),
ca. 11500 ha (2500 ha Tee, 3000 ha
Kautschuk, 500 ha Ölpalmen), 18 Fabriken
Aufkauf bäuerlicher Teeproduktion

36268EX_1

Arbeitskräfte 2020

	Hochland	Tiefland	Zentrale	Gesamt
Arbeiter/-innen	3739	2252	0	5991
Angestellte	246	204	11	461
Leitung	21	223	16	60
Gesamt	4006	2479	27	6512

Plantagen
Hochland   Tiefland

Plantagengröße (ha)
- 800
- 600
- 400
- 200

Pflanzungen mit
- Tee
- Kautschuk-bäumen
- Ölpalmen

M 8   Struktur eines Plantagenunternehmens in Sri Lanka

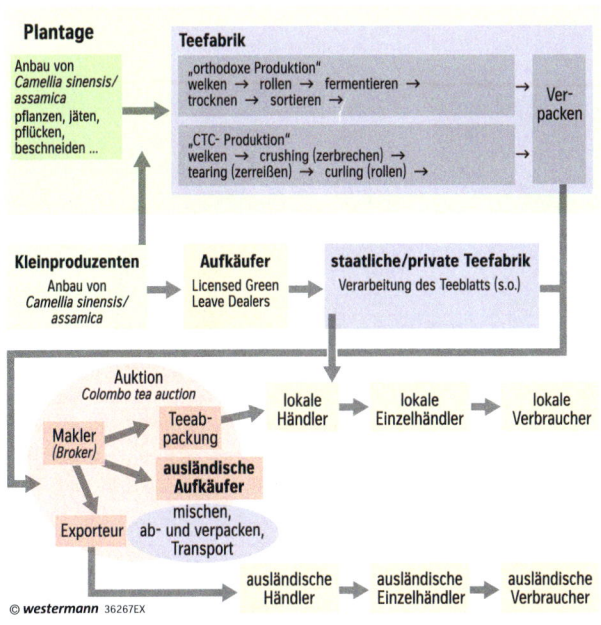

Plantage
Anbau von
*Camellia sinensis/
assamica*
pflanzen, jäten,
pflücken,
beschneiden ...

Teefabrik
„orthodoxe Produktion"
welken → rollen → fermentieren →
trocknen → sortieren →

„CTC- Produktion"
welken → crushing (zerbrechen) →
tearing (zerreißen) → curling (rollen) →

Ver-packen

Kleinproduzenten
Anbau von
*Camellia sinensis/
assamica*

Aufkäufer
Licensed Green
Leave Dealers

staatliche/private Teefabrik
Verarbeitung des Teeblatts (s.o.)

Auktion
Colombo tea auction

Makler
(Broker)

Teeab-packung

**ausländische
Aufkäufer**

Exporteur

mischen,
ab- und verpacken,
Transport

lokale
Händler → lokale
Einzelhändler → lokale
Verbraucher

ausländische
Händler → ausländische
Einzelhändler → ausländische
Verbraucher

© *westermann* 36267EX

M 9   Teeproduktion und -vermarktung

Palani ist eine von ca. 500 000 Arbeitskräften der sri-lankischen Tee-industrie. Wie die meisten von ihnen stammt sie von Tamilen ab, die in den 1820er-Jahren vom indischen Festland nach British Ceylon gebracht worden waren. [...] Diese Arbeiter wurden nicht bezahlt und waren völlig abhängig vom Willen der Plantagenbesitzer. [...] [Erst] in den 1980er-Jahren, nach mehr als 150 Jahren auf Sri Lanka, erhielten die Nachfahren der indisch-tamilischen Vertragsarbeiter die sri-lankischen Bürgerrechte. Dennoch zählen sie weiterhin zu den am stärksten mar-ginalisierten und verarmten Menschen im Lande. [...] „Ich habe einen Sohn und eine Tochter, und glücklicherweise arbeitet keiner von ihnen hier", sagt Palini. „Immer weniger Frauen arbeiten auf den Plantagen; die Jüngeren wollen diese Arbeit nicht, weil sie anstrengend ist und man wenig verdient." [...] Um den Tageslohn von 700 sri-lankische Rupien (€3,50) zu verdienen, muss Palini mindestens 18 Kilogramm (40 Pfund) Teeblätter pflücken. „Die meisten Männer, die auf den Plantagen arbei-teten, machen nun etwas anderes", sagte sie mit einem Achselzucken. „Viele haben Obstgärten und verdienen mehr." [...]

Sri Lanka produziert gegenwärtig 300 Mio. Kilogramm Tee jährlich. Es ist der viertgrößte Teeproduzent der Welt, nach China, Indien und Kenia. Nach der Planters' Association of Ceylon zahlt Sri Lanka den Teearbeitern mehr als die anderen wichtigen Teeproduzenten [...]. Trotzdem bleiben die Teearbeiter in Armut stecken. [...] Zehntausende von Plantagenarbeitern in ganz Sri Lanka haben sich in den vergangenen Jahren zusammenge-schlossen um einen Mindestlohn von 1000 Rupien am Tag zu verlangen (ca. 5€). [...] Die Unternehmen lehnten die Forderung [...] ab. [2018] einigte man sich vorläufig auf einen Anstieg von 500 auf 700 Rupien [...] Da aber Anwesenheits- und Produktivitätsanreize abgebaut wurden, stieg der Lohn real nur um 20 Rupien (ca. 10 Cents).

Quelle: Laura Fornell: Sri Lanka's Ceylon tea workers live under a legacy of exploitation. Deutsche Welle 22.09.2020 (Übersetzung: Georg Stöber)

M 10   Quellentext zur Arbeit auf den Teeplantagen

Anteil am Verkaufspreis		Anteil an den Produktionskosten	
Einzelhändler	53 %	Arbeit (Löhne, Zusatzleistungen)	67 %
Großhändler/ Mischer	33 %	Material (Brennstoffe, Dünger, Chemikalien, Verpackung etc.)	15 %
Fabrik	7 %	Angestellte & Management	9 %
Händler/Auf-käufer	6 %	Dienstleistungen (Medizin, Wohlfahrt, Versicherung, Elekt-rizität, Steuern)	5 %
Tee-Makler	1 %		
Teepflücker/ Produzent	<1 %	Verschiedenes	4 %

Quelle: Rajadurai, R.: Regional Plantation Companies & Quality of life of RPC workers

M 11   Preis- und Kostenstruktur im Teeanbau

2.6 Reisanbau auf Sri Lanka

Reis ist das Grundnahrungsmittel in weiten Teilen Süd- und Ostasiens. Das Beispiel Sri Lankas, das bei der Reisversorgung weitgehende Autarkie anstrebt, zeigt, wie sehr die Erreichung dieses Ziels von der Verfügbarkeit der Ressource Wasser abhängig ist. Schon Vor mehr als zweitausend Jahren wurden daher Speicherseen (Tanks) angelegt, um die direkte Abhängigkeit vom Monsunregen zu reduzieren, eine Praxis, die in großem Maßstab bis heute wichtig bleibt.

1. Beschreiben Sie die Grundzüge des Reisanbaus in Sri Lanka (M 1, M 5).
2. Erklären Sie Rolle des Monsuns für den Reisanbau in Sri Lanka (M 1, M 7, Kap 1.3, 1.4).
3. Verschiedene Formen der Wasserversorgung differenzieren den Reisanbau auf Sri Lanka.
   a) Erläutern Sie die regionalen Muster des Reisanbaus vor dem Hintergrund der Wasserversorgung (M 4, M 6).
   b) Vergleichen Sie Erntefläche und Ertrag (M 10).
4. Lokalisieren Sie Anuradhapura (M 2, M 3) und verschiedene Wasserreservoire in der Umgebung (Google Earth).
5. Charakterisieren Sie das dörfliche Bewässerungssystem (M 2).
6. Erläutern Sie die Saisonalität des Reisanbaus (M 1, M 8, M 9, M 10 vor dem Hintergrund von M 6, M 7).
7. Analysieren Sie die Reisproduktion sowie die Reisimporte/-exporte vor dem Hintergrund der angestrebten Autarkie (M 11, M 8).

M 3   Tanks und Reisfelder bei Anuradhapura

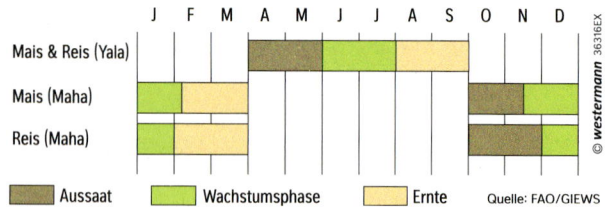

M 1   Anbaukalender

Der Anbaukalender Sri Lankas gliedert sich in zwei Jahreszeiten, Yala (etwa April bis September), und Maha, die Zeit des Nordost-Monsuns (etwa Oktober bis März). Hierbei kann das Land, wenn das Wasser ausreicht, zwei Ernten im Jahr erbringen. Für zwei Reisernten reicht es in der Regel aber nur auf einem Teil der Anbaufläche.

In Sri Lanka wurde eine Vielzahl von Stauseen gebaut, in erster Linie um Reisfelder zu bewässern. Sie sind weithin über die Gebiete mit geringem Niederschlag verteilt. [...] Diese Reservoire machen etwa 74,8 Prozent der Wasseroberfläche des Landes aus. Aufgrund ihrer Kapazität und Funktion können vier Typen unterschieden werden: a) große Stauseen, b) Stauseen mittlerer Größenordnung, c) kleine, mehrjährige Wasserspeicher und d) kleine Speicher, die nicht ganzjährig Wasser führen. [...] Letztere hängen vollständig vom Monsunniederschlag ab. Sie sind nicht willkürlich verteilt, sondern kaskadenförmig organisiert. Traditionell wird zu Beginn jeder Saison eine Versammlung der [Dorf-] Gemeinschaft abgehalten, um die Kontrolle und Verteilung des Speicherwassers zu diskutieren. Hierbei werden die landwirtschaftlichen Aktivitäten geplant und kollektive Entscheidungen getroffen, die nicht von einer oder wenigen Einzelpersonen geändert werden können. Bauern, denen ein Stück Land im Bewässerungsgebiet des Reservoirs gehört, [...] haben Zugang zu Wasser für den Reisanbau [...]. Die Wassermenge, die der einzelne Bauer erhält, hängt von der Zeit ab, die es braucht, sein Stück Land zu bewässern. Denn das Wasser wird durch einen einzigen ungeschützten Kanal zugeführt, der den Block von den oberen zu den unteren Feldern durchquert.

Quelle: Mohottala Gedara Kularatne: Optimal allocation of water in village irrigation systems of Sri Lanka. 2011 (Übersetzung: Georg Stöber)

M 4   Quellentext zur Bewässerung im Reisanbau

Der Anbau von Hochlandfrüchten auf Reisland wird von den Bauern schon lange praktiziert. Er hat sich entwickelt als Anpassung an Wasserknappheit. Während der Yala-Saison reicht das Wasser nicht für einen Reisanbau auf der gesamten Fläche des Reislandes, da er mehr Wasser benötigt als Hochlandfrüchte. [...] So werden auf Reisland mit guter Entwässerung Gewürze, Hülsenfrüchte und Gemüse oder Semi-Dauerkulturen wie Bananen angebaut. Die schlecht entwässerten Reisböden werden mit Reis bestellt oder bleiben in der Yala-Saison brach, je nach Wasserverfügbarkeit.

Quelle: K.M.A. Kendaragama, T.M.J. Bandara: Changes in Land use pattern in Paddy Lands. Plant Genetic Resources Center 2000 (Übers. G. S.)

M 5   Quellentext zum Reisanbau

M 2   Dörfliches Bewässerungssystem bei Anuradhapura, Nördliche Zentralprovinz

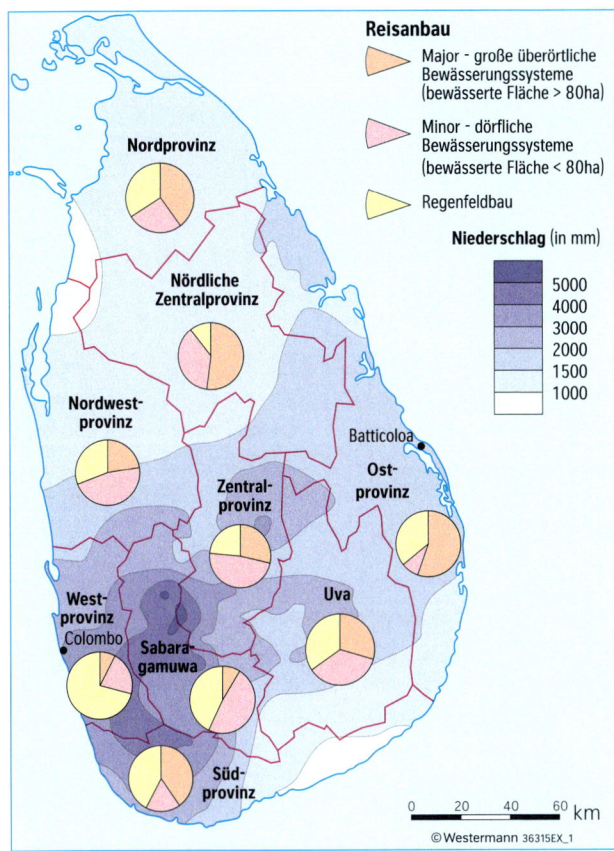

M 6 Niederschlagsverteilung und Reisanbau nach Bewässerungssystem

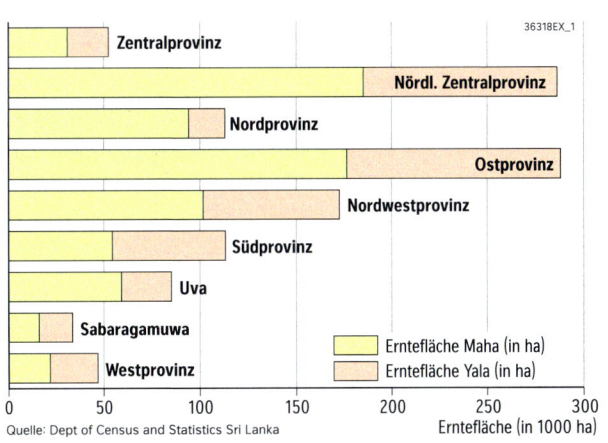

M 9 Sri Lanka: Reis-Anbauflächen nach Provinzen (2019/2020)

Bewässerungs-system	Erntefläche (in 1000 ha)		Ertrag (in kg/ha)	
	Maha 2019/2020	Yala 2020	Maha 2019/2020	Yala 2020
Mayor[1]	342	286	4883	4959
Minor[2]	198	100	4385	4098
Regenfeldbau	200	65	4139	3499
Gesamt	740	451	4531	4552

[1] Bewässerungsfläche: >80 ha, Quelle: größerer Stausee, Verteilung: unter staatliche Kontrolle
[2] Bewässerungsfläche: < 80 ha, Quelle: Tank, kleinerer Speicher, Verteilung: unter provinzieller Kontrolle
Quelle: Economic and Social Statistics of Sri Lanka

M 10 Sri Lanka: Ernteflächen und Ertrag im Reisanbau (2019/2020)

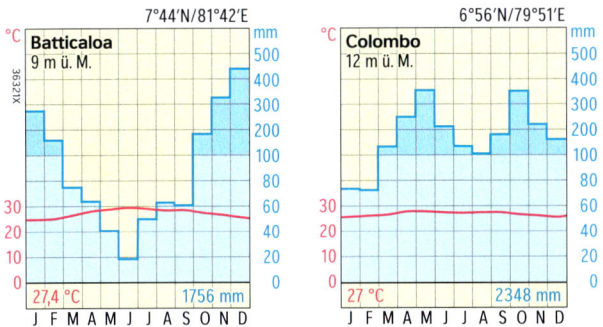

M 7 Klimadiagramme

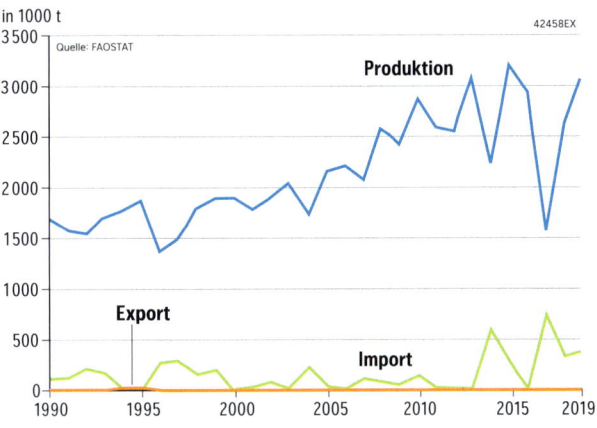

M 11 Sri Lanka: Produktion, Import und Export von Reis (Äquivalent geschliffener Reis; 1990 – 2019)

Der größte Teil der weitgehend bewässerten Maha-Reisfrucht von 2017, die normalerweise 65 Prozent der Jahresproduktion ausmacht, wurde bis Ende Dezember [2016] ausgebracht. Der unterdurchschnittliche Niederschlag seit Beginn der Saison im Oktober zusammen mit der geringen Verfügbarkeit von Bewässerungswasser führte zu bedeutenden Einschnitten bei der bestellten Fläche, was die Ertragsaussichten weiter schmälert. Die letzten offiziellen Schätzungen deuten auf [...] eine Reduktion der bestellten Fläche um 50 Prozent gegenüber 2016 hin. [...] Wegen der derzeit niedrigen Wasserstände in den wichtigsten Stauseen bereitet auch die bewässerte Yala-Zweitfrucht Sorgen, die im April ausgebracht werden muss, wenn der Regen in den kommenden Wochen nicht zunimmt. [...] Die gesamten Getreideimporte 2017 werden [aufgrund der ungünstigen Aussichten für die Reisproduktion zunehmen]. [...] Der Inlandspreis für Reis [...] stieg vier Monate in Folge und erreichte im Dezember 2016 Rekordniveau. [...] Rekordpreise bei Reis [...] belasten die Nahrungssicherheit* der am stärksten verwundbaren Teile der Bevölkerung.
Quelle: FAO: GIEWS Country Brief Sri Lanka, 17.1.2017 (Übersetzung: G. Stöber)

M 8 Quellentext zur Maha-Saison 2016/2017

M 12 Traktoreinsatz auf einem Reisfeld bei Habarana (Nördliche Zentralprovinz)

2.7 Bewässerungssysteme in Südasien

Monsunregen, im Norden Südasiens auch winterliche Frontalniederschläge der Westwinddrift, liefern das für den Anbau notwendige Wasser. In weiten Bereichen des Subkontinents kommt die Landwirtschaft aber nicht mit den Regenfällen aus, sondern ist aus verschiedenen Gründen auf traditionelle oder moderne Formen der Bewässerung angewiesen. Infolge dessen wurde Südasien zur weltweit am intensivsten bewässerten Region. Etwa 70 Prozent der indischen Agrarproduktion werden mithilfe von Bewässerung erwirtschaftet.

1. Beschreiben Sie die Wasserentnahme in Südasien (M2).
Ⓩ 2. a) Erklären Sie die Bedeutung der Variabilität der Monsunniederschläge für die südasiatische Landwirtschaft (Kap. 1.4).
   b) Nennen Sie Regionen, in denen Regenfeldbau* möglich ist.
3. Fassen Sie die Vorteile der Bewässerungslandwirtschaft* zusammen (M1).
4. Erläutern Sie die verschiedenen Bewässerungssysteme in Südasien und die Unterschiede bei der Verwendung von Grund- oder Oberflächenwasser (M5 – M7, M9, M10, M11).
   b) Analysieren Sie die Bewässerungsinfrastruktur des Indus-Bewässerungssystems und ihre Entwicklung (M8, Atlas).
5. a) Vergleichen Sie die Bewässerung und die Rolle der Bewässerungssysteme in Indien und Pakistan (M2, M4).
Ⓩ b) Begründen Sie die räumliche Verteilung der Bewässerungssysteme. Beziehen Sie auch die Informationen zur Bewässerung auf Sri Lanka (M3, Kap. 2.6) ein.
6. Erörtern Sie den Einsatz moderner Bewässerungssysteme.

M3   Bewässerung mit Oberflächenwasser in Südasien

Begrenzender Aspekt	Bei Regenfeldbau	Bei Bewässerung
Mangel an Niederschlägen	Niederschläge liegen unterhalb des Wasserbedarfs der Nutzpflanzen. → kein Anbau möglich	Bewässerung ermöglicht Anbau.
Saisonale Verteilung von Niederschlägen	Vegetationszeit der Nutzpflanzen fällt gegebenenfalls (teilweise) in Trockenzeit. → Wassermangel während Teil der Vegetationsperiode	Bewässerung als Ausgleich saisonaler Engpässe, Erntesicherung; zum Teil Intensivierung → mehrere Ernten im Jahr möglich
Variationen der Niederschlagsmenge und -verteilung	Dürrerisiko → Gefahr von Missernten	Bewässerung sichert Erträge.
Unterschiedlicher Wasserbedarf der Nutzpflanzen[1]	Regenmenge reicht für Pflanzen mit hohem Bedarf wie Reis oder Zuckerrohr nicht aus.	Bewässerung ermöglicht Anbau profitablerer Feldfrüchte.
Wasserangebot beeinflusst Ertragshöhe	gegebenenfalls vergleichsweise geringe Erträge	Intensivierung: Erhöhung des Wasserangebots als Bedingung für Outputsteigerung (auch im Kontext der Grünen Revolution)

[1] Innerhalb der Vegetationsperiode variiert der Wasserbedarf (als Ausgleich der Evapotranspiration der Pflanze) mit dem Entwicklungsstadium. Bedarfsunterschiede innerhalb einer Art bedingt durch Wetterverhältnisse, Anbauweise usw.; zwischen den Arten: auch aufgrund der jeweiligen Länge der Vegetationsperiode.

M1   Wasser als begrenzender Anbaufaktor

Indien Bewässerungsfläche (in Mio. ha)

(Liniendiagramm: Brunnen, Kanäle, Tanks; 1950–2010)

Anteil der bewässerten Fläche nach Wasserquelle

Indien (2014/15)   Pakistan (2017/18)

Legende: Anderes, Tanks, Brunnen/Kanäle, Brunnen, Rohrbrunnen/Kanäle, Rohrbrunnen, Kanäle

Quelle: India Statistical Yearbook 2018; Agricultural Statistics of Pakistan 2017-18   36610EX_1

M4   Bewässerungssysteme

	Wasserentnahme					Bewässerungsfläche/bewässerbare Fläche			
	(in Mrd. m³)	pro Kopf (in m³/Ew./Jahr)	Landwirtschaft	Industrie	Haushalte	(in 1000 ha)	mit Oberflächenwasser	mit Grundwasser	Anteil an kultivierter Fläche[2]
Bangladesch	35,87	224,6	87,8 %	2,1 %	10,0 %	5050	21,0 %	79,0 %	58,8 %
Indien	761	568,5	90,4 %	2,2 %	7,4 %	70400	31,9 %	56 %	41,5 %
Pakistan	183,41	882,4	94,0 %	0,8 %	5,2 %	19990	38,2 %	20,7 %[1]	62,5 %
Sri Lanka	12,95	612,7	87,4 %	6,4 %	6,2 %	570	98,8 %	1,2 %	24,8 %
Deutschland	24,44	295,6	1,2 %	80,8 %	18,0 %	676	13,7 %	62,6 %	5,7 %

Quelle: FAO Aquastat   [1] Rest gemischt   [2] Ackerland, Dauerkulturen

M2   Wasserentnahme und Bewässerungsfläche in ausgewählten südasiatischen Staaten (2017)

M 5 Stauteich (Tank) zur Bewässerung bei Pune (Maharashtra)

M 9 Traditioneller Brunnen mit Schöpfwerk bei Uidapur (Rajasthan)

M 6 Kanal in Gujarat (Narmada-Kanalsystem)

M 10 Motorpumpe zur Reisfeldbewässerung

Wasserge-winnung	Oberflächenwasser			Grundwasser		
Typ	traditionelle Kanalbewässerung	Kanalbewässerung	Tanks, Bassins, Ponds (trad.)	Qanate (traditionell)	traditioneller Brunnen	Rohrbrunnen/Tiefbrunnen
Funktion	Kanal wird vom Wasserlauf abgeleitet, über einen Hauptkanal zur Flur geführt und dort verteilt.	Abgeleitet aus Stausee/Wehr wird das Wasser über ein Kanalsystem großflächig verteilt.	Speicher von Regenwasser während Monsun; Verteilung über Kanalsystem	Grundwasser wird durch einen Stollen angezapft, der mit geringerem Gefälle als die Erdoberfläche über dem Grundwasserniveau an die Oberfläche führt (nur in Belutschistan).	Gegrabene Brunnen; Wasser wird mit menschlicher oder tierischer Kraft an die Oberfläche gebracht.	Brunnenbohrung auf einen Grundwasserleiter unterschiedlicher Tiefe; Hand-, Diesel- od. elektrische Pumpen zum Transport an Oberfläche (od. artesische Brunnen)
Besitz	privat/gemeinschaftl./staatlich	staatlich	Dorfgemeinschaften	Lokal: Grundherren/Gemeinschaften	privat/kommunal	meist privat

M 7 Bewässerungssysteme in Südasien

Die Entwicklung der Kanalbewässerung [in der Indus-Ebene] begann 1859. Zu Beginn des 20. Jahrhunderts wurde offensichtlich, dass die Wasserressourcen der einzelnen Flüsse nicht dem potenziell bewässerbaren Land entsprachen. [...] Das Triple Canal Project, das von 1907 bis 1915 umgesetzt wurde, bot eine innovative Lösung. Das Projekt verband die Flüsse Jhelum, Chenab und Ravi und gestattete es, überschüssiges Jhelum- und Chenab-Wasser in den Ravi zu transferieren. [...]
[Es folgten weitere Ausbauten]. Als Ergebnis dieser umfangreichen Maßnahmen besitzt Pakistan heute das größte zusammenhängende Bewässerungssystem der Welt. Es umfasst 14,87 Mio. ha [2008] und umschließt den Indus und seine Nebenflüsse einschließlich dreier großer Stauseen (Tarbela, Mangla, Chashma), 23 Wehre und Abzweigungen, zwölf Kanalverbindungen zwischen Flüssen und 45, insgesamt 60800 km lange [Haupt-]Kanäle. Dazu [kommen Verteilerkanäle unterschiedlicher Ordnung], von insgesamt noch einmal 1,6 Mio. km Länge, die 90000 Verbraucherkanäle in den Farmen versorgen. Im Indus-System wird das Flusswasser von Wehren in Hauptkanäle abgezweigt und durchfließt in Folge Zweigkanäle, Verteilerkanäle und untergeordnete Kanäle. Über 107000 Wasserläufe ermöglichen den Zufluss zu den Farmen, die von Auslässen (moghas) aus den Zuleitungskanälen versorgt werden.
Quelle: Irrigation in Southern and Eastern Asia. AQUASTAT Survey 2011. FAO Water Reports 37, Rome 2012 S. 383 – 386 (Übersetzung: Georg Stöber)

M 8 Quellentext zum Indus Basin Irrigation System in Pakistan

Tanks sind Stauteiche unterschiedlichster Größenordnung und zum Teil hohen Alters. Die durch sie bewässerte Fläche variiert zwischen wenigen Hektar und weit über 1000 ha. Häufig wird ein Erd-Steinwall (bund) quer zur saisonalen Abflusslinie errichtet. Sind mehrere Tanks vernetzt, speist der Überlauf des einen Tanks den nachfolgenden [Tankgruppe]. Die Tanks werden durch Niederschläge gespeist. Das Tankwasser kann über ein komplexes Kanalnetz unterschiedlicher Hierarchien fast zeitgleich auf möglichst alle Parzellen im ayicut (der zu bewässernden Fläche) geführt werden. Der eigentliche Zweck eines Tanks ist, Bewässerungswasser zum Anbau von Reis bereitzustellen. Doch durch die Verwendung von bewässerungsintensivem Hochertragsreis [...] reicht die verfügbare Wassermenge eines Tanks heute oftmals nicht mehr für die gesamte Fläche. Tanks sind ökologisch gut an die semiariden Bedingungen angepasst. Insbesondere durch ihr Zusammenspiel mit den offenen Schachtbrunnen wirken sie in Dürrejahren puffernd. Ist in einem defizitären Jahr nicht genügend Bewässerungswasser im Tank, sind durch Versickerung trotz allem die Schachtbrunnen im Einzugsgebiet bzw. im Bewässerungsgebiet mit Wasser gefüllt. Neben der Bewässerung haben Tanks ein breites Nutzungsspektrum: Fischerei und Entenzucht, Trinkwasser für Menschen (meist historisch) und für Weidetiere, [...] und häufig auch Bedeutung als religiöser Ort (Tempel) oder zur Erholung.
Quelle: Thomas Hennig: Zukunftshoffnung Bewässerung? Praxis Geogr. 6/2007, S. 36

M 11 Quellentext zur Tankbewässerung in Indien

2.8 Bewässerungsverfahren und ihre Probleme

Während das Bewässerungssystem dafür verantwortlich ist, Wasser zum Acker zu leiten, stellt sich dort die nächste Frage. Mit welchem Verfahren sollen die Pflanzen bewässert und eventuell überschüssiges Wasser abgeleitet werden? Die Konsequenzen davon betreffen nicht nur die Höhe des Wasserverbrauchs (durch Verdunstung und Versickerung) und die Versalzungsgefahr* der Böden. Auch die Kosten gilt es zu bedenken.

1. Erklären Sie das Problem der Versalzung bei der Bewässerung in trockenen Gebieten (M5).
2. a) Vergleichen Sie die verschiedenen Formen der Wasserzuleitung und Bewässerung (M1 – M4, M7).
   b) Begründen Sie die Versalzungsgefahr der verschiedenen Bewässerungsverfahren (M2).
3. Erläutern Sie die Auswirkungen von Wasserverbrauch und Salztoleranz für den Anbau (M9).
4. a) Erläutern Sie die Folgen der Bewässerung für die Landwirtschaft insbesondere am Beispiel des Indus-Tieflands (Punjab, M6, M8, M10, Atlas).
   Ⓩ b) Beurteilen Sie die wirtschaftlichen und sozialen Folgen.
5. Erörtern Sie moderne, oft kostspielige Bewässerungsverfahren (M3) und wassersparende Konzepte (M12).
6. „Die Optimierung der Bewässerungstechnik wird über die Zukunft Südasien entscheiden." Nehmen Sie Stellung.

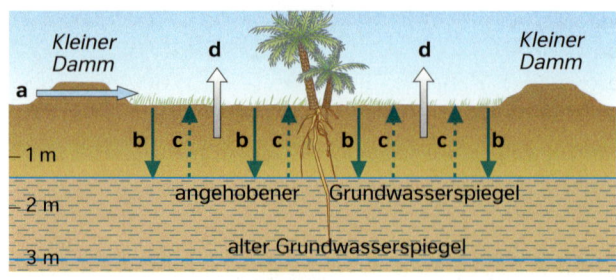

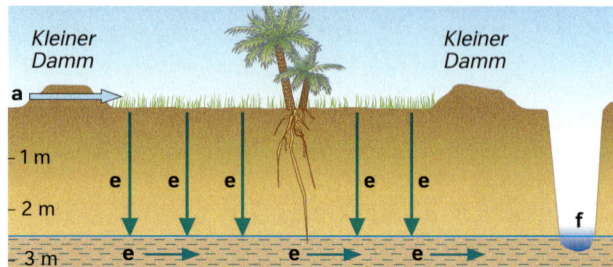

© *westermann* 7381EX_9

a   Wasser wird auf das Feld geleitet.
b   Wasser versickert und hebt den Grundwasserspiegel.
c   Wasser steigt in kleinsten Hohlräumen des Bodens an die Bodenoberfläche.
d   Wasser verdunstet. Zurück bleiben mittransportierte Stoffe wie zum Beispiel das Salz.
e   Wasser versickert bis in größere Tiefe und fließt zum Entwässerungsgraben.
f   Salzhaltiges Wasser sammelt sich im Entwässerungsgraben und fließt ab.

M5   Versalzung*/Drainage* bei Bewässerung in ariden Regionen

Schwerkraft	Hebevorrichtung	Pumpenbewässerung
Flur unterhalb eines (Erd-)Kanals wird über ein Verteilersystem bewässert.	Wasser wird mit menschlicher oder tierischer Kraft (z. T. auch mechanisch durch Wasserkraft) auf das Niveau der über dem Wasserspiegel liegenden Flur gehoben.	Wasser wird mittels Pumpe aus Flusslauf oder Kanal zur Flur transportiert.

M1   Formen der Wasserzuleitung

	Bewässerte LNF betroffen von		
	Versalzung		Vernässung
	(in 1000 ha)	in % der LNF	(in 1000 ha)
Bangladesch	100	2	770
Indien	3300	4,7	2460
Pakistan	7003	35	7072

Quelle: FAO Aquastat   LNF = landwirtschaftliche Nutzfläche

M6   Versalzung in Südasien (2017)

	Beckenbewässerung/ Überstaubewässerung	Furchenbewässerung	Rieselbewässerung	Beregnung	Tropfbewässerung
Methode	Zuführung durch offenen Feldkanal; Überflutung von planierten, eingedämmten Becken, Bodendurchfeuchtung bei stehendem Wasser	Zuführung durch offenen Feldkanal; Wasser wird durch Furchen zwischen bepflanzten Dämmen geleitet.	Zuführung durch offenen Feldkanal; Wasser rinnt bei geneigten Flächen über das Feld; Überschusswasser wird über Drainagekanal abgeleitet.	Sprinkleranlagen beregnen das Feld, Zuführung des Wassers unter Druck in (meist mobilen) Rohr- oder Schlauchsystemen.	Zuführung von Wasser und gelösten Düngemitteln durch ober-/unterirdische, perforierte Leitungssysteme, aus denen es tröpfchenweise in den Boden gelangt
	arbeitsintensiv	arbeitsintensiv	arbeitsintensiv	kapitalintensiv	kapitalintensiv
Wasserverbrauch	sehr hoch				sehr gering

M2   Formen der Feldbewässerung

M3   Furchenbewässerung

M4   Beregnung

M7   Tröpfchenbewässerung

Die Umwandlung von unbestelltem Land in bewässertes Kulturland ist ein schwerwiegender Eingriff in die ökologischen Verhältnisse, der vor allem den Wasserhaushalt verändert. Durch die reichliche Bewässerung steigt der Grundwasserspiegel an. Es kommt dadurch nicht nur zur Versumpfung ausgedehnter Flächen, sondern auch – aufgrund der klimatischen Bedingungen mit hohen Temperaturen, einer entsprechend starken Verdunstung und geringer Niederschläge – zu einer Versalzung großer Areale. [...] In den 1960er-Jahren gingen [im Punjab] auf diese Weise pro Jahr rund 400 Quadratkilometer Kulturland verloren – mehr als durch neue Bewässerungsanlagen hinzugewonnen werden konnten. Alarmierend war dies vor allem angesichts der Tatsache, dass die Bevölkerung Pakistans schon damals rasch wuchs, weshalb nutzbarer Boden dringend benötigt wurde, um die Ernährung zu sichern. Außerdem wird im Punjab unter anderem Baumwolle als Grundlage der exportorientierten pakistanischen Textilindustrie angebaut. Diese steuert 56 Prozent zu den Exporten Pakistans bei und ist damit eine wichtige Quelle zur Erwirtschaftung von Devisen*. Rein agrikulturelle Gegenmaßnahmen wie die Einführung des Fruchtwechsels oder der Anbau salzresistenter Kulturpflanzen blieben in der Vergangenheit weitgehend wirkungslos. Auch die horizontale Drainage* durch Tonröhren und Entwässerungskanäle versagte im Punjab aufgrund des geringen Gefälles der Stromoase. Als eine wirksame Rekultivierungs-

M 11 Bewässerung im Punjab, Pakistan

maßnahme erwies sich hingegen die – allerdings teure und deshalb auf relativ kleine Areale beschränkte – vertikale Drainage. Durch die Anlage elektrisch betriebener Tiefbrunnen mit einer Tiefe von bis zu 100 Metern konnte der Grundwasserspiegel abgesenkt werden. Dadurch wurde einerseits der kapillare Bodenwasserstrom unterbunden und andererseits das aus der Tiefe heraufgepumpte Wasser zusätzlich zur Bewässerung genutzt.
Quelle: Diercke Handbuch. Braunschweig: Westermann 2015, S. 90

M 8 Quellentext zu den ökologischen Folgen der Bewässerungslandwirtschaft im Punjab, Pakistan

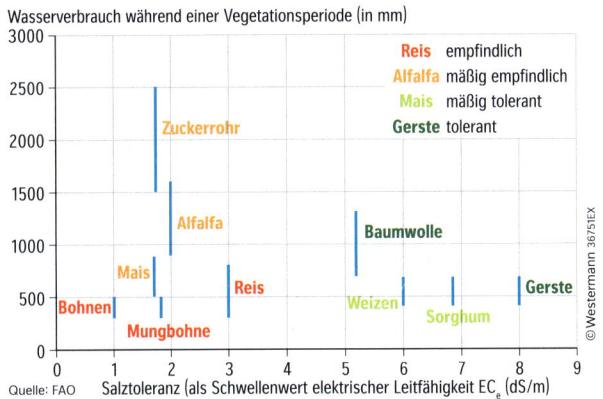

M 9 Wasserverbrauch und Salztoleranz verschiedener Anbaufrüchte

Während des letzten Jahrzehnts hat die Zahl privater Rohrbrunnen in Pakistan einen Quantensprung gemacht, v. a. infolge abnehmender Oberflächenwasserzufuhr und dem Auftreten von Trockenheit. Die Verfügbarkeit von Oberflächenwasser im pakistanischen Punjab ist zwischen 1996 und 2001 um 46 Prozent zurückgegangen, wohingegen im selben Zeitraum die Zahl privater Rohrbrunnen um 59 Prozent gestiegen ist. [...] Die Verfügbarkeit frischen Grundwassers bei Bedarf half den Bauern, den Wechselfällen des Oberflächenwasserangebots zu begegnen und sicherere, berechenbarere Erträge zu erzielen. Jedoch hat der Einsatz von Grundwasser schlechter Qualität für die Bewässerung große Mengen von Salz in die Wurzelzone gebracht, was die Versalzungsproblematik verschärfte. Als Ergebnis sind große Flächen des Bewässerungslandes bereits versalzt und viele weitere in Gefahr. In Pakistan wird Grundwasser sowohl allein als auch gemeinsam mit Kanalwasser zur Bewässerung eingesetzt. Der gemeinsame Einsatz von Grund- und Oberflächenwasser erfolgt, um (1.) die verfügbare Wassermenge zu vergrößern und (2.) um die Grundwasserqualität durch Verdünnung zu erhöhen.
Quelle: A.S. Qureshi, H. Turral, I. Masih: Strategies for the Management of Conjunctive use of Surface Water and Groundwater Resources in Semi-arid Areas. Colombo: International Water Management Institute 2004 (Übers.: G. S.)

Dem Zuckerrohranbau kommt in Indien eine immer größere Bedeutung zu. [...] Um der boomenden Nachfrage gerecht zu werden, muss der Zuckerrohranbau radikal neu gestaltet werden. Ziel ist es, die Ernteerträge zu steigern und gleichzeitig den Einsatz von Wasser und Düngemitteln zu reduzieren. [...] Im Rahmen [eines] Projektes nachhaltiger Zuckerrohranbau in Indien werden gemeinsam mit den Bauern eine Reihe von Neuerungen eingeführt, die es ermöglichen, große Wassermengen einzusparen. So werden von den Projekt-Bauern anstelle von Zuckerrohrsamen bereits gekeimte Setzlinge auf ihren Feldern ausgebracht [Bild]. Hintergrund: Um die Keimung auf dem Feld anzuregen, werden große Mengen Wassers benötigt. Durch die Zucht der Setzlinge im Gewächshaus lässt sich die zur Bewässerung erforderliche Wassermenge demgegenüber um rund 90 Prozent verringern. Darüber hinaus gehen die Bauern des Projektes auch dazu über, die Setzlinge in einem regelmäßigen Muster und mit deutlich größerem Abstand voneinander auszubringen. Die Pflanzen haben dadurch mehr Kraft, sind gesünder und liefern deutlich höhere Ernteerträge. Außerdem ermöglicht es die neue Anbaumethode auch, Anlagen zur Tröpfchenbewässerung aufzubauen, mit deren Hilfe sich die zum Anbau erforderliche Wassermenge weiter reduzieren lässt.
Quelle: www.firstclimate.com/unsere-wasserprojekte-sorgsamer-umgang-mit-einer-wertvollen-ressource

M 10 Quellentext zur Bewässerung in Pakistan

M 12 Quellentext zu einem Bewässerungsprojekt in Indien

2.9 Konflikte um die Wasserverteilung

Wasser wird global und im besonderen Maße auch in Südasien immer knapper. Einem höheren Verbrauch etwa durch eine wachsende Bevölkerung und den Ausbau der Landwirtschaft steht eine durch Klimawandel, aber auch durch Umweltprobleme geringere Verfügbarkeit gegenüber. So kommt es um das knappe Gut Wasser zu Konflikten auf lokaler, regionaler, nationaler und auch zwischenstaatlicher Ebene (vgl. Kap. 2.10). Ein typisches Beispiel, die Wasserverfügbarkeit zu erhöhen, ist der Bau von Talsperren zum Aufstauen von Flüssen. Diese Großprojekte ziehen weltweit regelmäßig Folgeprobleme nach sich und führen selbst zu Konflikten.

1. Beschreiben Sie zwischenstaatliche und nationale Wasserkonflikte und nennen Sie weltweit Beispiele (M3).
2. a) Erstellen Sie ein Wirkungsgefüge zur Wasserverknappung (M1). Beachten Sie verstärkende/abschwächende Faktoren.
   Ⓩ b) Erläutern Sie zwei selbst gewählte Einflussfaktoren auf die Wasserverknappung im südasiatischen Kontext.
3. Lokalisieren Sie die Naramada und beschreiben Sie den Flussverlauf von der Quelle bis zur Mündung (M2, Altas).
4. Erläutern Sie das Sardar-Sarovar-Talsperrenprojekt und die Konflikte zwischen den Bundesstaaten und mit den Betroffenen (M2, M6, M8).
5. Erörtern sie die sozialen und ökologischen Folgen
   a) bei Talsperrenprojekten allgemein (M4)
   b) und beim Sardas-Sarovar-Talsperrenprojekt (M6, M8).
6. a) Erklären Sie das Interlinking-Rivers-Projekt (M7, M9).
   Ⓩ b) Erörtern Sie das Vorhaben.

Konfliktgegenstand	Konfliktebenen	Lösungswege/Präventionen
A Wasserverteilung (Konflikt um knappe Ressource)	**Lokal** A: zwischen Wassernutzern B: meist Staat vs. Anwohner (betroffene Individuen/ Gruppen) – Proteste, Gerichtsverfahren	Lokale Regeln, Gewohnheitsrecht/ dörfl. Schiedsverfahren, Sanktionen/ ggf. örtl. Gerichte Gerichtsurteile, Entschädigungen
B ökonomische und ökologische Folgen von Wasserbaumaßnahmen (Stausee, Kanal, (Schutz-)Damm) für Ober- und Unterlieger	**National** A, B: zwischen administrativen Einheiten (z. B. Bundesstaaten) – Gruppenproteste → politischer Streit, Anrufung übergeordneter Stellen und Gerichte	Verhandlungen, Verträge, Entscheidungen von Gerichten oder übergeordneten politischen Entscheidungsträgern
	Zwischenstaatlich A, B: diplomatische Konflikte, Sanktionen, ggf. Drohung mit militärischer Auseinandersetzung	Verhandlungen, Abkommen/ggf. internationale Mediation, internationale Schiedsgerichte bei regulierten Fällen

M3   Wasserkonflikte

Ziele	Probleme
• Ausdehnung der Bewässerungsflächen, • Sicherheit bei der Trinkwasserversorgung, • Hochwasserschutz, • Stromgewinnung durch Wasserkraft, • Schaffung infrastruktureller Voraussetzungen für industrielle Entwicklungsprojekte, • Impulssetzung für Regionalentwicklung durch Schaffung von Arbeitsplätzen und Infrastrukturausbau, • Handel mit Wasser, • Schiffbarmachung.	• Umsiedlung/Vertreibung der ansässigen Bevölkerung, • unzureichende Kompensationsleistungen für die Umgesiedelten (Verarmung), • Zerstörung historischer Zeugnisse, • Zerstörung von Ökosystemen, • Beeinträchtigung der Existenzgrundlage von Unterliegern, politische Konflikte mit Unterliegern, • Verringerung des fruchtbaren Schwemmlands in Flüssen, • Verdrängung von Kleinbauern durch industrielle Landwirtschaft, • diverse ökologische Folgeprobleme (Verschlammung, Erosion, Versalzung* der Böden, lokaler Klimawandel), • finanzielle Risiken bei der Finanzierung (Verschuldung), Finanzmangel für andere Vorhaben, • ungerechte Verteilung von Kosten und Nutzen.

M4   Typische Ziele und Probleme von Talsperren-Großprojekten

Wasserbedarf	Wasserverfügbarkeit
Bevölkerungswachstum (Trinkwasser); Veränderung der Nutzungsgewohnheiten; Urbanisierung; Ausbau/ Intensivierung der Landwirtschaft; Industrialisierung; effektivere landwirtschaftliche Anbau- und Bewässerungstechniken; Verteuerung von Wasserpreisen; Nahrungsmittelimporte	Klimawandel: globale/regionale Veränderung von Niederschlägen, Abfluss*, Verdunstung, Vegetation (Ausbreitung von Wüsten); Erschöpfung endlicher Wasserressourcen (Aquifere*); Verschmutzung; defekte Infrastruktur; Rainwater Harvesting (Verfahren zur Sammlung von Regenwasser); technische Verfahren, zum Beispiel Talsperren, Meerwasserentsalzung, Tiefbrunnen, Abwasseraufbereitung, Wassersparen; Umverteilung von wasserreichen zu wasserarmen Regionen (Kanäle, Pipelines)

M1   Einflussfaktoren auf den Wasserhaushalt

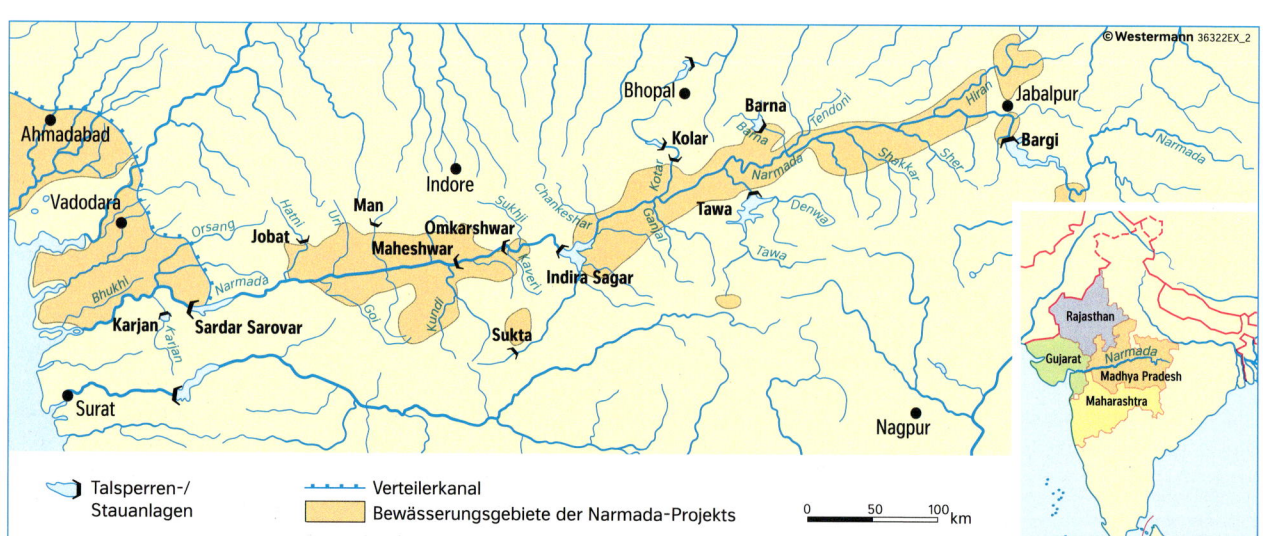

M2   Wasserbau im Narmada-Einzugsgebiet

Talsperre	Gewichtsstaumauer, Höhe: 163 m, Länge 1210 m, Volumen: 6,82 Mio. m³, in Betrieb seit 2019
Stausee	Fläche: 375 km², Speicherraum: 9500 Mio. m³
Bewässerung	1,855 Mio. ha in G, 246 000 ha in R, 37 000 ha in M, landwirtschaftliche Produktionserhöhung von 16 Mrd. Rs. jährlich erwartet
Trinkwasser	1,06 Mio m³ für 35 Mio. Ew.: 173 Städte, 9490 Dörfer in G und 3 Städte, 1336 Dörfer in G
Hydroenergie	Kraftwerke 1450 MW (2006); Aufteilung: MP 57%, M 27%, G 16%
Hochwasser-schutz	Für 30 000 ha, 210 Dörfer, 1 Stadt in G
Umsiedlung	Stausee überflutet bei Füllhöhe 37 690 ha Land, 245 Dörfer sind ganz oder teilweise betroffen

G = Gujarat, MP = Madhya Pradesh, M = Maharashtra, R = Rajasthan

M 5 Sardar-Sarovar-Talsperre

M 8 Sardar-Sarovar-Projekt in Zahlen

Zwischen den ersten Vorschlägen zu Talsperren an der Narmada 1947-48 und dem Schiedsspruch des Narmada Water Disputes Tribunal 1979 kam es zwischen drei, später vier indischen Bundesstaaten zu Konflikten darüber, was wo gebaut werden sollte. Die Regierungen von Gujarat, Madhya Pradesh und Maharashtra, später auch von Rajasthan stritten darüber, welcher Staat wo Talsperren welcher Höhe bauen könne, wie Wasser, das für Bewässerungszwecke verfügbar gemacht würde, zwischen ihnen aufgeteilt werden solle und welchen Anteil am Strom, der von Wasserkraftwerken in Verbindung mit den Stauwerken erzeugt würde, jeder erhalte. [...] Die Auseinandersetzungen zwischen den Staaten zogen sich aufgrund unterschiedlicher Vorstellungen über die Stauwerkshöhe [der Sardar-Savodar-Talsperre] in Navagam lange hin. Gujarat bevorzugte eine höhere Staumauer, um eine möglichst große Wassermenge zu erhalten. Dies würde aber zu größeren Überflutungen in Madhya Pradesh und Maharashtra führen. Daher sprachen sich diese beiden Bundesstaaten für eine niedrige Mauer aus. Als Rajasthan später beteiligt wurde, bevorzugte es auch den Bau einer höheren Staumauer, weil dies die einzige Möglichkeit war, Narmada-Wasser zu erhalten. [...]

Der Schiedsspruch des Narmada Water Disputes Tribunals [im Jahre 1979] legte einen Plan vor für den Bau von 30 großen, 125 mittleren und 3000 kleinen Stauwerken an verschiedenen Orten an der Narmada und ihren 41 Nebenflüssen sowie für einen 532 km langen Kanal von einem am Stauwerk zu schaffenden Stausee durch Gujarat nach Rajasthan.
Quelle: M.J. Peterson: Narmada Dams Controversy – Case Summary 2010

Die Höhe der Sardar-Sarovar-Talsperre wurde in mehreren Stufen immer weiter angehoben. Das hat jeweils den Rückstau der Talsperre vergrößert und Wohnstätten in weit entfernten Dörfern während der Monsunzeit überflutet. Wie die Narmada Bachao Andolan („Rettet-die-Narmada-Bewegung") dokumentierte, müssen noch 45 000 vom Bau betroffene Familien – ca. 225 000 Menschen – rehabilitiert werden. Viele Menschen wurden in Umsiedlungsorte verdrängt, haben aber weder neues Land, noch Wasser oder anderes erhalten, worauf sie Anspruch haben. Andere wurden nicht einmal als Geschädigte anerkannt, weil ihre Landrechte nie formal niedergelegt worden waren.
Quelle: B.L. Seth: Narmada Valley: A Conflict Zone. International Rivers 25.6.2015

Analysen legen nahe, dass die schweren Überflutungen in drei Distrikten am Narmadaunterlauf durch plötzliche Abgabe großer Wassermengen aus dem Stausee hervorgerufen wurden, nachdem trotz heftiger Monsunregenfälle im Oberlauf und Warnungen des Indian Meteorological Departments die Wasserabgabe über Tage unterblieben war.
Pressemeldung September 2020 (zusammengefasst)

M 6 Quellentexte zum Sardar-Sarovar-Projekt (Übersetzung: Georg Stöber)

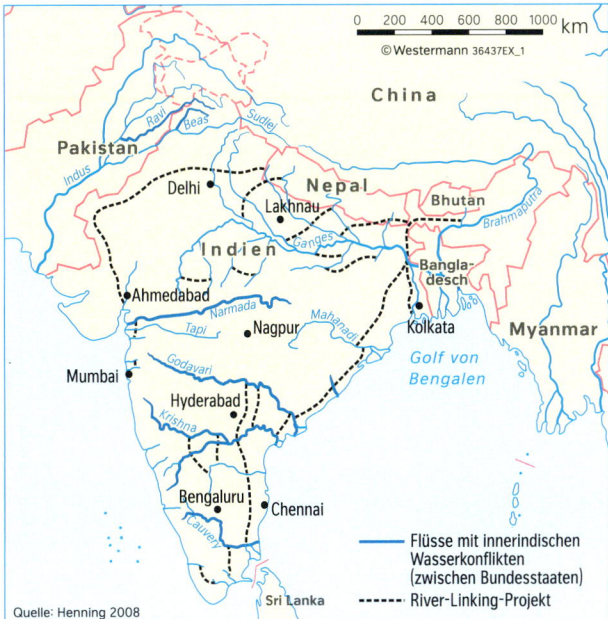

Schon vor Jahrzehnten reifte die Idee, Wasser aus Flusseinzugsgebieten mit „Wasserüberschuss" in solche mit „Wassermangel" zu transferieren. Die Pläne wurden in letzter Zeit forciert und befinden sich derzeit (2021) im Stadium der Erstellung von Machbarkeitsstudien. Geplant ist, grenzüberschreitend Flusssysteme der Himalayaregion über 14 Kanäle zu verbinden und Flüsse der Halbinselregion über 16 Transferkanäle, wobei beide Regionen verbunden werden sollen. Nach Fertigstellung der Kanäle, Dämme und Speicher, die derzeit für das Jahr 2050 anvisiert ist, soll ein Kanalnetz von 14 900 km etwa 210 Mrd. m³ Wasser (pro Jahr) bereitstellen, 35 Mio. ha Bewässerungsland neu erschließen, 40 000 MW Elektrizität durch Wasserkraft erzeugen und dem Hochwasserschutz dienen.

Kritiker bemängeln die vereinfachende Vorstellung von „Überschuss-" und „Defizit"-Gebieten, die unter anderem den Jahresgang des Wasserangebots nicht gebührend berücksichtigt, die enormen Kosten, die Indien in die Schuldenfalle führen werde, die Verschärfung von Konflikten zwischen den betroffenen Bundesstaaten, die erforderlichen Umsiedlungen und sozialen Folgen und nicht zuletzt die ökologischen Folgen eines solch schwerwiegenden Eingriffs in die verschiedenen Ökosysteme der Kanalbereiche, Flüsse und Deltas*.

M 7 Wasserkonflikte und das Interlinking-Rivers-Projekt

M 9 Interlinking Rivers Projekt

2.10 Zwischenstaatliche Wasserkonflikte

Mit der Teilung Britisch-Indiens traten im Punjab die ersten zwischenstaatlichen Wasserkonflikte auf. Heute führt das Wasser des Indus und seiner Nebenflüsse noch immer zu Irritationen zwischen Indien und Pakistan. Zudem gibt es zahlreiche weitere „Problemflüsse", an denen mehrere Staaten anliegen. Es gibt aber auch Wege, solche Konflikte bilateral oder international zu regeln, sodass nicht das „Recht des Stärkeren" entscheiden muss.

1. a) Erklären Sie die Doktrinen zur Regelung der zwischenstaatlichen Wasserteilung (M1).
   b) Analysieren Sie die räumliche Konstellation der Indus-, Ganges- und Brahmaputra-Anlieger. Wer profitiert von seiner Lage bei welchen Doktrinen (M1, Atlas).
2. a) Charakterisieren Sie die Wasserkonflikte zwischen Indien und Pakistan und Indien und Nepal. Beachten Sie die unterschiedliche Flusslage Indiens in beiden Konflikten (M2, Atlas).
   b) Beurteilen Sie die Position Indiens in beiden Konflikten.
3. a) Beschreiben Sie das Flusssystem von Ganges und Brahmaputra (M5).
   b) Erklären Sie das Abflussverhalten* im Flusssystem unter natürlichen Bedingungen (M5, M6, M9).
   c) Erläutern Sie die Situation Bangladeschs (M4, M8).
   d) Beurteilen Sie die Rolle Chinas in dem Konflikt (M7).
4. Entwickeln Sie Lösungen des Wasserkonflikts zwischen Indien und Bangladesch (M4, M8) unter Zugrundelegung der verschiedenen völkerrechtlichen Doktrinen (M1).

M3   Überschwemmung des Brahmaputra in Bangladesch (2020)

„Für die Menschen Bangladeschs ist die Wasserteilung der grenzüberschreitenden Flüsse sehr wichtig, weil 54 größere Flüsse von Indien nach Bangladesch fließen. Indien entnimmt aus 43 der gemeinsamen Flüsse Wasser. Das ist gegen gute Nachbarschaft. Nur für einen dieser Flüsse wurde ein Übereinkommen über die Wasserteilung erzielt: 1996 der Gangeswasservertrag für eine Periode von 30 Jahren [...] Wenn Bangladesch in der Trockenzeit Wasser benötigt, bekommt es das nicht, aber wenn es im Sommer zur Monsunzeit kein Wasser braucht, erhält es davon genug, um Häuser, Straßen, Ufer und Uferbefestigungen zu zerstören."

Harun ur-Rashid, Bangladeschs Botschafter bei der UN in Genf

M4   Zitat zum Wasserkonflikt zwischen Indien und Bangladesch

Doktrin	Merkmal
Prinzip der absoluten Souveränität	• Territoriale Souveränität über alle Wasserressourcen auf Staatsgebiet • alleiniges Nutzungsrecht über Gewässerabschnitt
Prinzip der absoluten Integrität	• Recht auf unbeeinträchtigten Zufluss, • Pflicht des Oberliegers: ungestörte Weiterleitung
Prinzip der beschränkten Souveränität („Helsinki Rules")	• Anerkennung der Interessen und Rechte anderer Anlieger und damit Aufgabe einer Position der absoluten Souveränität • Verpflichtung zur Entschädigung bei Beeinträchtigung der Interessen anderer Staaten • Kosten-Nutzen-Analyse in der Planung mit dem Ziel nachhaltiger Nutzung • Informationspflicht für die Anlieger und offener Datenaustausch • Regelung von Einwänden durch Konsultationsausschüsse und Schiedskommissionen
Prinzip der rechtlichen Gemeinschaft	• unbegrenztes Gemeineigentum aller Flussanlieger, z. B. grenzüberschreitendes Management

M1   Völkerrechtliche Doktrinen zur Regelung der zwischenstaatlichen Wasserteilung von Flussanrainern

Länder	Gegenstand	Problemfelder	Ablauf und Lösung
Indien – Pakistan	• Indische Hydroenergieprojekte am Oberlauf der westlichen Flüsse Jhelum und Chenab: Baglihar (ab 1999), Kishenganga (ab 2007) Ratle (ab 2013) u.a. • Sperrwerk zur Regelung des Wasserabflusses am oberen Jhelum (Wular-Wehr) • Unterlauf der östlichen Flüsse (Beas, Ravi, Sutlej)	• Bedenken PAKs, dass Stauwerke und Umleitungen in eigene Rechte eingreifen und Abfluss stören. Angst vor INDs Position, Wasserzufuhr abzuschneiden. • PAK fürchtet negative Auswirkungen auf eigene Vorhaben an Jhelum und Chenab sowie Wasserdrosselung im Konfliktfall. • Das wenige von IND nach PAK gelangende Wasser ist stark verschmutzt – Abwasser.	• Indus Water Treaty 1960 als Grundlage für Schiedsverfahren, die INDs Vorhaben mit Abstrichen genehmigen • Baubeginn 1984, Unterbrechung 1987, Prüfung der Wiederaufnahme 2009, Abbruch bilateraler Verhandlungen 2012 • Seit 1960 kein formaler Konflikt, aber Verschärfung anderer Wasserfragen
Indien – Nepal	• Hydroenergie, Hochwasserschutz, Bewässerung an Gangesnebenflüssen Mahakali/ Sharda, Karnali, Gandak, Kosi	• Unterschiedliche Prioritäten: Elektrizität (NPL) vs. Bewässerung (IND); Probleme mit Hochwasserschutz in Grenzgebieten. • Lokaler Widerstand wegen möglicher Umsiedlungsmaßnahmen, • kaum Projektfortschritte, • in NPL verbreitetes Gefühl, von IND übervorteilt zu werden.	• Verträge zu Kosi (1954, 1966), Gandak (1959, 1964) • Mahakali-Vertrag 1996 • *Joint Committee on the Kosi and Gandak Projects*

M2   Wasserkonflikte zwischen Indien (IND) und Pakistan (PAK) und Indien und Nepal (NEP)

  100800-176-01
schueler.diercke.de   100800-183-07
schueler.diercke.de

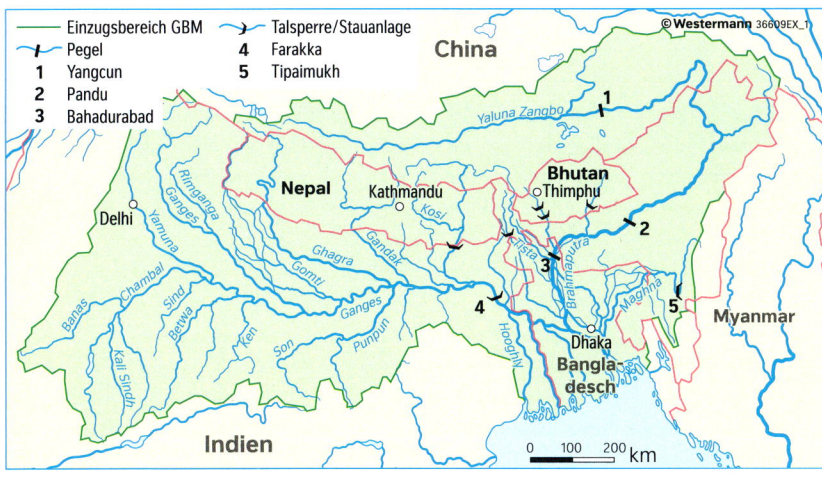

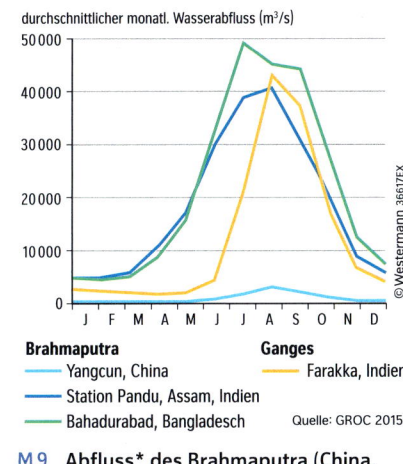

M 5 Ganges-Brahmaputra-Meghna-Einzugsbereich

M 9 **Abfluss* des Brahmaputra (China, Indien, Bangladesch) und Ganges**

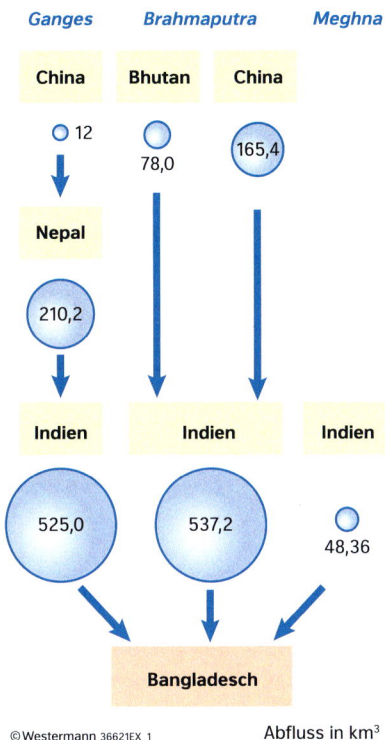

M 6 **Abfluss* von Ganges, Brahmaputra und Meghna**

Seit vielen Jahren ist Wasser eines der umstrittensten bi- und multilateralen Problemfelder zwischen den Ländern Südasiens. Wasserkonflikte haben z. B. Indiens Beziehungen zu dreien seiner Nachbarn angespannt: Bangladesch, Pakistan und Nepal. Der rapide Rückzug der Gletscher des Himalayas, wachsende Auswirkungen des Klimawandels, eine Verschlechterung der Flussökologie und wachsende Verstädterung in der Region haben den Süßwasserfluss in Südasien beeinflusst. [...] Im Ergebnis bedürfen die wichtigen grenzüberschreitenden Flüsse einschließlich des Indus, des Ganges und des Brahmaputra, von denen [...] schätzungsweise die Leben von 700 Mio. Menschen abhängen, dringend einer besseren „Wasser-Governance".

Wasserteilungskonflikte unter den Ländern der Region haben eine lange Geschichte. Bangladesch und Indien unterhalten gespannte Beziehungen über Fragen des Wassermanagements, die durch die Umleitung des Ganges, den Farakka-Damm, die geplante Tipaimukh-Talsperre und das Dilemma der Teilung des Tista(Teesta)-Wassers von Indien weiter belastet wurden. Indiens Wasserkraftprojekte und die Zerstörung, die sie der Umwelt zufügen, haben einen weiteren Zankapfel zwischen beiden Ländern geschaffen. Indiens Entscheidung, den Ganges abzuleiten, hat auf Ackerland in Bangladesch zur Versalzung* geführt und Fischerei und Schifffahrt negativ beeinflusst. Der Farakka-Damm hindert Süßwasser daran, die Sunderbans zu erreichen, den weltgrößten Mangrovenwald. Die Beziehungen zwischen Indien und Bangladesch sind auch gespannt wegen der geplanten Tipaimukh-Talsperre im [indischen] Bundesstaat Manipur, der, wird er gebaut, 1500 MW Hydroelektrizität erzeugen und den Hochwasserschutz verbessern wird. Der Bau würde jedoch auch zum Austrocknen zweier Flüsse führen, des Surma und des Kusiyara, die große Teile der Bewässerung im nordöstlichen Bangladesch sicherstellen. Die Talsperre hätte zudem nachteilige Auswirkungen auf die Umwelt und die Biodiversität der stromab liegenden Gebiete Bangladeschs.

Quelle: Meherun Nesa: A step towards solving the South Asian water crises. 2015 (Übersetzung: Georg Stöber)

M 8 **Quellentext zum Wasserkonflikt zwischen Indien und Bangladesch**

China soll auf Rang 13 der „wasserarmen Länder" stehen. 80 Prozent seiner Städte haben große Wasserprobleme. Seine ausgetrockneten Nordgebiete besitzen nur 14,5 Prozent der Wasserressourcen des gesamten Landes; deshalb wird geplant, Wasser vom Brahmaputra in den Norden zu leiten. China entwickelt auch fünf Wasserkraftwerke an diesem Fluss, das erste wurde 2014 fertiggestellt. Der Mangel an Datenaustausch zu diesen Projekten schürt Ängste bei den Unterliegern. Bangladesch ist das verwundbarste der drei vom Brahmaputra abhängigen Länder. Es besitzt die wenigsten Wasserressourcen und die größte Außenabhängigkeit. China weigert sich, for-

male Übereinkommen zur Wasserverteilung abzuschließen, was der einzige Weg aus dem „Wasserchaos" wäre. Die einzigen Übereinkommen, die Indien mit China abschließen konnten, betreffen den Austausch von wasserbezogenen Daten bei Überschwemmungen [...]. Im Laufe der Zeit wird die Situation schwieriger werden, da der Wasserbedarf steigen wird und mehr Talsperren errichtet werden.

Quelle: Manu Moudgil: The Improbability of a Water War in South Asia. Fair Observer 6.9.2017

Die Pläne der chinesischen Regierung, in Tibet einen gewaltigen Staudamm am Brahmaputra zu bauen, haben in Indien und Bangladesch Unruhe ausgelöst. [...] [Hiermit] sollen chinesi-

schen Staatsmedien zufolge bis zu 60 Gigawatt Energie durch Wasserkraft erzeugt werden, fast drei Mal so viel wie am Drei-Schluchten-Damm am Yangtsekiang. [...] Bangladesch bringt seine Besorgnis nicht so scharf zum Ausdruck wie der größere Nachbar Indien. Immerhin verhandelt die Regierung in Dhaka mit China über Kredite und Investitionen in Milliardenhöhe - unter anderem über eine Milliarde US-Dollar für die Flussbegradigung des Teesta, einem Nebenfluss des Brahmaputra, über dessen Nutzung Bangladesch wiederum mit Indien im Streit liegt.

Quelle: Bernd Musch-Borowska: Staudamm-Plan beunruhigt Chinas Nachbarn. Tagesschau, 7.1.2021

M 7 **Quellentexte zur Rolle Chinas**

Zusammenfassung

Landwirtschaftliche Strukturen

Die Landwirtschaft beschäftigt in fast allen Ländern Südasiens noch immer einen großen Teil der Bevölkerung. Die Bedingungen für landwirtschaftliche Produktion unterscheiden sich in den Teilräumen: Weizen ist die Hauptfrucht im Nordwesten, Reis im Osten und Hirsen in den kargeren Landesteilen Zentralindiens. Subsistenzanbau spielt in weiten Teilen der Länder immer noch eine große Rolle, kommerzieller Anbau auch von Cash Crops wie Baumwolle oder Zuckerrohr konzentriert sich hingegen auf die Gunstgebiete.

Die Länder Südasiens haben versucht, durch Landreformmaßnahmen eine weitgehend durch Großgrundeigentum und Teilpacht gekennzeichnete Agrarsozialstruktur zu erneuern. Dies sollte vor allem durch Regelungen der Pachtbedingungen und Bodenbesitzreformen erreicht werden. Doch die Maßnahmen waren nur begrenzt wirksam. Bewirtschaftet wird das Land bis heute ganz überwiegend von Klein- bis Kleinstbetrieben. Auch aufgrund von Erbteilungen wächst der Anteil der kleinbäuerlichen und marginalen Betriebe.

Grüne Revolution und Markteinbindung

Seit den 1960er-Jahren hat eine Transformation des traditionellen Anbaus stattgefunden, hin zum Einsatz von Hochertragssorten, Agrarchemie (chemische Dünger, Pestizide, Herbizide), mechanischer Bodenbearbeitung und verstärkter Bewässerung („Grüne Revolution"). Hierdurch stiegen die Erträge, sodass die südasiatischen Länder trotz wachsender Bevölkerung ihre Pro-Kopf-Versorgung mit Lebensmitteln verbesserten. Auf der anderen Seite war dies mit ökologischen Folgen und kräftig steigenden Produktionskosten verbunden, sodass vor allem einkommensstärkere Bauern profitierten.

Mit der Globalisierung und Liberalisierung einhergehende Entwicklungen haben zum einen ausländischem Kapital den Zugang auch zur Landwirtschaft eröffnet, zum anderen zu neuen Vermarktungsmechanismen geführt – auch zwecks Versorgung einer wachsenden, zum Teil einkommensstarken städtischen Bevölkerung. Ein Weg der Markteinbindung ist die Vertragslandwirtschaft, bei der der Landwirt, vertraglich gebunden und auf eigenes Risiko, für einen Abnehmer wie internationale Agrarhandelsbetriebe oder Supermarktketten produziert. In Indien stießen die Vorstöße, die Landwirtschaft weiter zu liberalisieren und die bestehenden regulierten Vermarktungswege mit festgelegten Garantiepreisen für bestimmte Agrarprodukte auf erheblichen Widerstand vor allem der Kleinbauern. Heute versuchen viele Bauern auch durch eine Umorientierung auf ökologischen Landbau den (Rück-)Weg zu einer nachhaltigen Landwirtschaft einzuschlagen.

Plantagen und Nahrungsmittelerzeugung

Die Plantagenwirtschaft ist ein Beispiel für eine Produktion für den Weltmarkt. Neben dem Anbau von Dauerkulturen wie Tee, Kaffee oder Kautschuk erfolgen hierbei auch erste Verarbeitungsschritte. Heute werden die Pflanzungen oftmals von großen, internationalen und sektoral breit aufgestellten Konzernen betrieben.

Auch Kleinbauern betreiben den Anbau von Cash Crops für den internationalen Markt, doch vor allem erzeugen sie noch immer Nahrungsmittel zur Selbstversorgung und für regionale Märkte. Im Falle Sri Lankas ist es das Grundnahrungsmittel Reis, bei dem das Land Selbstversorgung anstrebt. Die Erträge sind abhängig von der Verfügbarkeit von Wasser. Die in weiten Teilen des Landes verbreitete traditionelle Tank-Bewässerung auf der Basis von regenwassergefüllten Teichen ist von der Höhe der Monsunniederschläge abhängig.

Bewässerung

Bewässerung, die in Teilen Südasiens überhaupt Voraussetzung für den Anbau ist, in anderen Mehrfachernten und Ertragssicherung dient, wird von alters her mit Tanks und Wasserspeichern, die die Monsunniederschläge sammeln, oder Brunnen praktiziert. Großflächige Bewässerung basiert auf der Ableitung von Oberflächenwasser aus Flüssen oder Stauseen, das über Kanalsysteme wie im Industieflieland weiträumig verteilt wird. Problematisch ist, dass bei Bewässerung und ungenügender Drainage häufig Staunässe und Versalzung auftritt. Bei höheren Salzkonzentrationen im Boden oder salzhaltigem Irrigationswasser kann zum Teil eine Umstellung auf salztolerantere Pflanzen helfen, aber auch eine verbesserte Bewässerungstechnik. Der zunehmende Einsatz von Rohrbrunnen mit Pumpenbewässerung hat zudem in vielen Gebieten zu einem starken Absenken des Grundwasserspiegels geführt.

Konflikte um Wasser

Um Wasser entbrennen diverse Konflikte, zum einen um die Verteilung dieser begrenzten Ressource, zum anderen um Maßnahmen des Wasserbaus wie die Anlage von Stauseen und Kanalsystemen. Hier sind es vor allem die Betroffenen, die gegen den Verlust ihres Landes protestieren. Aber auch die Unterlieger - bei grenzüberschreitenden Flüssen sind dies auch die Einwohner in Nachbarstaaten –, sind von den ökonomischen und ökologischen Folgen solcher Maßnahmen betroffen. Großprojekte werden daher häufig gerichtlich angefochten. Um zwischenstaatliche Konflikte zu lösen, ist eine vertragliche Regelung der Nutzungsrechte wie eine Abstimmung von wasserbaulichen Maßnahmen angezeigt, oft aber nur schwer zu erreichen.

Weiterführende Literatur und Internetlinks

Geographische Rundschau
- Daniel Münster, Julia Poerting, Juliane Dame: Agrarwirtschaft in Indien: Kleinbauern zwischen Krise und neuen Perspektiven. 1/2015, S. 16 – 22

Daten zur Landwirtschaft
Ernährungs- und Landwirtschaftsorganisation der Vereinten Nationen (FAO)
- http://faostat3.fao.org

Weltagrarbericht
- www.weltagrarbericht.de

Aquastat – Wasserinformationssystem
- www.fao.org/nr/water/aquastat/main

UN Water
- www.unwater.org/statistics

International Rice Research Institute (Reiszüchtung, Grüne Revolution)
- http.//irri.org

Navdanya – Organisation zum Bewahren regionalen Saatguts / Biodiversität
- www.navdanya.org

International Commission on Large Dams
- www.icold-cigb.net

Narmada Bachao Andolan (Bewegung gegen das Narmada-Projekt)
- https://narmadaandolan.org

International Rivers
- www.internationalrivers.org

International Water Law Project
- www.internationalwaterlaw.org/documents/asia.html

3 WIRTSCHAFT UND ENTWICKLUNG

Parkplatz für neue Hyundai-Kleinwagen. Hyundai ist der zweitgrößte Automobilhersteller in Indien.

3.1 Die Entwicklung Südasiens

Was ist Entwicklung?

Entwicklung kann man schlicht verstehen als Veränderung, die in einem Zeitraum erfolgt. Entwicklung als entwicklungspolitischer Begriff beinhaltet aber eine Veränderung zum „Besseren", „Höheren". Dabei wird die Richtung vorgegeben – auch durch die Indikatoren, die zu ihrer „Messung" verwendet werden. In der Vergangenheit war weitgehend nur die wirtschaftliche Entwicklung gemeint, die durch Indikatoren wie das Bruttoinlandsprodukt* (BIP) dargestellt wurde. Dieser reine Blick auf wirtschaftliches Wachstum geriet aber in die Kritik. Zum einen wurde hinterfragt, ob in einem Land alle Menschen gleich von einem wachsenden Pro-Kopf-Einkommen (als BIP/Ew.) profitieren? Zum anderen wurde angemerkt, dass zur menschlichen Entwicklung auch andere Aspekte gehören. Der Human Development Index (Kap. 1.11) bezieht daher auch Aspekte wie Bildung und Gesundheit mit ein.

Wirtschaftsstruktur

Wirtschaftliche Entwicklung drückt sich auch in einer Veränderung der Wirtschaftsstruktur aus. Hier ist das Verhältnis der Wirtschaftssektoren zueinander angesprochen: Legt man die historischen Abläufe in Europa zugrunde, nimmt zu Beginn der Industrialisierung die Bedeutung des sekundären Sektors auf Kosten des primären zu, später gehen beide zurück, während der tertiäre Sektor wächst. Ist solch ein Strukturwandel auch in Entwicklungsregionen wie Südasien zu beobachten (M3)? Wie haben Staaten wie Indien versucht, durch gezielte Politik die industrielle Entwicklung voranzutreiben (Kap. 3.2)? Gibt es auch Ansätze, Entwicklung von „Unten" zu fördern (Kap. 3.10). Der sektorale Wandel gibt aber nur ein recht ungenaues Bild wirtschaftlicher Entwicklung. Innerhalb der Sektoren hat sich eine unüberschaubare Vielfalt von Wirtschaftsbereichen entwickelt, die mittels komplizierter Klassifikationssysteme erfasst werden können. Welche Veränderungen traten innerhalb verschiedener Branchen auf (Kap. 3.2 – 3.5)?

Zudem gilt es – insbesondere in Entwicklungsländern – bei der Betrachtung wirtschaftlicher Entwicklungen Folgendes zu beachten: Volkswirtschaftliche Statistiken repräsentieren nur die Daten, die von staatlichen Stellen erfasst werden können. Vieles im Wirtschaftsleben läuft aber ab, ohne dass es von Behörden registriert wird. Aus diesem Grunde wurde eine Unterscheidung getroffen zwischen einem „formellen" Bereich, der sich gut in den Daten widerspiegelt, und einem „informellen", schlecht oder nicht erfassten, für den man weitgehend auf Schätzungen angewiesen ist (Kap. 3.9).

Globalisierung*

Wirtschaftliche Entwicklung ist nicht nur abhängig von Prozessen, die innerhalb der Länder ablaufen. Auch in der Vergangenheit waren die einzelnen Nationalstaaten (oder deren Kolonien) durch Warenaustausch verbunden. Heute sind die Volkswirtschaften noch enger verflochten, was mit dem Begriff „Globalisierung"* beschrieben wird. Diese bedeutet nicht nur einen Transfer von Waren über Ländergrenzen hinweg, sondern auch von Arbeit und Kapital (z. B. als ausländische Direktinvestitionen*, ADI). Die Verbesserung der Kommunikationsstrukturen durch Digitalisierung, aber auch politische Rahmenvorgaben wie eine Öffnung und Liberalisierung, haben wesentlich dazu beigetragen. Wie können Staaten ausländische Investitionen anlocken (Kap. 3.6)? Welche Rolle spielt dabei China in der Region (Kap. 3.7)? Welche Bedeutung haben Rücküberweisungen von (zeitweise) ausgewanderten Bürgern dieses Staates (Kap. 3.8)?

M1   Arbeiterinnen bei der Kabelmontage bei einem Autozulieferer in Neu-Delhi

M2   Handwerker bei der Herstellung von Haushaltswaren in Kolkata

| | Bruttoinlandsprodukt[1] (in %) | | | | | | Beschäftigte nach Wirtschaftssektor[2] (in %) | | | | | |
| | Landwirtschaft | | Industrie | | Dienstleistungen | | Landwirtschaft | | Industrie | | Dienstleistungen | |
	1985	2019	1985	2019	1985	2019	1991	2019	1991	2019	1991	2019
Bangladesch	34,8	12,7	20,8	29,6	44,4	52,9	69,5	38,3	13,6	21,3	16,9	40,4
Bhutan	43,5	15,8	19,8	36,1	36,8	43,3	69,8	55,8	5,8	10,1	24,3	34,1
Indien	32,0	16,0	30,7	24,8	37,3	49,4	63,3	42,6	15,2	25,1	21,5	32,3
Malediven	k.A.	5,2	k.A.	11,7	k.A.	70,0	21,8	8,3	27,2	19,1	51,0	72,6
Nepal	51,7	24,2	15,1	13,3	33,2	50,6	82,3	64,4	2,8	15,1	14,9	20,5
Pakistan	28,5	22,0	22,5	18,3	49,0	53,9	44,8	36,9	21,6	25,0	33,6	38,1
Sri Lanka	28,1	7,4	26,5	29,6	45,4	58,2	42,8	25,0	26,6	27,9	30,6	47,2

M3   Anteile des Bruttoinlandsprodukts und der Beschäftigten nach Wirtschaftssektor in Südasien (Quelle: [1]World Bank, [2]ILO)

	Wichtigste Exportgüter
Bangladesch	Bekleidung (86,6 %), Leder und Lederwaren (2,5 %), Fische/Shrimps (1,0 %)
Bhutan	Eisen, Stahl (63,9 %), Dolomit, Zement, Gips (19,1 %)
Indien	Mineralölprodukte (12,5 %), Edelmetalle, Edelsteine (11,8 %), Maschinen (11,5 %), chemische Erzeugnisse (6,2 %), Arzneimittel (5,4 %)
Malediven	Fisch und Fischprodukte (82,1 %), Erdölerzeugnisse (12,0 %)
Nepal	Palmöl (20,1 %), synthetische Fasern (9,3 %), Teppiche (9,2 %), Sojabohnenöl (5,7 %), Tee Gewürze (5,7 %)
Pakistan	Kleidung (24,1 %), Textilien (16,3 %), Baumwolle (12,0 %), Getreide (8,9 %), Lederwaren (2,7 %)
Sri Lanka	Bekleidung (48,6 %), Tee, Kaffee, Gewürze (9,3 %), Kautschukwaren (8,8 %), Edelmetalle, Edelsteine (3,8 %)

Quelle: OEC

M 4 Die wichtigsten Exportgüter der südasiatischen Staaten (2019)

Vor einem Jahrzehnt war Indien der aufgehende Stern der Weltwirtschaft, mit jährlichen Wachstumsraten, die zwischen 2003 und 2008 an acht bis neun Prozent heranreichten. Die Preise waren stabil, die Staatsverschuldung und Außenhandelsdefizite moderat. Indien wurde bejubelt als eine der am schnellsten wachsenden großen Volkswirtschaften, die China an den Fersen klebte, und wurde angesehen als entstehendes globales Backoffice* verglichen mit China als globaler Werkbank. [...]

Mitte der 2010er-Jahre erhielt die Euphorie [...] einen Dämpfer. Die inländischen Ersparnisse, Investitionen und Kapitalflüsse gingen zurück. IT-Exporte ließen infolge der US-Steuern auf Outsourcing* und aufgrund des technologischen Wandels nach. Aufgrund der internationalen Ölpreise war die Inflation jedoch hoch, und das Außenhandelsdefizit* wurde für einige Jahre prekär. Der Rückgang des Wachstums wirkte sich auf die Einkünfte der Unternehmen aus und auf ihre Fähigkeit, die enormen Schuldenlasten, die sie während der Boom-Phase angehäuft hatten, zu bedienen. [...]

Zwischen 2011-12 und 2017-18 erlebte das Land Arbeitsplatzverluste zwischen 6,2 und 15,5 Millionen, einen Anstieg der Arbeitslosenrate von 3,3 auf 8,8 Prozent der Erwerbsbevölkerung, [...] stagnierende ländliche Löhne, einen Rückgang des Pro-Kopf-Verbrauchs und ein Wachstum der absoluten Armut um 30 Millionen Menschen. Niemals in den vergangenen 45 Jahren [...] hat die Wirtschaft einen solch desaströsen Rückschlag der Wirtschaftsleistung erlebt.

Quelle: R. Nagaraj: TIF – Understanding India's Economic Slowdown. The Indiaforum, 7.2.2020 (Übers.: G. S.)

M 7 Quellentext zur indischen Wirtschaft

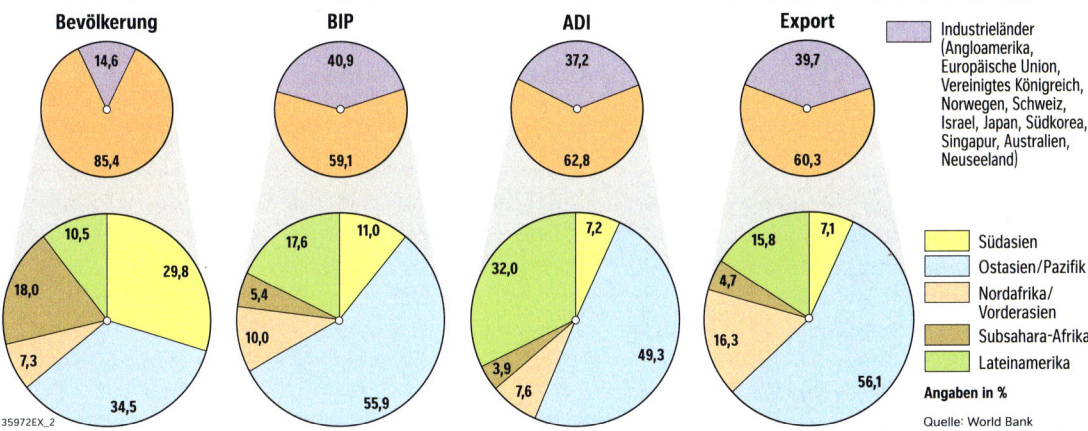

M 5 Anteil der Länder des Südens bzw. der Entwicklungsregionen an Bevölkerung, BIP*, ADI* und Exporten (2019)

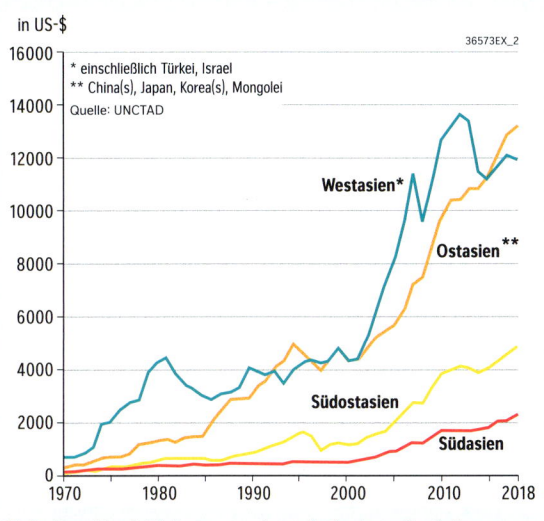

M 6 Pro-Kopf-Einkommen der asiatischen Großräume

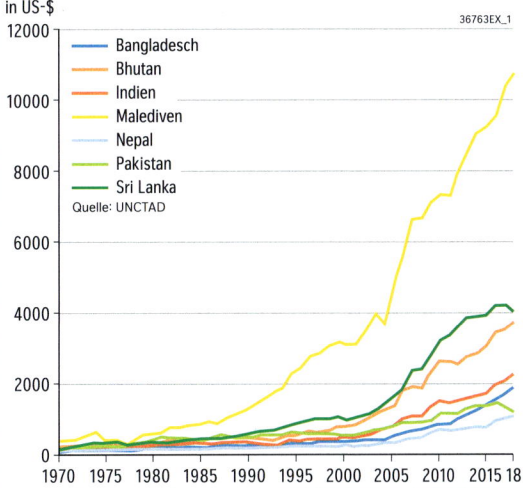

M 8 Pro-Kopf-Einkommen der südasiatischen Länder

1. Stellen Sie den strukturellen Wandel der Wirtschaft in den südasiatischen Staaten dar (M 3).
2. Vergleichen Sie die Exportstruktur der südasiatischen Staaten (M 4).
3. Beurteilen Sie die wirtschaftliche Bedeutung und Entwicklung Südasiens/Indiens in der Weltwirtschaft (M 5 – M 7).

3.2 Stahlindustrie zwischen Plan- und Marktwirtschaft

Im ressourcenreichen Indien begannen bald nach der Unabhängigkeit Planungen für den Aufbau einer eigenen Eisen- und Stahlindustrie als Schlüsselindustrie für eine integrierte wirtschaftliche Entwicklung – unter staatlicher Planung mithilfe von Fünfjahresplänen. Beanspruchte man zu Beginn aufgrund fehlender technologischer Kenntnisse noch Hilfe aus dem Ausland, zählt Indien heute zu den weltweit größten Stahlproduzenten. Neben Staatsunternehmen wie der Steel Authority of India spielen private Stahlkonzerne wie die Tata Steel die maßgebliche Rolle. Nach mäßigem Erfolg war Indien in den 1990er-Jahren auf eine liberale Wirtschaftspolitik umgeschwenkt.

1. Nach der Unabhängigkeit kombinierte Indien Plan- und Marktwirtschaft. Charakterisieren Sie die mixed economy, auch in ihrer Fixierung auf die Stahlwirtschaft (M1, M2).
2. a) Erklären Sie die Standortwahl des Stahlwerks Rourkela mithilfe der Weberschen Standorttheorie (M3, M4).
   Ⓩ b) Recherchieren Sie das deutsche Engagement in Rourkela.
3. a) Analysieren Sie die Entwicklung der indischen Stahlindustrie und ihre globale Bedeutung (M6–M9, M11, M12).
   b) In Bezug auf die Stahlindustrie haben sich die Rollen Deutschlands und Indiens massiv gewandelt. Beurteilen Sie diese Entwicklung als Phänomen der Globalisierung*.
4. Erläutern Sie die Probleme der indischen Stahlindustrie und Lösungsansätze des 12. Fünfjahresplans (M7, M13).

Während der Kolonialzeit wurde die Wirtschaft Indiens ganz auf die Bedürfnisse der Kolonialmacht ausgerichtet und eine Industrialisierung unterbunden. Mit der Unabhängigkeit stand die Regierung vor der Aufgabe, ihre Volkswirtschaft gemäß den Bedürfnissen des Landes zu entwickeln. Der Staat maß sich hierbei die führende Rolle zu. Als Beratungsinstanz der Regierung wurde eine Planungskommission eingerichtet. Diese erstellte Fünfjahrespläne für eine ausgewogene, ganzheitliche Entwicklung, bei denen die verschiedenen Teilbereiche aufeinander abgestimmt und den verschiedenen Sektoren, je nach den dringendsten Erfordernissen, unterschiedliche Prioritäten zugewiesen wurden. Der erste Fünfjahresplan (1951–56) wurde 1950 erlassen. Da 85 Prozent der Bevölkerung von der Landwirtschaft abhingen, wurde ein Schwerpunkt auf den Agrarsektor gelegt mit der Jute-, Baumwoll- und Teeindustrie. Danach folgte der Aufbau einer Schwerindustrie mit Eisen und Stahl, der Exploration von Erdöl und -gas, der petrochemischen Industrie usw. In den 1980er-Jahren öffnete die Regierung die indische Wirtschaft vorsichtig der Globalisierung* – eine Voraussetzung für die Rolle, die die indische IT-Industrie später übernehmen sollte. Eine steigende Auslandsverschuldung führte 1990/91 zu einem deutlichen Wechsel der Wirtschaftspolitik; diese wurde merklich liberalisiert* und Auslandsdirektinvestitionen* (ADI) ermöglicht.

Trotzdem blieb es bei der Wirtschaftsplanung, die aber die Möglichkeit erhielt, mit kurzfristigen Plänen schneller auf neu auftretende Bedürfnisse zu reagieren. Endgültig verabschiedete sich Indien von der Fünfjahresplanung im Jahre 2014, als eine neue Regierung die Planungskommission auflöste. Demonetisation – die plötzliche Entwertung von im Umlauf befindlichen Banknoten – schwächte 2016 die indische Wirtschaft enorm: Das jährliche Wirtschaftswachstum sank von 8,3 (2016) auf 4,2 Prozent (2019). Im Zuge der Covid-19-Pandemie verloren dann auch viele Menschen ihren Arbeitsplatz, was zu einem Einbruch der Nachfrage führte. So fehlen heute beträchtliche Mittel für Investitionen.

M1   Indien: Fünfjahrespläne und Liberalisierung (1950 – 2019)

Das Grundkriterium, um die Linien des Fortschritts festzulegen, darf nicht privater Profit, sondern muss sozialer Gewinn sein. Die Muster der Entwicklung und Struktur sozioökonomischer Beziehungen sollten so geplant werden, dass sie nicht nur zu einem erwünschten Ansteigen des Nationaleinkommens und der Beschäftigung führen, sondern auch zu größerer Gleichheit in Einkommen und Vermögen. […] Um angemessene Bedingungen zu schaffen, muss der Staat als Hauptinstanz, die für die Gesellschaft als ganze spricht und in ihrem Namen agiert, Verantwortung übernehmen. Der öffentliche Sektor muss schnell expandieren. Er muss nicht nur Entwicklungen anstoßen, die der Privatsektor nicht unternehmen will oder kann, er muss auch die dominante Rolle spielen bei der Ausgestaltung der gesamten Investitionsstruktur der Wirtschaft, gleich ob er die Investitionen direkt tätigt oder diese vom Privatsektor vorgenommen werden. Der Privatsektor muss seinen Part spielen im Rahmen eines Gesamtplans, der von der Gesellschaft akzeptiert wurde. […]

Die Ausweitung der Eisen- und Stahlindustrie besitzt die höchste Priorität, da – mehr als jedes andere Industrieprodukt – das Niveau der Produktion dieser Materialien die Geschwindigkeit bestimmt, mit der die Wirtschaft als Ganze fortschreitet. Die Bedingungen in Indien sind günstig, die Eisen- und Stahlherstellung zu Kosten sicherzustellen, die im Vergleich zu denen der meisten anderen Länder niedrig sind. Eine Schwermaschinenbauindustrie ist die natürliche Folge der Eisen- und Stahlwerke. Die hohe Priorität, die ihr zugemessen wird, erwächst sowohl hieraus als auch aus der Tatsache, dass sie eine breite Palette industrieller Maschinen und Investitionsgüter im Lande selbst bereitstellt, wie Lokomotiven und Kraftwerke zur Elektrizitätserzeugung. Fehlen die Möglichkeiten zu ihrer Herstellung, bleibt eine sich entwickelnde Wirtschaft abhängig von ausländischen Lieferungen mit den diese begleitenden Schwierigkeiten und Unsicherheiten.

Quelle: Planning Commission: Second Five Year Plan. 1956-1961. New Delhi: Govt of India, Kap. 2 (Übersetzung: Georg Stöber)

M2   Text aus dem zweiten indischen Fünfjahresplan in Indien zur Rolle des Staats und der Schwerindustrie

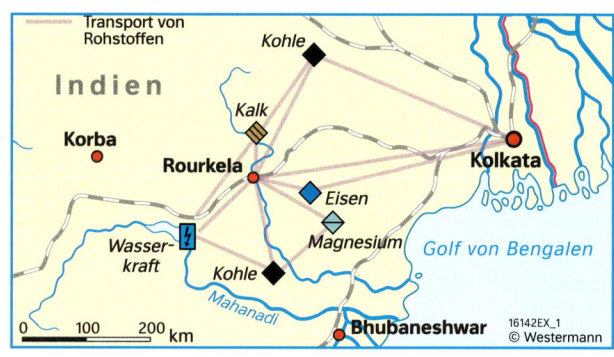

M3   Der Standort Rourkela

Der deutsche Nationalökonom Alfred Weber (1868-1958) versuchte, die räumliche Verteilung der Industrien zu erklären und zu bestimmen. Der optimale Standort einer Produktionsstätte wird hiernach durch die Transportkosten für die eingesetzten Güter wie für diejenigen des Fertigprodukts zum Konsumort bestimmt, sofern Arbeitskosten und Agglomerationsfaktoren außer Acht gelassen werden können. Hierbei ist zu berücksichtigen, in welchem Umfang die Rohstoffe in das Gewicht des Fertigproduktes eingehen.

M4   Standorttheorie Alfred Webers (1909)

 100800-166-01
schueler.diercke.de   100800-176-01
schueler.diercke.de

M 5   Stahlwerk Rourkela , in den 1950er- und 1960er-Jahren im Urwald geplant und gebaut und in den 1990er-Jahren modernisiert.

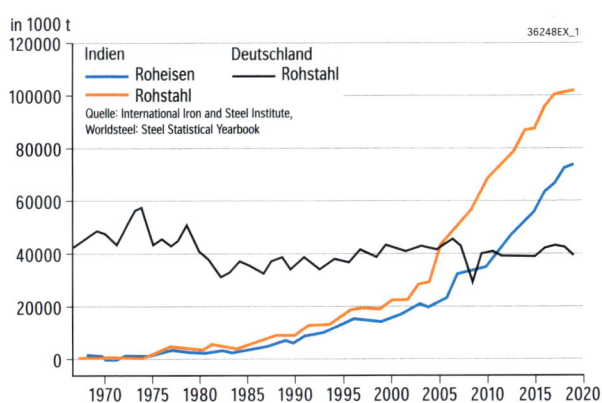

M 11   Produktion von Roheisen und Rohstahl in Indien und Deutschland (1967 – 2019)

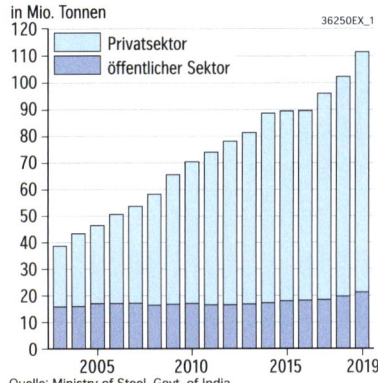

M 6   Rohstahlproduktion der indischen Stahlindustrie (2003 – 2019)

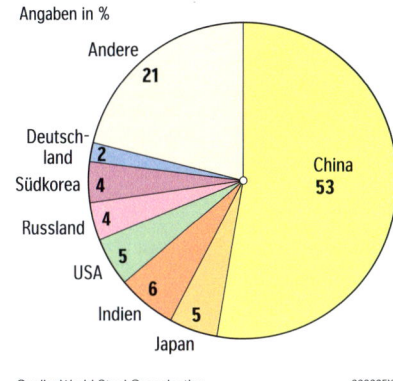

M 8   Weltstahlproduktion (2020)

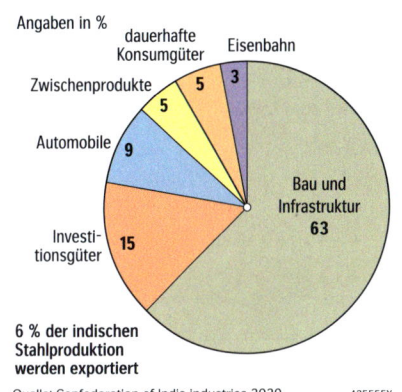

6 % der indischen Stahlproduktion werden exportiert

Quelle: Confederation of India industries 2020   42555EX

M 12   Stahlverbrauch in Indien nach Sektoren (2019)

Neben den großen, sehr kapitalintensiven integrierten Werken, deren Stahlproduktion auf der Verhüttung von Eisenerzen beruht, hatten die Engpässe in der Stahlversorgung zur Genehmigung von kleineren privaten Werken (Mini Steel Plants) geführt, die Stahl mittels Elektroöfen aus Schrott gewinnen. Anfang der 1990er-Jahre gab es etwa 200 solcher Unternehmen [...] Seit der Liberalisierung ist ihre Anzahl und Größe gestiegen. Ihre Produktion lag (1999 – 2000) bei 16 Mio. t, das ist mehr als die der integrierten Hüttenwerke (11,3 Mio. t) [...] Ein Vorteil liegt in den weitaus geringeren Investitionen. Sie sind zudem flexibel genug, um Spezialstähle in kleinen Mengen herzustellen, und können ihre Standorte in der Nähe der Verbrauchszentren wählen. Schwierigkeiten resultieren daraus, dass elektrische Energie nicht kontinuierlich zur Verfügung steht und dass ihre wichtigste Rohstoffgrundlage Schrott ist, der in einem Land wie Indien nur begrenzt zur Verfügung steht und daher zu 60 Prozent eingeführt werden muss. Von Bedeutung ist daher der Import ausgemusterter Schiffe, die auf primitivste Art z. B. in Alang (Gujarat) abgewrackt werden.

Quelle: Friedrich Stang: Indien. Darmstadt: WBG, 2002, S. 268 – 269

M 7   Quellentext zur Stahlerzeugung in Indien

Rang	Name	Produktion (in Mio. t)
1	Arcelor- Mittal[1] (Luxemburg)	97,3
2	China Baowu	95,5
3	Nippon Steel (Japan)	51,7
9	Tata Steel (Indien)	30,2
35	ThyssenKrupp (Deutschland)	12,3

Quelle: World Steel Association [1] Hauptanteilseigner ist die indische Mittal-Familie.

M 9   Die größten Stahlhersteller weltweit (2020)

M 10   Abwrackwerft* bei Alang

Indien [hinkt] anderen wichtigen stahlproduzierenden Ländern hinterher, was die technisch-wirtschaftliche Effizienz der Betriebe betrifft. Daher ist die indische Stahlindustrie global nicht sehr wettbewerbsfähig. [...] Daneben müssen Probleme der Degradation der Umwelt, der vertriebenen Bevölkerung, Flaschenhälse im Transport usw. dringend angesprochen werden. [...] Die Strategien zur Entwicklung des Stahlsektors sollten sich nicht nur auf mengenmäßiges Wachstum konzentrieren, sondern auch auf die Wachstumsqualität. Es ist notwendig, einen annähernd nachhaltigen Entwicklungsrahmen zu entwickeln, der die Erfordernisse nach einem schnellen Wachstum der Stahlindustrie ausbalanciert und auch Anliegen der Umwelt und des Klimawandels berücksichtigt. [...] Bestehende Stahlwerke müssen kurz- und langfristige Aktionspläne entwickeln, um alte und überflüssige Anlagen auszumustern und durch moderne, saubere und grüne Technologien zu ersetzen, die nicht nur höhere Produktivitätsstandards erreichen, sondern auch die Energieverschwendung zügeln.

Quelle: Planning Commission (Govt of India): Twelfth Five Year Plan (2012-2017). Vol. 2, New Delhi: SAGE 2013, S. 112 – 113 (Übers. G. S.)

M 13   Auszug aus dem 12. Fünfjahresplan

3.3 Bangladesch: Bekleidung für den Weltmarkt

Die Produktion von Textilien und Kleidung ist für viele südasiatische Länder ein wichtiger Devisenbringer* und Motor wirtschaftlicher Entwicklung. In Bangladesch stammen über 80 Prozent der Exportgüter aus diesem Wirtschaftsbereich. Die Hersteller sind in die komplexen Lieferketten global agierender Konzerne eingebunden, die vor allem von den niedrigen Arbeitskosten der Fabriken profitieren. Deren Arbeitsbedingungen, Sozial- und Umweltstandards sind in den letzten Jahren allerdings immer wieder in die Kritik geraten.

1. a) Erläutern Sie die Produktionsschritte und die globale Warenkette bei der Herstellung von Jeans (M2, Atlas).
   b) Charakterisieren Sie dabei die Rolle der Bekleidungsindustrie Bangladeschs (M1, M5, Atlas).
   c) Beurteilen Sie den Anteil der Lohnkosten an Bekleidungsprodukten in Deutschland (M6).
2. Analysieren Sie (in Form einer Concept Map) die Ursachen sowie (sozialen und ökonomischen) Folgen der Rana Plaza Tragödie (M7, M9).
3. Analysieren Sie die Rolle des Lohnniveaus als Kostenfaktor im globalen Standortwettbewerb (M7, M9, M12).
Ⓩ 4. Eine Forderung zur Verbesserung der Situation der Arbeiter in der Textilindustrie ist die Einführung existenzsichernder Löhne* (M11, www.textilbuendnis.com, actonlivingwages.com). Nehmen Sie Stellung zu deren Umsetzung.
5. Entwickeln Sie Ideen, wie Sie ihr Konsumverhalten längerfristig ändern können, um das komplexe System der Textilindustrie positiv beeinflussen zu können.

M3   Moderne Textilfabrik in Sahbar (Bangladesch)

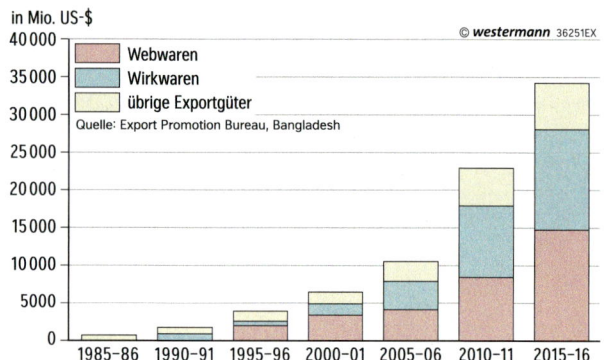

M4   Bangladesch: Anteil von Fertigkleidung am Export

Durch die Globalisierung* hat die Lage von Bangladesch in den letzten Jahren noch eine ganz andere Qualität angenommen: Während am Export früher Rohjute- und Jutefertigerzeugnisse sowie Tee und Shrimps zu 80 Prozent beteiligt waren, herrschen heute Textilien, Bekleidung und Lederwaren (Schuhe) mit über 85 Prozent vor: Die Verlagerung zu der auf Niedriglohn basierenden (Massen-) Produktion von Bekleidungsartikeln aller Art setzte Anfang der 1980er-Jahre ein, als die Regierung die ersten Exportproduktionszonen eröffnete. Mit Steuer- (für 10 Jahre) und Zollfreiheit auf alle Importerzeugnisse (Vorprodukte z. B. Garne, Stoffe, Knöpfe etc.; Werkzeuge/Maschinen) sowie einem riesigen Angebot an billigen Arbeitskräften, geräumigen Werkhallen und produktionsdienlicher Infrastruktur versuchte die Regierung, ausländische Unternehmen anzulocken. Im Jahr 2016 gab es in Bangladesch elf EPZ mit mehreren Tausend Textilbetrieben und mehreren Millionen Beschäftigten. [...] Als Partner vor Ort fungieren dabei mittelgroße lokale, als „formell" geltende Unternehmen. [...] Sie lagern – aus Kosten- und nicht selten aus Zeitgründen (Just-in-Time-Produktion*) – häufig Teile der Fertigung zu „informellen" Kleinst-/Subunternehmern und Heimarbeitern aus.
Quelle: Fred Scholz: Länder des Südens. Diercke Spezial. Braunschweig: Westermann 2017, S. 43 – 44

M1   Quellentext zur Entwicklung der Textil-/Bekleidungsindustrie in Bangladesch

Zielländer der Bekleidungsexporte aus Bangladesch (2019)

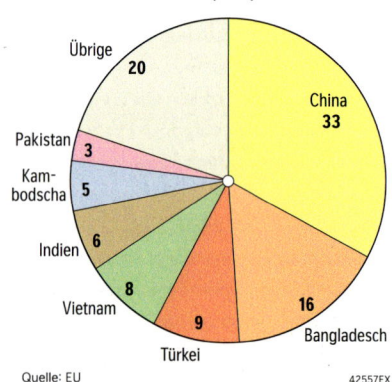

Herkunftsländer der Bekleidungsexporte in die EU (2019)

Quelle: EU

M5   Bekleidung: Exporte Bangladesch; Importe EU (2019)

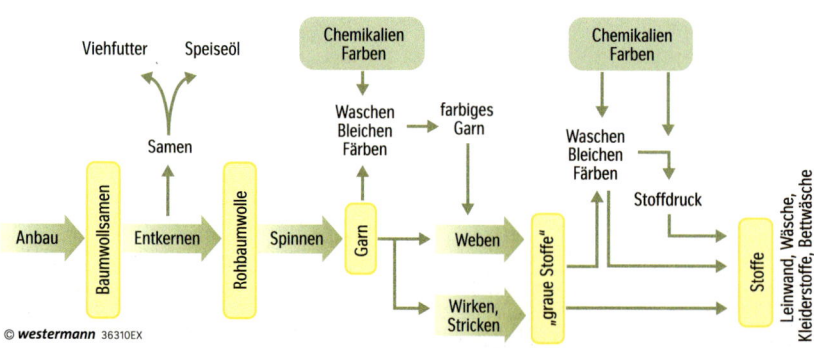

M2   Vom Baumwollanbau zum Konsumgut

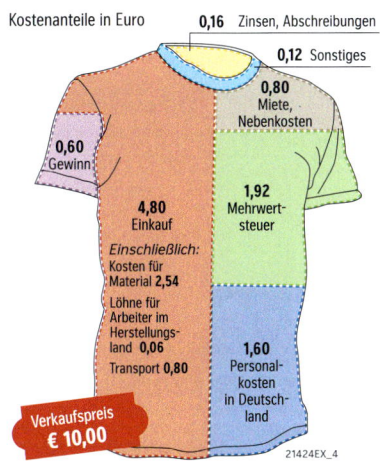

Kostenanteile in Euro

0,16 Zinsen, Abschreibungen
0,12 Sonstiges
0,80 Miete, Nebenkosten
0,60 Gewinn
4,80 Einkauf
Einschließlich: Kosten für Material 2,54
Löhne für Arbeiter im Herstellungsland 0,06
Transport 0,80
1,92 Mehrwertsteuer
1,60 Personalkosten in Deutschland
Verkaufspreis € 10,00

M 6 Kosten eines T-Shirts in Deutschland

M 8 Näherin in Bangladesch

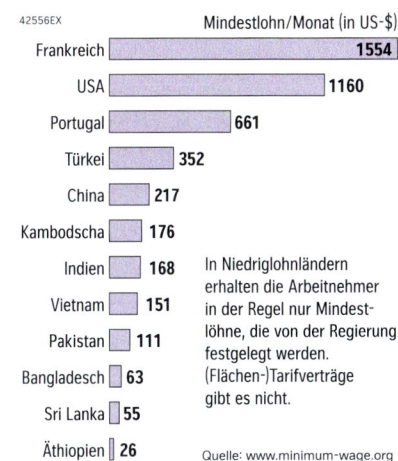

	Mindestlohn/Monat (in US-$)
Frankreich	1554
USA	1160
Portugal	661
Türkei	352
China	217
Kambodscha	176
Indien	168
Vietnam	151
Pakistan	111
Bangladesch	63
Sri Lanka	55
Äthiopien	26

In Niedriglohnländern erhalten die Arbeitnehmer in der Regel nur Mindestlöhne, die von der Regierung festgelegt werden. (Flächen-)Tarifverträge gibt es nicht.

Quelle: www.minimum-wage.org

M 12 Mindestlöhne in Textilindustrie (2019)

Am [...] 24. April 2013 stürzte in einem Vorort von Dhaka [...] der achtstöckige Fabrikkomplex Rana Plaza ein und begrub tausende Menschen unter sich. [...] 1136 von ihnen starben in Folge des verheerenden Unfalls, über 2000 wurden verletzt. Schon am Tag vor dem Unglück wurden Risse in dem Gebäude entdeckt, viele Menschen wurden jedoch gezwungen, ihre Arbeit fortzusetzen. Sie hatten hauptsächlich Kleidung für den Export produziert. [...] Tausende Familien standen plötzlich vor dem wirtschaftlichen Abgrund, da die verunglückten Näherinnen oft Alleinverdienerinnen waren [...]. Absicherungen, wie etwa Versicherungen gegen die Folgen von Arbeitsunfällen, existierten zu diesem Zeitpunkt in Bangladesch nicht.

[Das Unglück führte zu einer weltweiten Debatte über Arbeitsbedingungen in der Textilindustrie]: unterdurchschnittliche Löhne, zu lange Arbeitstage und kaum Freizeit, ungeschützter Umgang mit Chemikalien und fehlende Brandschutzbestimmungen [...]. Unter Druck der Öffentlichkeit zahlten viele der betroffenen Unternehmen Geld in einen Entschädigungsfonds ein [...]. Gleichzeitig erklärten sich viele westliche Textilunternehmen bereit, arbeitsrechtliche Standards in Produktionsketten besser zu überwachen. [...]

Seit dem Rana-Plaza-Unglück haben sich insbesondere in Bangladesch dank verschiedener Initiativen die Arbeitsbedingungen verbessert. Heute sind dort alle Besitzer von Textilwerkstätten dazu verpflichtet, bestimmte Sicherheits- und Gesundheitsstandards umzusetzen. [...]. Über 200 Textilunternehmen aus über 20 Ländern unterzeichneten im Mai 2013 ein Abkommen über Brandschutz und Gebäudesicherheit in Bangladesch [...]. Bis 2015 [wurden] alle Fabriken, die in Bangladesch dem internationalen Modesektor zuliefern (damals 3632) inspiziert [39 Schließungen, 38 Teilschließungen]. [...] Trotz der Gewerkschafterausbildungen [...], kommt es weiterhin zu Entlassungen nach Demonstrationen und Streiks. Der Mindestlohn wurde zwar ebenfalls erhöht, ist jedoch gemessen am nationalen Durchschnittseinkommen [...] weiterhin niedrig. [...] Verbesserte Arbeitsbedingungen und höhere Löhne führen zu erhöhten Produktionskosten, die sich auch in höheren Produktpreisen niederschlagen können. Da auf dem Textilmarkt der Preis oft ein zentrales Kaufkriterium ist, und die Maximierung des Gewinns ein zentraler Teil zahlreicher Unternehmensstrategien, versuchen viele Firmen weiter, möglichst günstig zu produzieren. Infolge können lokal begrenzte Arbeitsstandards wie in Bangladesch dazu führen, dass Firmen abwandern und ihre Produktion in anderen Ländern fortsetzen. [...].

Quelle: Vor fünf Jahren: Textilfabrik Rana Plaza in Bangladesch eingestürzt. Bundeszentrale für politische Bildung (bpb). Politik: Hintergrund aktuell 23.04.2018

M 7 Quellentext zu den Folgen des Rana Plaza-Unglücks

„Fabrikbesitzer wollen den Profit maximieren. So werden sie bei Sicherheitsfragen an allen Ecken und Enden sparen, bei der Belüftung, den sanitären Einrichtungen. Sie werden Überstunden nicht bezahlen oder Hilfen leisten bei Verletzungen. Sie treiben die Arbeitskräfte unnachgiebig an, weil sie keine Deadlines verpassen und die bereits bezahlte Luftfracht verlieren wollen, was die Rentabilität des Betriebs gefährden kann. Die Arbeiter haben keine Gewerkschaften, sodass sie keine Mitbestimmungsrechte haben. Daran sind zum Teil auch die Marken-Einzelhändler schuld, die die Massenbestellungen aufgeben und sagen: ‚Vergrößere deine Produktionslinien, weil es eine große Bestellung ist, und verbessere deine Gewinnspannen.' Schon zwei bis drei Cent können einen Unterschied ausmachen, aber diese Unternehmen wollen nicht die Einhaltung von Arbeiterrechten und Sicherheitsbestimmungen in ihrer Kalkulation berücksichtigen."

Quelle: Human Right Watch: Whoever raises their Dead suffers the most. 2015

M 9 Zitat eines Besitzers einer Bekleidungsfabrik in Bangladesch

M 10 Rettungsarbeiten nach dem Rana-Plaza-Unglück 2013

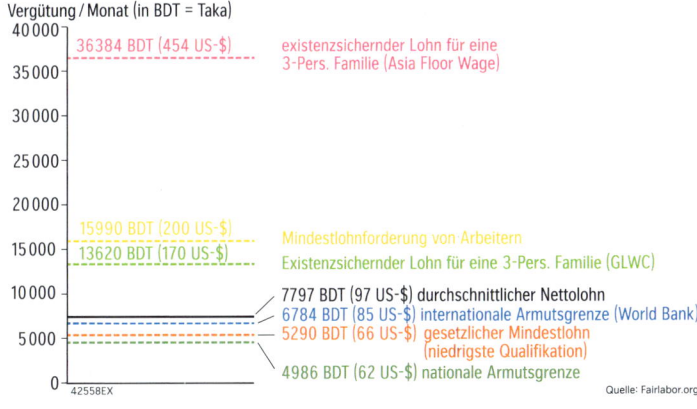

Vergütung / Monat (in BDT = Taka)

36384 BDT (454 US-$) existenzsichernder Lohn für eine 3-Pers. Familie (Asia Floor Wage)

15990 BDT (200 US-$) Mindestlohnforderung von Arbeitern
13620 BDT (170 US-$) Existenzsichernder Lohn für eine 3-Pers. Familie (GLWC)

7797 BDT (97 US-$) durchschnittlicher Nettolohn
6784 BDT (85 US-$) internationale Armutsgrenze (World Bank)
5290 BDT (66 US-$) gesetzlicher Mindestlohn (niedrigste Qualifikation)
4986 BDT (62 US-$) nationale Armutsgrenze

Quelle: Fairlabor.org

M 11 Lücke zwischen Mindest- und existenzsicherndem Lohn*

3.4 Die indische IT-Industrie

In den letzten Jahrzehnten entwickelte sich die Informationstechnologie und die damit in Verbindung stehenden Dienstleistungen weltweit zu einem der am rasantesten wachsenden Wirtschaftsbereiche. Auch in Südasien besitzt die IT-Industrie heute eine enorme Bedeutung, gerade in ihren globalen Verflechtungen. Besonders Indien beansprucht einen der führenden Plätze als Standort für weltweite IT-Aktivitäten. Noch profitieren die indischen IT-Unternehmen von bestimmten Wettbewerbsvorteilen. Doch sie müssen sich zunehmend internationaler Konkurrenz erwehren.

1. Beschreiben Sie die räumlichen Schwerpunkte der indischen IT-Industrie (M3).
2. a) Stellen Sie die Struktur und die Entwicklung der indischen IT-Branche dar (M1, M2, M4, M8).
   b) Erläutern Sie die Voraussetzungen für diese Entwicklung (M5).
3. Begründen Sie den hohen Exportanteil des IT-ITeS-Sektors (M2, M4, M7 – M9).
4. Erläutern Sie die sich verändernde Position indischer IT-Unternehmen im Rahmen der globalen Verflechtung (M8, M10).
5. Vergleichen Sie die indische IT-Industrie mit der ihrer südasiatischen Nachbarn (M9).
6. Beurteilen Sie die Zukunftsfähigkeit der indischen IT-Industrie vor dem Hintergrund der in M8 aufgezeigten Probleme.

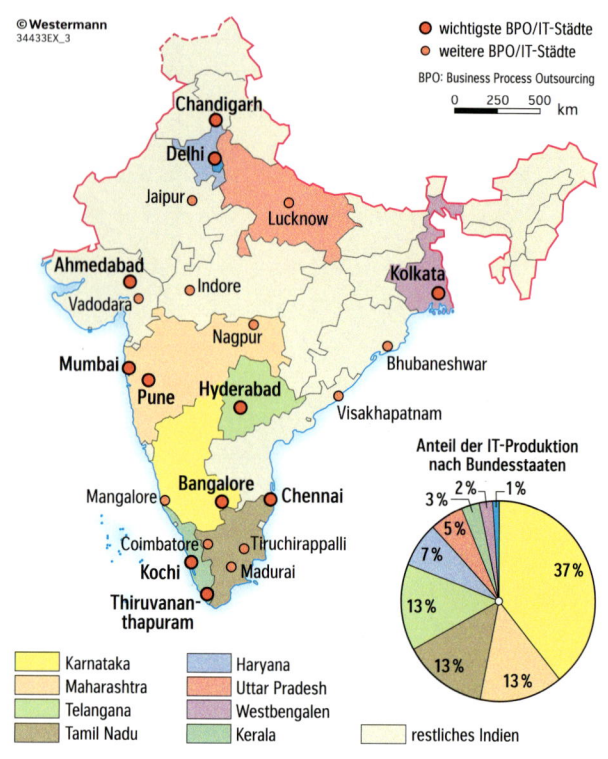

M3 Standorte der indischen IT-Industrie (2017)

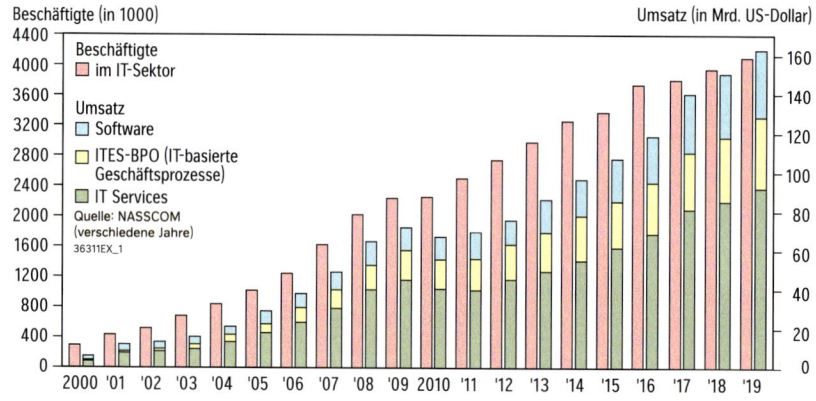

M1 Entwicklung des indischen IT-Sektors (2000 – 2019)

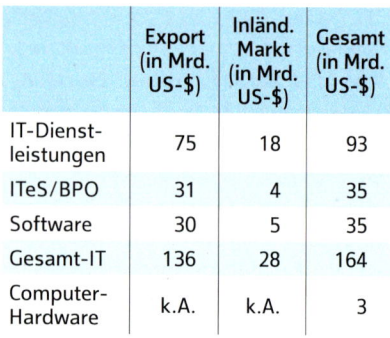

	Export (in Mrd. US-$)	Inländ. Markt (in Mrd. US-$)	Gesamt (in Mrd. US-$)
IT-Dienstleistungen	75	18	93
ITeS/BPO	31	4	35
Software	30	5	35
Gesamt-IT	136	28	164
Computer-Hardware	k.A.	k.A.	3

Quelle: Ministry of Electronics and Information Technology

M4 Produktion der IT-ITeS-Branche in Indien (2018/2019)

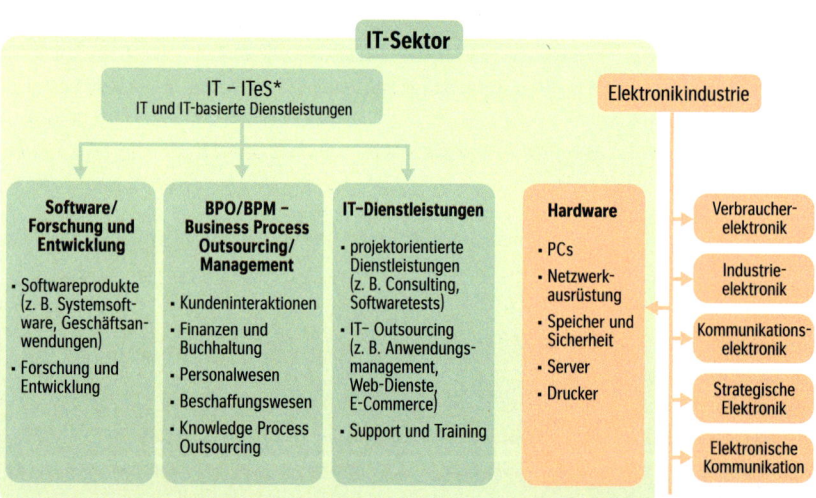

* Information Technology enabled Services

M2 Struktur des IT-Sektors in Indien

- Wirtschaftliche Liberalisierung in den 1990er-Jahren,
- große Anzahl gut ausgebildeter Arbeitskräfte mit guten Englischkenntnissen,
- niedriges Lohnniveau,
- Gründung von Elitehochschulen (z. B. Indian Institute of Technology),
- Förderung der IT und Elektroindustrie als Schlüsselbereich mit zahlreichen Projekten, staatlich geförderte Technologieparks mit Steuerermäßigungen,
- Fachkräftemangel in Industrieländern,
- technische Entwicklungen wie Internet und Mobiltelefonie,
- Initialzündung durch Behebung des Millennium-Bugs und der Euro-Umstellung

M5 Faktoren bei der Entwicklung der IT-Industrie in Indien

M 6 Großraumbüro in einem indischen IT-Unternehmen

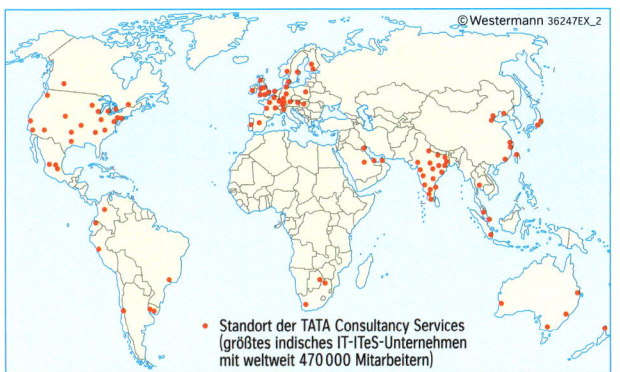

©Westermann 36247EX_2

• Standort der TATA Consultancy Services (größtes indisches IT-ITeS-Unternehmen mit weltweit 470 000 Mitarbeitern)

M 10 Weltweite Standorte von TATA Consultancy Services

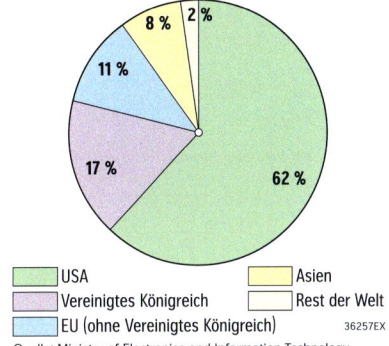

USA
Vereinigtes Königreich
EU (ohne Vereinigtes Königreich)
Asien
Rest der Welt
36257EX

Quelle: Ministry of Electronics and Information Technology

M 7 Regionale Verteilung der indischen IT-ITeS-Exporte (2018/2019)

	Bangladesch	Indien	Pakistan	Sri Lanka
IT-Gesamtertrag (in Mio. US-$)	1 030	164 000	k. A.	1 200
IT-Exporteinkünfte (in Mio. US-$)	802	136 000	1190	719
Anteil am Export von Dienstleistungen	8,1 %	30,2 %	22,2 %	14,1 %
Zahl der Beschäftigten	126 000	4 140 000	k. A.	80 000
Frauenanteil in IT-Industrie	30 %	34 %	k. A.	37 %
IKT-Export (in Mio. US-$)	2870	6920	1320	114
IKT-Anteil am Gesamtexport	6,8 %	1,3 %	4,5 %	0,6 %
Mittleres Lohnniveau der IT-Branchen im Vergleich zu den USA (100 %)	19 %	23 %	15 %	14 %
Anteil Internetnutzer in Bevölkerung	13 %	35 %	17 %	34 %

IKT = Informations- und Kommunikationstechnik   Quellen: World Bank, UNCTAD, Harvard University, IT-ITeS Industry Statistics of Bangladesh, Ministry of Electronis and Information Technology (Indien), State Bank of Pakistan

M 9 Kenndaten des IT-ITeS-Sektors in Südasien (2018/2019)

In den vergangenen Jahrzehnten hat sich die IT-Industrie in Indien rasant entwickelt. Anfang der 1980er-Jahre erledigten Firmen vor allem arbeitsintensive Aufgaben wie die Kodierung von Software für Kunden in Amerika und Europa. Dafür wurden indischen Ingenieure für eine bestimmte Zeit zu den Auftraggebern entsandt – das Geschäftsmodell wurde als Body Shopping bekannt. Gleichzeitig begannen US-Konzerne wie Texas Instruments oder Citibank aufgrund der niedrigen Lohnkosten eigene Software-Entwicklungszentren in Indien einzurichten.

Die frühen 1990er-Jahre sind geprägt vom Aufbau indischer „Software Fabriken", die Aufträge von großen ausländischen Unternehmen annahmen. Mit der Verbesserung der Telekommunikationsverbindungen und der Einführung internationaler Qualitätsstandards für Software [...] wurden immer mehr Entwicklungsprojekte nach Indien verlagert. Die indischen Unternehmen bauten zudem globale Vertriebssysteme auf, die es ihnen ermöglichten, nach Amerika und Europa zu expandieren und die Kunden über dort eingerichteten Außenstellen zielgerichtet und zeitnah zu bedienen [M 10]. Um die Jahrtausendwende kamen neue Geschäftsfelder hinzu, als multinationale Unternehmen damit begannen, Teile ihrer Dienstleistungs- und Entwicklungssparten (Backroom Operations) nach Indien zu verlagern. Angezogen wurden sie von niedrigen Kosten und der großen Zahl verfügbarer Arbeitskräfte. [...] Derzeit dominieren drei Bereiche die indische IT-Industrie – die Entwicklung kundenspezifischer Software und Software-Dienstleistungen; die Auslagerung von Geschäftsprozessen (Business Process Outsourcing, BPO); Forschung und Entwicklung (Research and Development, R&D) sowie Ingenieurdienstleistungen (Engineering Services). Im vierten Bereich – bei der Entwicklung von Produktsoftware – gibt es noch Luft nach oben. [...] Da der Erfolg der indischen IT-Industrie vor allem von Exporten anhängt, beeinflussen Veränderungen der Weltwirtschaft – etwa schwankende Ausgaben der Unternehmen im IT-Bereich – die Geschäfte ganz

unmittelbar. [...] Auch auf den Philippinen, in China, Vietnam, Polen, Ungarn, Mexiko, Brasilien oder Ägypten werden relativ niedrige Löhne für gut ausgebildete Angestellte bezahlt. Zudem locken die dortigen Regierungen Firmen mit zahlreichen Vergünstigungen.
Quelle: Dinesh C. Sharma: Indiens IT-Industrie. bpb Dossier Indien 25.3.2014

Der Schwerpunkt der IT-Dienstleistungen verändert sich weltweit. Nachgefragte Dienste sind unter anderem Cloud-Lösungen, Software, Künstliche Intelligenz sowie Datenanalyse. [...] Die Hauptbereiche der indischen IT-Betriebe [...] werden zunehmend automatisiert und müssen künftig mit sinkenden Erträgen rechnen. [...] Die sieben größten IT-Firmen Indiens [mussten] 2017/18 mindestens 56 000 Mitarbeiter entlassen. Hierbei handelt es sich zum größten Teil um Tätigkeiten geringqualifizierter Beschäftigter. Nach einer Studie von HFS Research werden bis 2020 weltweit rund ein Drittel dieser Arbeitnehmer ihre Jobs in der IT-Industrie verlieren.

Damit Indien allerdings weiterhin konkurrenzfähig bleibt, sind Investitionen in Neuentwicklungen und Innovationen erforderlich. [...] „Es gibt erfolgreiche neue Produkte auf dem Subkontinent. Häufig aber sind das eigentlich globale Modelle oder lokale Klone mit minimaler Innovation", sagt [ein IT-Experte] [...]

Weitreichende Reformen sind auch seitens der Regierung gefragt. [...] Der Anteil an Ausgaben für Forschung und Entwicklung in Indien ist gemessen am Bruttoinlandsprodukt (BIP) mit rund 0,7 Prozent niedrig und seit Jahren nahezu unverändert (zum Vergleich: Anteil in China 2,1 % und in Deutschland 3 %). [...] Zwar verfügt Indien über Eliteuniversitäten wie die Indian Institutes of Technology (IIT) und die Indian Institutes of Management (IIM), die weltweit einen ausgezeichneten Ruf genießen. Mehr als 90 Prozent der Universitäten bleiben aber weit hinter dieser Ausbildungsqualität zurück.
Quelle: Indischer IT-Sektor im Umbruch. GTAI 26.2.2019

M 8 Quellentexte zur indischen IT-Industrie

3.5 Tourismus auf den Malediven

„Die Malediven bieten alles, wovon stressgeplagte Urlauber träumen: reine Luft, unberührte Natur und das Leben präsentiert sich in einer Unbeschwertheit wie das tanzende Glitzern auf den Wogen des türkisblauen Meeres." Trotz knapp 8000 km Entfernung haben auch die meisten deutschen Reiseanbieter die Malediven im Angebot. Dort begann der Tourismus Anfang der 1970er-Jahre, als die ersten beiden Resorts eröffneten. In der Folgezeit verpachtete die Regierung immer mehr der rund 1000 unbewohnten Inseln und Atollen zur Entwicklung meist luxuriöser Hotelanlagen. Mittlerweile trägt der Tourismus ein Viertel zum maledivischen Bruttoinlandsprodukt bei. Allerdings befindet sich die Tourismusindustrie in hoher Abhängigkeit von ausländischem Kapital und Arbeitskräften. Inwieweit können auch die Malediver von dem touristischen Boom profitieren?

1. Beschreiben Sie das touristische Potenzial der Malediven.
2. Erläutern Sie die Entwicklung der Malediven als globales Reiseziel anhand der Herkunft der Touristen (M1).
3. Charakterisieren Sie die Tourismusformen und ihre Entwicklung (M2, M4).
4. Analysieren Sie die räumliche Verteilung der Resort-Angebote und ihre Entwicklung anhand des Kartogramms M3.
5. Erläutern Sie die touristische Infrastruktur der Resort-Insel Veligandu Huraa und ihrer Nachbarinseln (M5, M6, M8, M9, M11).
6. Beurteilen Sie die Möglichkeiten der Bewohner der Malediven, vom Tourismus auf ihren Inseln zu profitieren (M7, M10).
7. Erörtern Sie den Tourismus auf den Malediven, auch vor dem Hintergrund fehlender Entwicklungsalternativen, der Corona-Pademie und des Klimawandels.

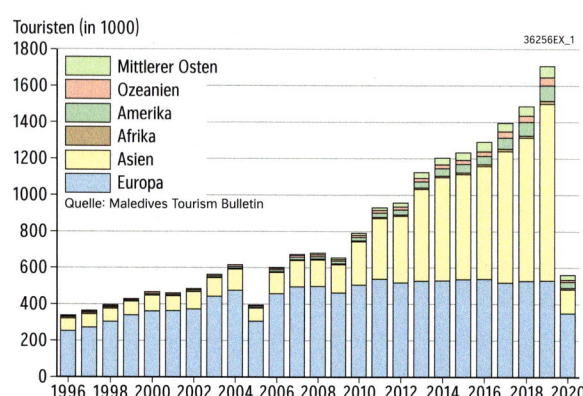

M1 Malediven: Touristen nach Herkunftsregion (1996 – 2020)

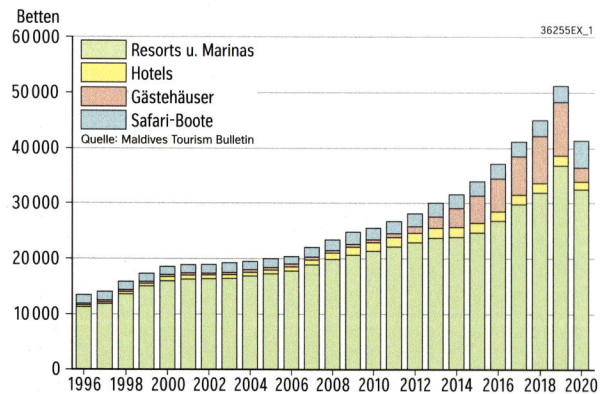

M2 Malediven: Bettenkapazität nach Art der Unterkunft (1996 – 2020)

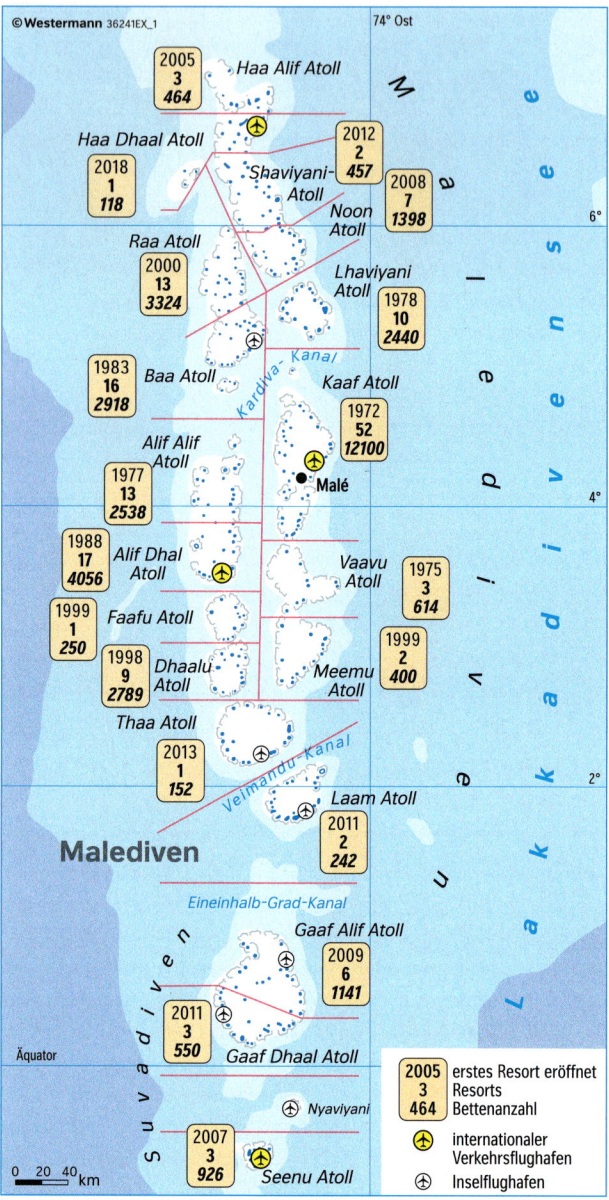

M3 Malediven (Daten: Stand 2019)

- Internationale Besucher übernachteten zu 75 Prozent in Resorts, zu 22 Prozent in Hotels und Pensionen und zu drei Prozent auf Safaribooten (für Tauchrundfahrten).
- Um vom internationalen Flughafen an ihren Aufenthaltsort zu kommen, benutzten 49 Prozent ein Schnellboot (speedboat), 30 Prozent ein Wasserflugzeug, 15 Prozent einen Inlandsflug und sechs Prozent eine öffentliche Fähre.
- 36 Prozent der internationalen Touristen hatten „all inclusive" gebucht, 22 Prozent Vollpension, 22 Prozent Halbpension, 18 Prozent Bed & Breakfast und zwei Prozent nur die Unterkunft.
- Die Europäer, aber auch die Chinesen, suchten in erster Linie Ruhe und Entspannung; Inder, Japaner und Saudis führte mehrheitlich ihre Hochzeitsreise auf die Malediven; Tauchen spielte vor allem für Italiener und Amerikaner eine wichtige Rolle.
- 58 Prozent blieben zwischen vier und sieben Nächten; deutsche Besucher blieben im Mittel neun Nächte.
- 26 Prozent aller Besucher, aber 63 Prozent der Schweizer und 43 Prozent der Italiener und Deutschen waren zum wiederholten Mal auf den Malediven.

Quelle: Ministry of Tourism: Maldives Visitor Survey February 2017

M4 Touristenbefragung 2017 auf den Malediven

Die Resorts auf den Inseln Dhigufinolhu (heute über 110 Villas und Suiten) und Veligandu Huraa (über 67 über dem Wasser gebauten Bungalows) des Süd-Malé-Atolls sind seit den 1980er-Jahren in Betrieb. Auf der dritten Insel Bodu Huraa eröffnete 1998 ein Resort (über 20 Residenzen mit Swimming Pools). Pächter wie Betreiber sind Gesellschaften mit Sitz auf den Malediven, jedoch mit internationalen Verflechtungen. Nach der Schließung 2005 aufgrund von Tsunami-Schäden eröffneten die Resorts 2008 wieder. Das Management aller drei Insel-Resorts liegt jetzt in der Hand einer in Thailand ansässigen Holding unter der 2001 ins Leben gerufenen Marke Anantara.

M 5   Resort-Inseln des Süd-Malé-Atolls

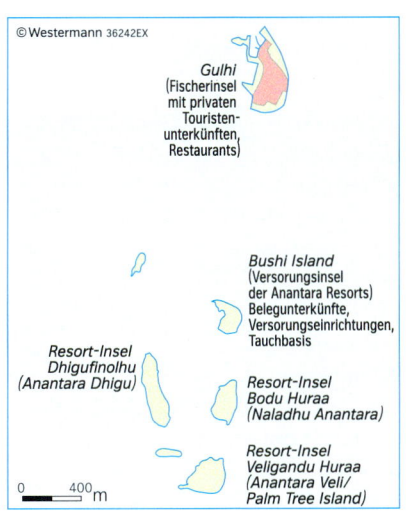

M 8   Insel Gulhi und Tourist Resorts

M 11   Überwasser-Bungalows

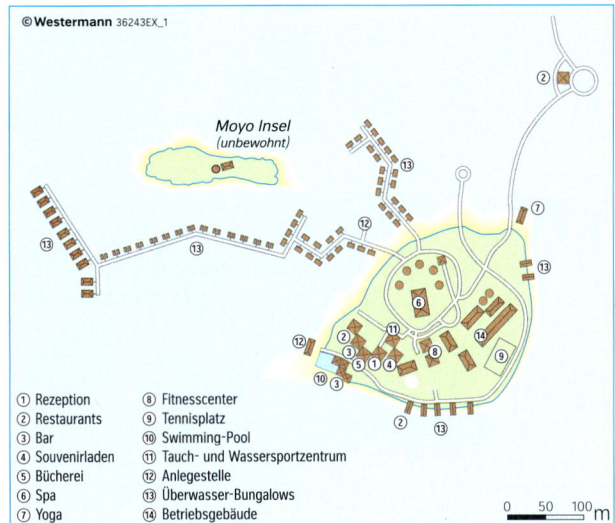

① Rezeption
② Restaurants
③ Bar
④ Souvenirladen
⑤ Bücherei
⑥ Spa
⑦ Yoga
⑧ Fitnesscenter
⑨ Tennisplatz
⑩ Swimming-Pool
⑪ Tauch- und Wassersportzentrum
⑫ Anlegestelle
⑬ Überwasser-Bungalows
⑭ Betriebsgebäude

M 6   Resort-Insel Veligandu Huraa (Anantara Veli), Süd-Malé-Atoll auf den Malediven

M 9   Kleine Resort-Insel auf den Malediven

Einnahmen	
BIP gesamt (US-$)	5004 Mio.
Anteil des Tourismus (gesamt) am BIP	26,3 %
Anteil Resorttourismus am BIP	22,8 %
Staatseinnahmen gesamt (US-$)	1091 Mio.
Anteil des Tourismus an Staatseinnahmen	33,6 %
Arbeitskräfte	
Anzahl der berufstätigen Malediver[1]	181 144
Arbeitslosenrate[1]	5,3 %
Unterbeschäftigungsrate[1]	14,0 %
Anzahl der ausländischen Arbeitskräfte	157 560
davon	
aus Bangladesch	70,0 %
aus Indien	13,0 %
aus Sri Lanka	7,0 %
Beschäftigte im Baugewerbe	43,3 %
Beschäftigte im Tourismussektor	15,8 %

Arbeitskräfte im Resorttourismus	gesamt	Männer	Frauen
Malediver	21332	45 %	3 %
Ausländer	23622	45 %	7 %
gesamt	44954	90 %	10 %

[1] Bezug: Haushalte auf administrativen Inseln, nicht Resortinseln Quelle: Maledives Statistical Yearbook 2020,Household Income and Expenditure Survey 2019

M 7   Wirtschaftliche Bedeutung des Tourismus (2019)

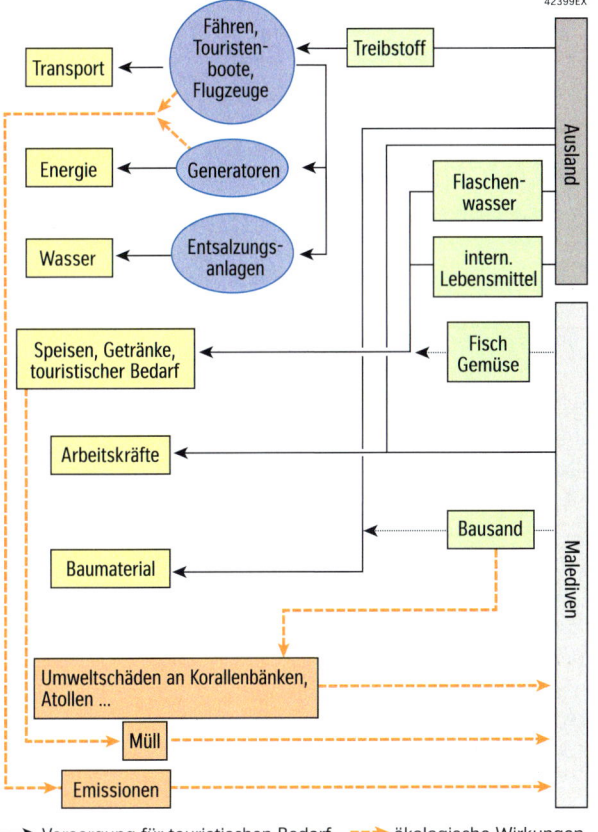

→ Versorgung für touristischen Bedarf   ---→ ökologische Wirkungen

M 10   Tourismus: wirtschaftliche Verflechtung

3.6 Globale Verflechtungen: Außenhandel, SWZ und ADI

Traditionell findet ein Austausch zwischen Volkswirtschaften über den Außenhandel mit Gütern statt. In Zeiten der Globalisierung* ist jedoch auch Kapital mobil. Weltweit investieren Unternehmen in andere Unternehmen. Zahlreiche Regierungen – auch in Südasien – sind bestrebt, über das Einwerben ausländischen Kapitals (ausländische Direktinvestitionen*, ADI) – beispielsweise durch die Einrichtung von Sonderwirtschaftszonen* (SWZ) mit speziellen Anreizen – ihre wirtschaftliche Entwicklung voranzutreiben. Nicht für alle Beteiligten scheint eine solche Politik jedoch von Vorteil zu sein.

1. a) Vergleichen Sie die Export- und Importstruktur und die Handelspartner in Indien, Pakistan und Bangladesch (M3).
   b) Analysieren Sie die Ex- und Importstruktur von Pakistan und Bangladesch (M3) vor dem Hintergrund der Angaben in M4.
2. Analysieren Sie die Entwicklung der indischen Handelsbilanz (M7).
3. a) Erläutern Sie die wirtschaftspolitische Strategie, ausländische Direktinvestitionen durch SWZ anzulocken (M5, M10).
   b) Vergleichen Sie diese Aktivitäten der südasiatischen Länder (M2).
   c) Erörtern Sie den Nutzen und die Gefahren von SWZ (M6).
4. Analysieren Sie die ADI und die Ausrichtung der SWZ in Indien (M8, M5).
5. Die SWOT-Analyse M11 soll deutschen Unternehmen helfen, die in Indien investieren wollen. Erörtern Sie die Investition eines Automobilunternehmens, das in Indien Autos produzieren möchte (auch M6).

	Zeitliche Entwicklung	Zahl der Zonen
Bangladesch	1983 – 1998 2020	2 EPZ 55 staatl., 11 priv. WZ, 8 EPZ
Bhutan	2020	4 SWZ in Planung
Indien	1965 – 2008 2020	15 EPZ 265 operative SWZ
Malediven	2014 – 2020	1 SWZ in Planung
Nepal	Seit 2000 2020	Erste SWZ in Planung 14 SWZ in Bau od. Planung
Pakistan	1980 – 2020	7 EPZ, nur z. T. operativ + 9 SWZ im Rahmen des CPEC (vgl. Kap 3.8)
Sri Lanka	1978 - 2020	14 EPZ in Betrieb

M2 Exportproduktions- (EPZ) und Sonderwirtschaftszonen (SWZ)

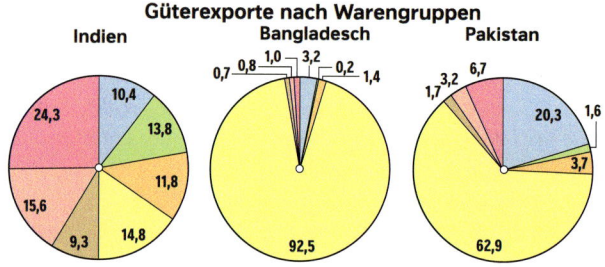

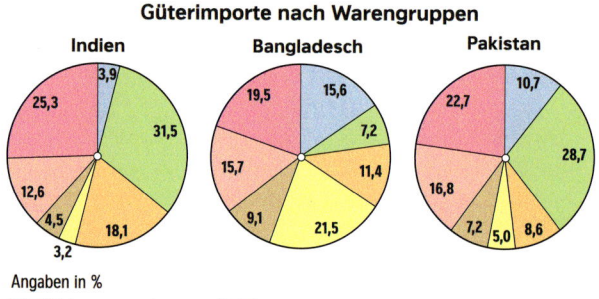

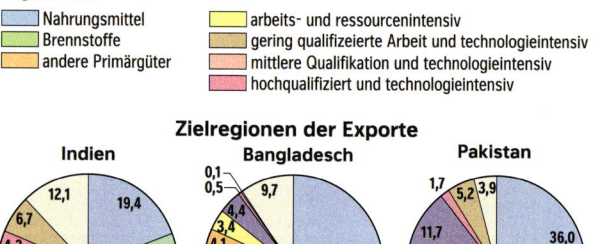

M3 Warenexporte und -importe sowie Zielregionen der Exporte von Indien, Pakistan und Bangladesch (2019)

Sonderwirtschaftszonen [SWZs] werden im Allgemeinen definiert als Industrieenklaven, die Vorzugsbedingungen für das exportorientierte verarbeitende Gewerbe genießen. Über die Zeit hat sich jedoch das SWZ-Modell weiterentwickelt, was Ziele, Vorzugsbedingungen, politische Steuerung und Koordination, Eigentum und Standorte betrifft. Neue Arten von Zonen entstanden und wurden unter die Kategorie SWZ zusammengefasst. [...] Indien war das erste asiatische Land, das seine eigene Exportproduktionszone in Kandia 1965 einrichtete. [...] Bis 1975 besaßen 29 Länder 79 SWZ weltweit. Fast alle davon waren eingezäunte Industriegebiete. [...] In der ersten Phase der Entwicklung [der SWZs] wurden sie von arbeitsintensiven Industrien bei niedrigen Lohnkosten dominiert. [...] Bei einer Modernisierung der Wirtschaft begannen sie technische Konsumgüter wie Radios, Taschenrechner und Armbanduhren anzuziehen. Als die Wirtschaft sich weiter entwickelte, verlagerten sie sich auf die Produktion qualifikationsintensiver chemischer und technischer Güter und bildeten den Typ von SWZs der zweiten Generation heraus. Schließlich veränderten sie sich in Richtung auf die dritte Generation mit hochtechnologie-intensiven Produktionsgüterindustrien. Während der bedeutendste Beitrag der Zonen der ersten Generation die Verminderung der Arbeitslosigkeit und die Schaffung von Devisen* war, dienten die Zonen der zweiten Generation der Aufwertung des Humankapitals und der Exportdiversifikation*. Die SWZs der dritten Generation trugen bedeutend zur Schaffung, dem Transfer und der Verbreitung von Technologie bei. Diesen folgen dann Dienstleistungszonen.

Quelle: Aradhna Aggarwal: Economic impacts of SEZs: Theoretical approaches and analysis of newly notified SEZs in India. MPRA 2010, S. 2, 5, 6 (Übers. G. S.)

M1 Quellentext zu Sonderwirtschaftszonen*

		Bangladesch		Indien		Pakistan	
		in Mrd. US-$	in %	in Mrd. US-$	in %	in Mrd. US-$	in %
Export	Textilien[1]	31,5	81,7	36,5	11,3	14,2	59,7
	• Textilfasern	1,8	4,6	17,2	5,3	7,7	32,4
Import	Textilien[1]	14,5	24,6	8,6	1,8	2,9	5,9
	• Textilfasern	10,2	17,2	4,7	1,0	1,3	2,7

[1] Textilfasern, Garne und Stoffe Quelle: UNCTAD

M4 Ex- und Importe von Textilfasern, Garnen und Stoffen (2019)

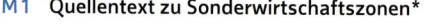

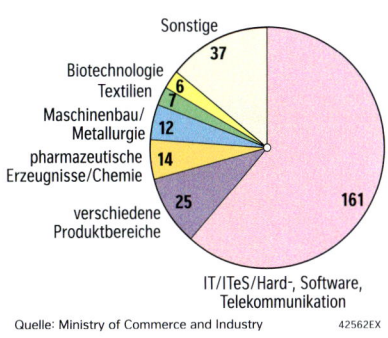

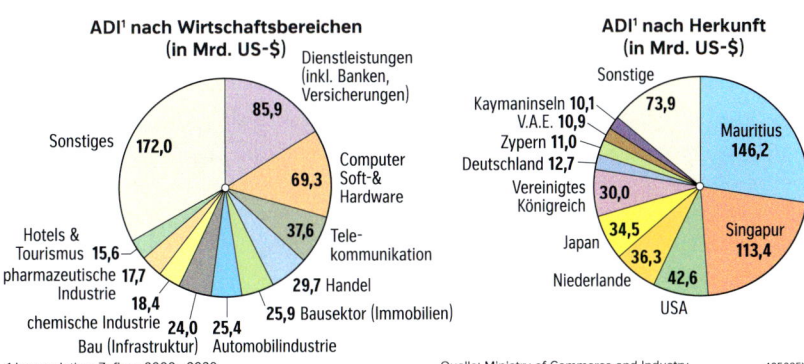

M 5 Zahl der indischen SWZ nach Sektorzugehörigkeit (2020)

Quelle: Ministry of Commerce and Industry   42562EX

M 8 Ausländische Direktinvestitionen in Indien (2020)

1 kummulativer Zufluss 2000–2020

Quelle: Ministry of Commerce and Industry   42563EX

Um den Mängeln abzuhelfen, die aus einer Vielzahl von Kontrollen und Freigabeerfordernissen, dem Fehlen einer Infrastruktur von Weltformat und einem unstabilen Steuersystem resultierten, und mit der Perspektive, größere ausländische Direktinvestitionen anzuziehen, wurde im April 2000 das politische Konzept der Sonderwirtschaftszonen (SWZ) verkündet. Die SWZ sollten so Motor für Wirtschaftswachstum werden, unterstützt durch hochwertige Infrastruktur und ergänzt von einem attraktiven fiskalischen Paket, sowohl auf der Ebene des Zentrums wie der Bundesstaaten, mit der kleinstmöglichen Zahl von Regularien. [...] Es wird erwartet, dass dies einen großen Fluss von ausländischen und inländischen Investitionen in die SWZ in Infrastruktur und Produktionskapazität auslöst und so zusätzliche Wirtschaftsaktivitäten hervorruft und Arbeitsplätze schafft. Den Regierungen der Bundesstaaten wird dabei die Schlüsselrolle bei der Exportförderung und der Schaffung der notwendigen Infrastruktur zugewiesen.

Quelle: Ministry of Commerce & Industry: Special Economic Zones in India.

Indien gilt [...] als eines der Länder, die besonders schwierig sind für neue Investoren [...]. Jede Abrechnung, jeder Vertrag, jedes Gespräch kann kompliziert werden. Es gibt Sprachbarrieren und Kulturbarrieren, dazu klagen die meisten Unternehmen in Indien immer noch über eine aus ihrer Sicht maximale Bürokratie. [...] Derzeit sind 1800 deutsche Unternehmen in Indien aktiv – einem Markt mit bald 1,3 Milliarden Menschen, in dem enormes Potenzial steckt: Rund 300 Millionen Menschen besitzen Smartphones, das dürfte in etwa auch die Zahl derjenigen sein, die genug Geld zum Konsumieren haben. Jeden Monat werden es mehr. „Es wird viel in die Infrastruktur investiert, es geht um Häfen, es geht um Straßen, und ich denke, dass mit der großen Menge an Konsumenten Indien ein Markt ist, den man nicht vernachlässigen kann, auch als deutsches Unternehmen," [meint ein Investor].

Quelle: Jürgen Webermann: Schwieriger Standort mit großem Potenzial. DLF 27.5.17

M 6 Quellentexte zu Sonderwirtschaftszonen und ADI in Indien

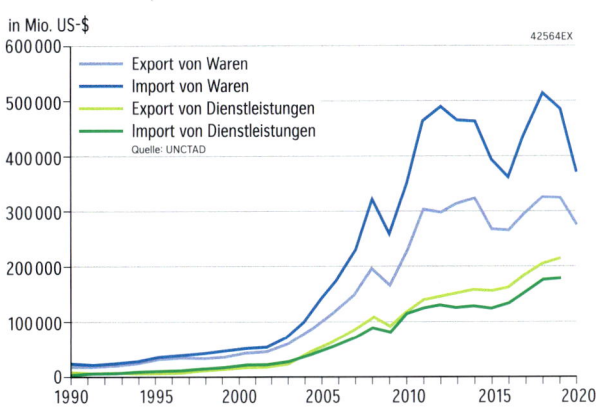

M 7 Indien: Export und Import von Waren und Dienstleistungen

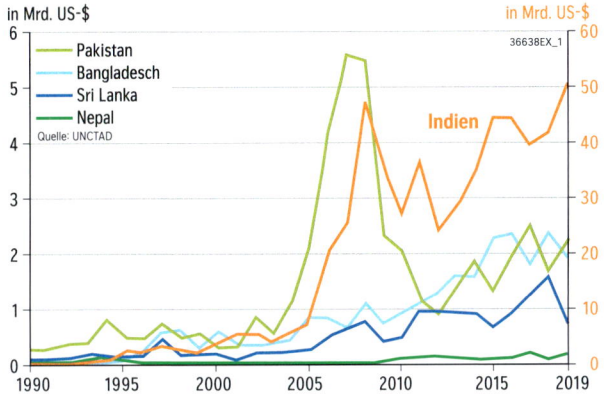

M 9 Ausländische Direktinvestitionen (1990–2019)

Ausländische Direktinvestitionen sind direkte Kapitalzuflüsse aus einem anderen Staat zum Zweck einer Investition, d. h. um wirtschaftlichen Gewinn zu erzielen. Dies kann durch Immobilienerwerb, Gründung von Auslandsniederlassungen oder Tochterunternehmen oder aber die Übernahme von Geschäftsanteilen erfolgen. Eingeschlossen sind auch reinvestierte Gewinne. Der Investor besitzt die Kontrolle oder zumindest einen bedeutenden Einfluss auf das Management des Unternehmens. Der einfache Besitz von Aktien ausländischer Unternehmen, um Renditen zu erzielen, zählt nicht dazu. Verbunden mit den ADI sind in der Regel auch ein Wissens- und Technologietransfer.

M 10 Ausländische Direktinvestitionen

Stärken (Strength)	Schwächen (Weakness)
breite industrielle Basis	bürokratische Hürden
westlich orientiertes Rechtssystem	Rechtsdurchsetzung kann langwierig sein
reformwillige Regierung	mangelhafte Infrastruktur
wettbewerbsfähiges Lohnniveau	Importabhängigkeit bei Vorprodukten und Rohstoffen
große Anzahl Hochschulabsolventen	niedrige Produktivität in der Industrie
Chancen (Opportunities)	**Risiken (Threads)**
junge, konsumfreudige Bevölkerung	wachsende Staatsverschuldung
Modernisierung der Infrastruktur	ungelöste Krise im Finanzsektor
Investitionsanreize für Industrieansiedlungen	geringes Wirtschaftswachstum belastet Arbeitsmarkt
Einbindung in globale Wirtschaftsketten wächst	Planungsunsicherheit durch schwankende Rohstoffpreise
indische Unternehmen an internationalen Kooperationen und Wissenstransfer interessiert	Handelskonflikt mit den USA

M 11 SWOT-Analyse für deutsche Investoren in Indien (GTAI 2020)

3.7 Pakistan an der neuen Seidenstraße

Der Ausbau der Verkehrs- aber auch der Energie- und Kommunikationsinfrastruktur kann positive Auswirkungen auf die Wirtschaftsentwicklung in einer Region haben. In Pakistan wurden in den letzten Jahren zahlreiche Infrastrukturprojekte begonnen. Sie gehören zum China-Pakistan Economic Corridor (CPEC), der Teil der chinesischen Seidenstraße-Initiative (Belt and Road Initiative, BRI) ist, und werden durch chinesische Kredite finanziert und oft von chinesischen Unternehmen ausgeführt. Auch in Südost-, Zentral- und Westasien sollen Entwicklungskorridore entstehen. Es überrascht nicht, dass diese chinesischen Entwicklungsprojekte immer auch chinesische Interessen verfolgen.

1. Beschreiben Sie die räumlichen Schwerpunkte der chinesischen Seidenstraßen-Initiative (M2).
2. Erklären Sie den Unterschied zwischen dem Konzept eines Transport- und eines Entwicklungskorridors (M3).
3. a) Erläutern Sie die pakistanischen Motive an dem China-Pakistan Economic Corridor (CPEC; M1).
   b) Fassen Sie die Schwerpunkte des CPEC zusammen (M6).
4. a) Erklären Sie das Interesse Chinas am Ausbau der Infrastruktur in Pakistan (M1.)
   b) Erklären Sie die strategische Bedeutung des Hafen Gwadar und des Karakorum Highways (M5, M8).
5. Erörtern Sie die Erfolgschancen des CPEC für Pakistan (M9).

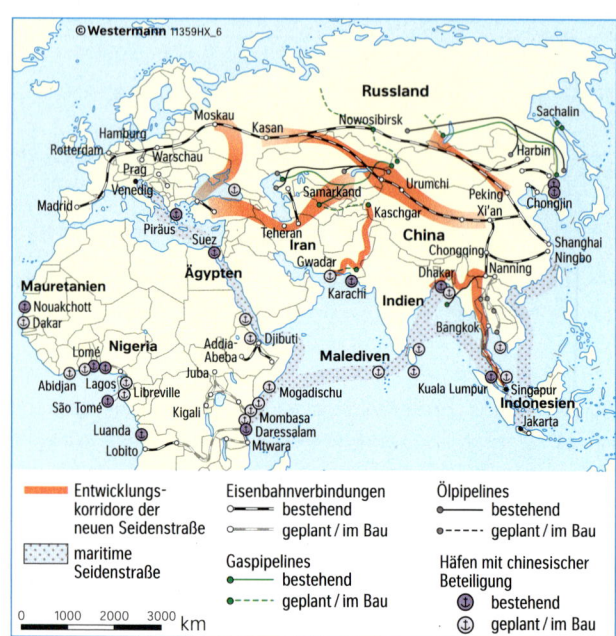

M2   Chinesische Seidenstraße-Initiative

Den Plänen für einen Entwicklungskorridor zwischen Pakistan und China ging Chinas „Belt and Road Initiative" voraus. Das Projekt wurde erstmals im Sommer 2013 angekündigt [...]. Der Schwerpunkt lag auf der Verbindung Chinas mit dem chinesisch-finanzierten pakistanischen Hafen Gwadar mittels Autobahn-, Eisenbahn- und Pipeline-Infrastruktur. Die Projektpläne hatten einen fünfjährigen Umsetzungshorizont, und die Summen, um die es ging – zwischen zehn und zwanzig Mrd. US-$ – waren im Vergleich zu Chinas aktuellen Ambitionen in Pakistan moderat.

Diese Aktivitäten wurden später als Teil des sogenannten „China-Pakistan Economic Corridor" (CPEC) umgestaltet, der erst im April 2015 [...] offiziell gestartet wurde. Der Schwerpunkt verlagerte sich auf die Stromerzeugung in Pakistan, und die geschätzten Kosten stiegen auf 46 Mrd. US-$. Die beiden Regierungen erstellten daraufhin einen „Langzeitplan", der 2017 begann und den geplanten Zeitrahmen für die Umsetzung bis 2030 drastisch erweiterte. Die prognostizierten Kosten stiegen auf 62 Mrd. US-$. [...] Durch CPEC versucht Islamabad, chinesisches Kapital, Produktionskapazitäten und Know-how zu nutzen, um Pakistans Infrastruktur zu verbessern und einen „Mechanismus für nachhaltiges Wirtschaftswachstum" aufzubauen. Im Gegenzug erhält Peking eine Verbindung zum Arabischen Meer, die eine alternative Handelsroute zur risikoreichen Straße von Malakka in Südostasien bietet. [...] Die chinesische Sichtweise ist, dass staatliche Investitionen in die Infrastruktur wirtschaftliches Wachstum, soziale Stabilität und ein verbessertes Sicherheitsumfeld schaffen. [...] Die Schaffung von Handelswegen und Nachfrage in Pakistan fördert aber auch die Entwicklung von Chinas eigenem westlichen Hinterland. [...] Bisweilen scheint die wirtschaftliche Begründung von CPEC im Widerspruch zu dem übergeordneten Ziel zu stehen, Pakistan Wohlstand zu bringen. Chinesische Unternehmen haben oft langfristige Verträge für den Betrieb von Straßen- und Energieinfrastruktur erhalten und kassieren Strom- oder Mautgebühren zu garantiert hohen Preisen. [...] Obwohl die Idee eines Transportkorridors im Mittelpunkt der internationalen Auf-

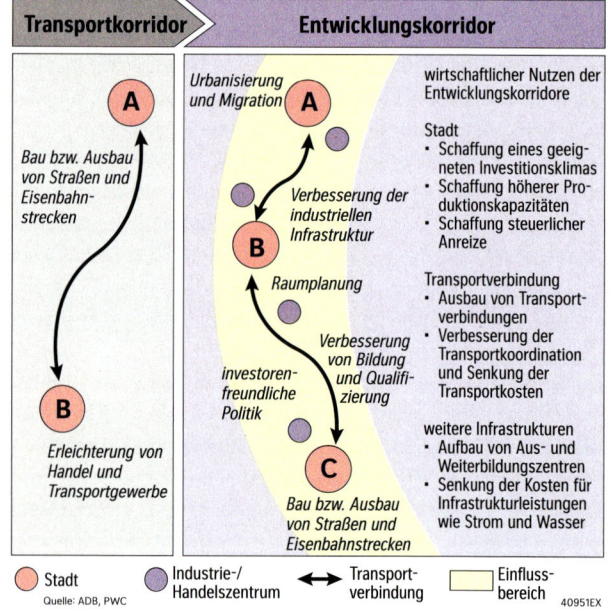

M3   Transport- und Entwicklungskorridor

merksamkeit steht, macht die Stromerzeugung den Großteil der bereits abgeschlossenen CPEC-Projekte aus. Dies schließt Solar-, Wasser- und Windkraftanlagen ein, aber die fossilen Kraftwerke machen etwa 60 Prozent der zusätzlichen Megawattleistung aus. [...].

Selbst nach fünf Jahren ist es schwierig, den Erfolg einer so ambitionierten Initiative wie CPEC zu beurteilen. 32 [...] Projekte wurden bis 2020 fertiggestellt, aber viele Projekte haben sich verzögert und überschritten das Budget. Es wäre also schwierig, zu behaupten, dass CPEC das Ziel des langfristigen Plans für 2020 erreicht hat, die „wichtigsten Engpässe für die wirtschaftliche und soziale Entwicklung Pakistans grundsätzlich angegangen" zu haben.

Quelle: Jacob Mardell: The BRI in Pakistan: China's flagship economic corridor. Mercator Institute for China Studies 20.5.2020 (Übers.: Thilo Girndt)

M1   Quellentext zum China-Pakistan Economic Corridors (CPEC)

M4   Karakoram Highway bei Abbottabad (2020)

M7   Bau des Tiefseehafens Gwadar (2017)

Die Belt and Road Initiative (BRI) [...] folgt einem klassischen [...] Ansatz, in dem Infrastrukturausbau eine Schlüsselrolle zur Erschließung peripherer Gebiete einnimmt. [...] Bergbauliche Ausbeutung einer Vielzahl mineralischer Rohstoffe von Arsen über Kupfer bis Marmor, [...] Laufwasserkraftwerke und Talsperren sind als punktuelle Wachstumspole [in der pakistanischen Hochgebirgsregion] geplant, die durch den Handelskorridor verkehrlich erschlossen werden. [...] Der Karakoram Highway ist das sichtbare Symbol [...], dessen Bau infolge des chinesisch-pakistanischen Grenzabkommens seit 1963 forciert wurde. Die Kredite für den „Friendship Highway" wurden kurze Zeit später seitens der chinesischen Geber kassiert, sodass Pakistan immens von dieser Infrastrukturmaßnahme profitierte. Gegenwärtig stellt sich die Situation vollkommen anders dar. Der heutige „Karakoram Highway 4.0" als Teilstück des CPEC ist die vierte verbesserte Version der Ursprungsstraße und wird wiederum von chinesischen Unternehmen gebaut. Für den heutigen Ausbau musste sich der pakistanische Staat gegenüber China hoch verschulden.

Quelle: Hermann Kreutzmann: Vom Karkoram Highway zur Neuen Seidenstraße. Geographische Rundschau 5/2020, S. 29–30

M5   Quellentext zum Karakoram Highway

Gwadar im Süden Pakistans ist eng mit China verbunden, denn die Volksrepublik investiert große Summen in diesen weit vom eigenen Staatsterritorium entfernt gelegenen Tiefseehafen am Arabischen Meer. [Er soll den Austausch von Rohstoffen und Gütern zwischen der ölreichen Golfregion und Chinas westlicher Provinz Xinjiang erleichtern.] Der Ausbau des Hafens Gwadar erfolgt phasenweise und soll am Ende einen Güterumschlag von 1 Mio. t jährlich erlauben. Ferner sollen mit Neu-Gwadar eine neue Wohnstadt, zudem Autobahnen, ein Flughafen, Gaspipelines und die Logistikstadt Al-Noor entstehen. Die Regierung Pakistans räumte Gwadar den Status eines Freihafens ein und übertrug das Gebiet für 40 Jahre der China Overseas Port Holding Company, die als Ausgleich für die Investitionen Chinas 91 Prozent aus den Einnahmen der Hafenaktivitäten erhält. Das krisengeschüttelte Pakistan wiederum verspricht sich vom chinesischen Engagement einen wirtschaftlichen Schub, insbesondere für Belutschistan, die größte und ärmste Provinz Pakistans, was zudem den latenten Unmut gegenüber der Zentralregierung reduzieren soll.

Quelle: Matthias Schmidt: Gwadar – strategischer Hafen. Geographische Rundschau 11/2018, S. 56

M8   Quellentext zum Tiefseehafen Gwadar

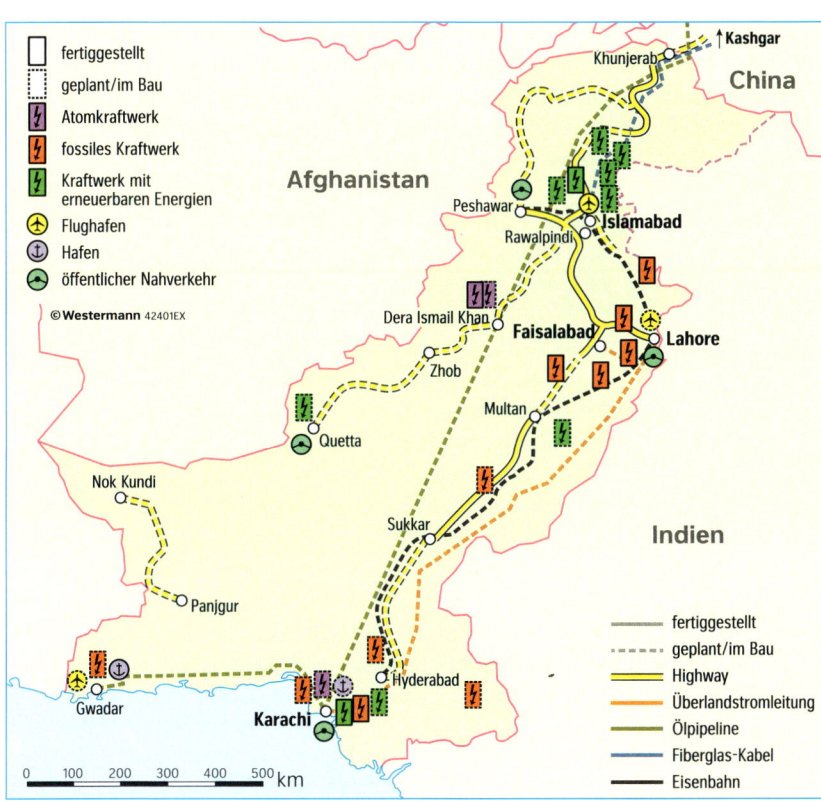

Legende:
- ☐ fertiggestellt
- ⬚ geplant/im Bau
- ⚡ Atomkraftwerk
- ⚡ fossiles Kraftwerk
- ⚡ Kraftwerk mit erneuerbaren Energien
- ✈ Flughafen
- ⚓ Hafen
- 🚋 öffentlicher Nahverkehr

© Westermann 42401EX

fertiggestellt
geplant/im Bau
Highway
Überlandstromleitung
Ölpipeline
Fiberglas-Kabel
Eisenbahn

0 100 200 300 400 500 km

M6   Seidenstraße-Initiative in Pakistan

Der CPEC verläuft im Norden durch die umstrittene Kaschmir-Region, was die Konflikte mit Indien verschärft.

Innerhalb Pakistan gibt es Auseinandersetzungen zwischen den Provinzen über den Verlauf der Transportkorridore.

Der südliche Teil der CPEC liegt in Belutschistan, in dem nicht nur Separatisten großen Einfluss haben, sondern das auch Rückzugsgebiet von Aufständischen aus Afghanistan und Schauplatz von Anschlägen auf die schiitische Minderheit ist.

Es gibt große kulturelle, religiöse und politische Unterschiede zwischen beiden Staaten. So wird die Internierung muslimischer Uiguren in der Provinz Xinjian an der Grenze zu Pakistan von der pakistanischen Regierung ignoriert, obwohl sie sich etwa über islamkritische Äußerungen oder Aktionen in Europa oder den USA sofort empört.

Chinesische Arbeiter und Experten werden immer wieder Opfer von Anschlägen und Entführungen, nicht nur in Belutschistan. Auch alltägliche Konflikte mit den chinesischen Gästen nehmen zu.

Die Corona-Pandemie hat die wirtschaftliche Krise in Pakistan verschärft und China drohen massive Kreditausfälle.

M9   Problemfelder des China-Pakistan Economic Corridors (CPEC)

3.8 Globale Verflechtungen: Migration und Rücküberweisungen

Neben dem Kapital sind heute auch Arbeitskräfte mobil. Die Arbeitskraft von Millionen von Südasiaten wurde so zum Export-„gut" ihrer Heimatländer: Bauarbeiter in Doha oder Dubai und Haushaltshilfen in Riad oder London überweisen ihr oft kärgliches Einkommen an die Familien in der südasiatischen Heimat. Rücküberweisungen (Remissen) aller dieser Arbeitsmigranten kommen den Familien und auf die eine oder andere Art der Herkunftsgesellschaft zugute. Doch welche Motive, Effekte und Probleme stecken hinter der Arbeitsmigration und den Rücküberweisungen und inwiefern hat sich die Corona-Pandemie auf diese Thematik ausgewirkt?

1. Fassen Sie die Motive und Probleme der nepalesischen Arbeitsmigranten in Katar zusammen (M4).
2. Beschreiben Sie die Bedeutung, Entwicklung und die Herkunft der Rücküberweisungen nach Südasien sowie die Zielregionen der Migration (M1, M2, M5, M7, Atlas).
   b) Vergleichen Sie die Bedeutung der Rücküberweisungen für die südasiatischen Staaten mit der Bedeutung ausländischer Direktinvestitionen und der Entwicklungshilfe (M8).
3. Erklären Sie den Begriff Rücküberweisungsökonomie aus Sicht des entsendenden Staates (M6).
4. Erörtern Sie diese Rücküberweisungsökonomie als wirtschaftliches Entwicklungsmodell.
5. Beurteilen Sie Chancen und Risiken für die Arbeitsmigranten.
6. a) Erläutern Sie, inwiefern sich die Corona-Pandemie auf die Rücküberweisungen in Südasien ausgewirkt hat (M9).
   b) Überprüfen Sie die aktuellen Auswirkungen (Internet).

M3   Arbeiter aus Nepal in Katar

„Als ich die 10. Klasse bestanden hatte, ist mein Vater gestorben. Ich konnte das College also nicht zu Ende machen. Ich musste meine Mutter unterstützen und meinen Geschwistern ein Studium finanzieren. Deshalb habe ich beschlossen, ins Ausland zu gehen um Geld zu verdienen. [...] Dambar Rai [aus Nepal] ist einer von rund 1,7 Millionen Arbeitsmigranten in Katar. Seit in den 60er-Jahren Öl und Gasvorkommen entdeckt wurden, boomt der Wüstenstaat. [...] Dambar Rai, der Taxifahrer, hat noch Schicht bis morgens um vier. Elf Stunden arbeitet er am Stück, mit einer Stunde Pause. Danach fährt er ins firmeneigene Quartier, isst, schläft, geht zur nächsten Schicht. Sechs Tage die Woche. Von seinen 500 Euro Lohn schickt er 450 nach Nepal – an seine Mutter, die Geschwister, seine Frau und eine Tochter, die er seit Jahren nicht gesehen hat. Alle fehlen ihm, sagt er – besonders die Tochter [...]. Bis 2022 soll der Umbau des Khalifa-Stadions fertig sein. Eine von zwölf hochmodernen Sportarenen, die für die Fußball-Weltmeisterschaft um- oder neu gebaut werden. [...] In den vergangenen Jahren häuften sich Berichte von Menschenrechtlern, Gewerkschaftern und Journalisten über Unfälle und Todesfälle ausländischer Arbeiter in Katar. [...] Arbeitszeiten bis zu 12 Stunden und bei bis zu 50 Grad im Schatten sind [...] nichts Ungewöhnliches. Beschwerden gibt es kaum. Die Arbeiter haben die ausbeuterischen Verträge schon in ihren Heimatländern unterschrieben, ihre finanzielle Not lässt ihnen keine Wahl. [...]
„Die meisten Arbeiter machen zwei bis drei Überstunden am Tag, oft unbezahlt. Und viele sind weit entfernt von der Baustelle untergebracht. Nach elf Stunden Arbeit müssen sie noch auf den Bus warten, der sie zum Quartier bringt. [...] Und Wartezeit wird nicht bezahlt."
Quelle: Esther Saoub: Wer in Katar für die Fußball-WM baut. DLF 15.1.2017

Die katarischen Behörden haben immer wieder versprochen, Arbeitsmigranten korrekte und pünktlich gezahlte Löhne zu garantieren. Doch bisher hat dies [laut Human Rights Watch] nicht zu wesentlichen Veränderungen geführt. Trotz einiger Reformen in den letzten Jahren sind zurückgehaltene und nicht ausgezahlte Löhne [...] bei mindestens 60 Arbeitgebern und Unternehmen in Katar immer noch weitverbreitet. Diese Menschenrechtsverletzungen haben sich seit Covid-19 weiter verschärft. Einige Arbeitgeber nutzten die Pandemie als Vorwand, um Löhne einzubehalten oder sich zu weigern, ausstehende Löhne an inhaftierte und zwangsrückgeführte Arbeitnehmer auszuzahlen. Einige Beschäftigte gaben an, sich nicht einmal Lebensmittel leisten zu können. Andere sagten, sie hätten sich verschuldet, um zu überleben.
Quelle: Human Rights Watch: Katar: Kaum Fortschritte beim Schutz von Arbeitsmigranten. 24.8.2020

M4   Quellentexte zu Arbeitsmigranten in Katar

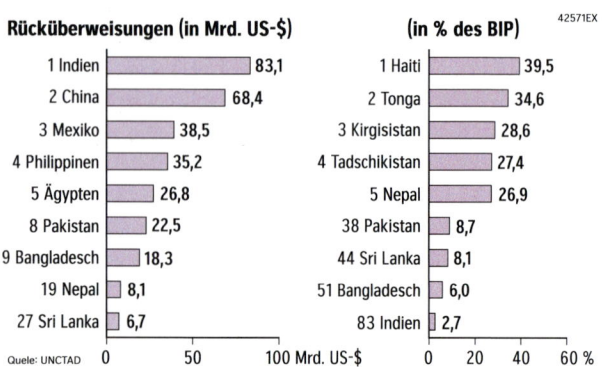

Rücküberweisungen (in Mrd. US-$)

1 Indien	83,1
2 China	68,4
3 Mexiko	38,5
4 Philippinen	35,2
5 Ägypten	26,8
8 Pakistan	22,5
9 Bangladesch	18,3
19 Nepal	8,1
27 Sri Lanka	6,7

Quelle: UNCTAD   0   50   100 Mrd. US-$

(in % des BIP)   42571EX

1 Haiti	39,5
2 Tonga	34,6
3 Kirgisistan	28,6
4 Tadschikistan	27,4
5 Nepal	26,9
38 Pakistan	8,7
44 Sri Lanka	8,1
51 Bangladesch	6,0
83 Indien	2,7

0   20   40   60 %

M1   Empfängerländer mit den höchsten Rücküberweisungen von Migranten (2019)

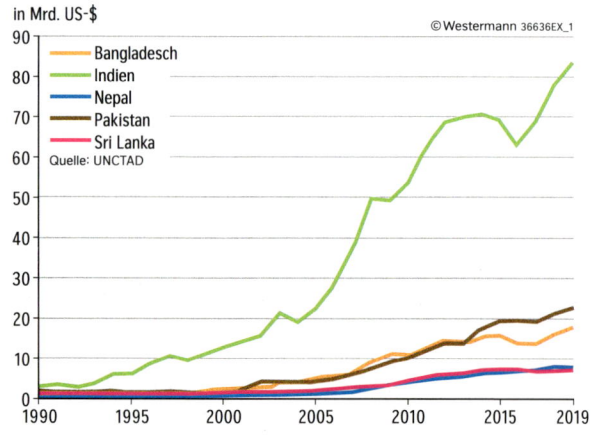

in Mrd. US-$

© Westermann 36636EX_1

— Bangladesch
— Indien
— Nepal
— Pakistan
— Sri Lanka
Quelle: UNCTAD

M2   Südasien: Rücküberweisungen (1990–2019)

	Bangla-desch	Indien	Nepal	Pakistan	Sri Lanka
Indien	30,0		14,7	0	7,2
sonstiges Südasien	2,2	6,8	0,9	0,2	0,4
VAE	24,1	16,3	26,5	29,4	31,5
SA	17,9	20,0	12,0	28,8	9,1
sonstiges Vorderasien	11,9	19,3	31,9	11,4	10,0
USA	3,3	17,0	4,8	6,7	3,1
UK	3,5	5,7	2,1	8,6	7,3
übrige Welt	7,1	14,9	7,1	14,9	31,4

Quelle: World Bank VAE = Vereinigte Arabische Emirate SA = Saudi-Arabien UK = Vereinigtes Königreich

M 5 Herkunft der Rücküberweisungen in südasiatischen Ländern (in %, 2017)

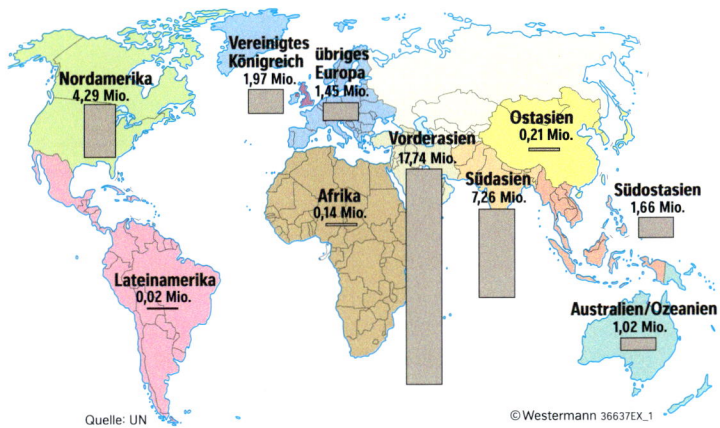

Quelle: UN   © Westermann 36637EX_1

M 7 Migration aus Südasien: Zielregion/Zielland (2019)

Südasien ist eine „Rücküberweisungsökonomie". Südasiatische Länder entsenden jedes Jahr eine bedeutende Anzahl von Migranten als Arbeitskräfte, und die Rücküberweisungen von Arbeitsmigranten werden zu einer wichtigen Quelle zur Finanzierung der wirtschaftlichen Entwicklung der Länder. Die meisten südasiatischen Regierungen sehen Arbeitsmigration als Mittel an, Arbeitslosigkeit zu vermindern, Armut zu reduzieren und ausländische Devisen* durch Rücküberweisungen zu erwerben und machen sie zu einem Schlüsselinstrument ihrer Wirtschaftspolitik. [...] Der stetige Fluss von Rücküberweisungen half den Ländern Devisenzwänge und Handelsbilanzdefizite zu lindern und nationale Spareinlagen zu vergrößern. Sie tragen auch zu den Entwicklungsbudgets der Länder bei. [...] Über 90 % der Arbeitskräfteanwerbung in Südasien wird von privaten Vermittlungsagenturen organisiert. Die Agenturen informieren oder werben für Stellenangebote im Ausland, sammeln und interviewen potenzielle Arbeitnehmer und helfen den Arbeitern bei der Beschaffung von Pass, Visum, Versicherung und Flugtickets gegen Gebühren, die sowohl von den Arbeitgebern als auch von den Arbeitnehmern bezahlt werden. [...] In allen Ländern Südasiens müssen sich private Migrationsagenturen registrieren und von den zuständigen Regierungsbehörden lizenziert werden. Die Gebühren, die an die Agenturen zu entrichten sind, variieren je nach Zielland der Arbeiter [Naher Osten: ca. 1400 US-$, Japan: 12000 US-$]. [Zu offiziell registrierten kommt aber mindestens eine gleiche Anzahl von informellen, unregistrierten Arbeitsmigranten.] [...]

Die meisten Arbeitsmigranten aus Südasien sind un- oder angelernt und stammen aus armen Verhältnissen. [...] Etwa die Hälfte von ihnen hat vor der Migration als Arbeiter gearbeitet. Die Mehrheit der Arbeiter (etwa 70%) ist unter 30 Jahre alt. Dieser hohe Anteil von un- oder angelernten Arbeitskräften unter den Arbeitsmigranten aus Südasien wird als Ausdruck knapper inländischer Arbeitsmöglichkeiten oder eines Überangebots für diese Art von Arbeitskräften gesehen. [...] In Bangladesch, Indien und Nepal überwiegt die Zahl der männlichen Arbeitsmigranten bei Weitem die der weiblichen Arbeitsmigranten. [...]

Eines der Charakteristika der südasiatischen Rücküberweisungswirtschaft ist der hohe Anteil an „Überweisungen", die über informelle Kanäle abgewickelt werden [z.B. Mitführen von Bargeld, Versand von Naturalien, geschätzt 42 % der formellen Remissen]. Empirische Studien legen nahe, dass Haushalte mit wachsenden Einkommen aus Rücküberweisungen aber ohne Verbindung zu formalen Finanzsystemen ihr Geld für Häuser, Land und Konsumgüter wie Haushaltsgeräte, Nahrung und Kleidung ausgeben, aber keine finanziellen Vermögenswerte anlegen wie Ersparnisse oder Investitionen.

Quelle: Mayumi Ozaki: Worker Migration and Remittances in South Asia. Manila: Asian Development Bank 2012, S. 1, 7, 9, 11, 13 (Übersetzung: Thilo Girndt)

M 6 Quellentext zu Rücküberweisungen nach Südasien

	Rücküberweisungen		Ausländische Direktinvestionen		Entwicklungshilfe	
	in Mrd US-$	Anteil am BIP	in Mrd US-$	Anteil am BIP	in Mrd US-$	Anteil am BIP
Bangladesch	18,3	6,0	1,6	0,5	4,5	1,4
Indien	83,1	2,7	50,6	1,8	2,6	0,1
Nepal	8,1	26,9	0,2	0,6	1,4	4,4
Pakistan	22,5	8,7	2,2	0,8	2,2	0,8
Sri Lanka	6,7	7,9	0,8	0,9	0,2	0,2

Quelle: UNCTAD, World Bank

M8 Rücküberweisungen, ADI und Entwicklungshilfe in ausgewählten Staaten Südasiens (2019)

Trotz COVID-19 blieben die Rücküberweisungsströme im Jahr 2020 stabil und verzeichneten einen geringeren Rückgang als zuvor prognostiziert. Offiziell erfasste Rücküberweisungsströme in Länder mit niedrigem und mittlerem Einkommen erreichten im Jahr 2020 540 Mrd. US-$ und lagen damit nur 1,6 Prozent unter dem Gesamtbetrag von 548 Mrd. US-$ im Jahr 2019 [...]. Der Rückgang der erfassten Rücküberweisungsströme im Jahr 2020 war geringer als der während der globalen Finanzkrise 2009 (-4,8 %). Er war auch weitaus geringer als der Rückgang der ausländischen Direktinvestitionen (FDI) in Länder mit niedrigem und mittlerem Einkommen, die – ohne die Ströme nach China – im Jahr 2020 um über 30 Prozent zurückgingen. [...] Die Hauptgründe für den stabilen Fluss waren Konjunkturmaßnahmen, die zu besser als erwarteten wirtschaftlichen Bedingungen in den Gastländern führten, eine Verlagerung der Ströme von Bargeld zu digitalen und von informellen zu formellen Kanälen sowie Schwankungen der Ölpreise und Wechselkurse. Es wird angenommen, dass der wahre Umfang der Rücküberweisungen, der formelle und informelle Ströme umfasst, größer ist als die offiziell gemeldeten Daten, obwohl das Ausmaß der Auswirkungen von COVID-19 auf informelle Ströme unklar ist. [...] Die Rücküberweisungsströme nach Südasien stiegen 2020 um etwa 5,2 Prozent auf 147 Mrd. US-$, angetrieben durch einen Anstieg der Rücküberweisungen nach Bangladesch [+18,4 %] und Pakistan [+17%; Nepal: -2%]. In Indien, dem mit Abstand größten Empfängerland der Region, sanken die Rücküberweisungen im Jahr 2020 nur um 0,2 Prozent, wobei ein Großteil des Rückgangs auf einen 17-%igen Rückgang der Rücküberweisungen aus den Vereinigten Arabischen Emiraten zurückzuführen ist, der die stabilen Ströme aus den USA und anderen Gastländern ausglich. [...] Für 2021 wird prognostiziert, dass sich die Rücküberweisungen in die Region leicht auf 3,5 Prozent verlangsamen werden.

Quelle: World Bank: Pressemitteilung 12.5.2021

M 9 Quellentext zu den Auswirkungen der Covid-19-Pandemie

3.9 Beschäftigung im formellen und informellen Sektor

*Bauern und Landarbeiter, Stahlarbeiter, Näherinnen in der Bekleidungsin-
dustrie, IT-Beschäftigte, Sekretärinnen, aber auch Schneider, Kleiderhänd-
ler, Restaurantbetreiber und mobile Gemüseverkäufer, sie alle spielen im
Wirtschaftsleben in Land und Stadt ihre Rolle. Aber nicht alle arbeiten unter ähnlichen Bedingungen und mit ähnlichen Einkünften. Zudem spiegeln
sich nicht alle gleichermaßen mit den Erträgen ihrer Arbeit in den nationalen Statistiken. Was lässt sich über diese unterschiedlichen Bedingungen
und Chancen aussagen? Wie lassen sich diese erfassen? Helfen Kategorien
wie „formell" und informell" und was sagen diese aus?*

1. a) Beschreiben Sie typische Tätigkeiten im informellen Sektor (M1 – M3).
   b) Charakterisieren Sie die verschiedenen Begriffsbestim-
   mungen des informellen Sektors (M1, M3, M4).
2. a) Setzen Sie Tabelle M5 in ein anschauliches Diagramm um.
   b) Erläutern Sie die sektorale Bedeutung der informellen
   Arbeit in Bangladesch (M5).
3. Charakterisieren Sie das Beschäftigungsverhältnis der be-
   rufstätigen Bevölkerung in Indien und die Bedeutung des
   formellen und informellen Sektors (M4, M6, M7, M10).
4. „Der informelle Sektor subventioniert den formellen" – Erörtern Sie diese Auffassung (M9).
5. Analysieren Sie die Angaben zu Lohnniveaus von regulär
   Beschäftigten und Gelegenheitsarbeitern in Indien – auch in
   Bezug auf den Aussagegehalt von Mittelwerten (M8).

M2   Werbeschilder in einer Straße in Neu-Delhi

Der informelle Sektor besteht aus nicht registrierten und/oder kleinen gerichtlich nicht eingetragenen Privatunternehmen in der Produktion von Gütern und Dienstleistungen für den Verkauf oder Tauschhandel. Die Betriebe arbeiten typischerweise in kleinem Maßstab auf einem niedrigen Organisationsniveau, mit geringer oder fehlender Teilung zwischen Arbeit und Kapital als Produktionsfaktoren. Die Arbeitsbeziehungen/ Beschäftigungsverhältnisse basieren meist auf formloser Anstellung, Verwandtschaft oder persönlichen oder sozialen Bindungen. Ein nicht registriertes Unternehmen ist eine Produktionseinheit, die von dem oder den Individuen, die sie besitzen, nicht als unabhängige Rechtskörperschaft gebildet wurde und für die keine vollständige Buchführung durchgeführt wird. [...] Der informelle Sektor ist in vielen Ländern ein bedeutender Teil der Wirtschaft und vor allem des Arbeitsmarktes und spielt eine große Rolle bei der Schaffung von Arbeitsplätzen, Produktion und Einkommen. Informelle Beschäftigung [kann] in Betrieben des formellen oder informellen Sektors oder in Haushalten [...] ausgeführt werden. Eingeschlossen sind: Arbeiter auf eigene Rechnung [...] im eigenen informellen Betrieb; mitarbeitende Arbeitgeber in ihrem informellen Betrieb; mithelfende Familienangehörige [...]; Mitglieder informeller Produktionskooperativen [...]; Arbeiter auf eigene Rechnung, die ausschließlich Güter für den Verbrauch im eigenen Haushalt herstellen. [...] Beschäftigte [...] werden als informell eingestuft, wenn ihr Beschäftigungsverhältnis rechtlich oder in der Praxis nicht der nationalen Arbeitsgesetzgebung, Einkommensbesteuerung und sozialer Absicherung unterliegt oder sie nicht in den Genuss von Vorteilen kommen, die sich aus dem Arbeitsverhältnis ergeben.
Quelle: Bangladesh Bureau of Statistics: Labour force survey (LFS) Bangladesh 2016-17. Dhaka 2018, S. 19 (Übersetzung: Georg Stöber)

M3   Definition informeller Beschäftigung in Bangladesch

Konzeptionen der Wirtschaft der Dritten Welt, die mit Gegensatzpaaren arbeiten, gibt es seit Langem. Früh wurde zwischen „moderner" Industrie und „traditionellem" Handwerk unterschieden. Wie unbefriedigend diese Etikette waren, zeigte sich daran, dass „moderne" Tätigkeiten, wie Service und Reparatur von importierten Elektrogeräten oft auf sehr „traditionelle" Weise durchgeführt wurden: in kleinen, schlecht ausgerüsteten Werkstätten. In den 1960er-Jahren [stellte man fest,] dass der kräftige Zuwachs an städtischen Arbeitskräften sich nicht in der Beschäftigungsstatistik widerspiegelte. {...] Man merkte, dass eine große und wachsende Zahl von Menschen mit nicht erfassten Aktivitäten beschäftigt waren. [...] [Anfang der 1970er-Jahre] wurde eine neue Terminologie eingeführt, die zwischen einem „informellen" und einem „formellen" Sektor unterschied. [...] Zahlreiche Forschungsarbeiten zum „informellen Sektor" [...] warfen nun ein Licht auf eine Erwerbsbevölkerung, die typischerweise [statistisch] untererfasst, gemeinhin als unproduktiv bezeichnet und zu oft als nur geringer Beiträger zur städtischen Wirtschaft abgestempelt wird.
Die Terminologie wurde vom International Labour Office [...] übernommen. Es argumentierte, dass der informelle Sektor eine weite Spanne von billigen, arbeitsintensiven, wettbewerbsfähigen Waren und Dienstleistungen zur Verfügung stelle [...] und schlug eine Förderung des informellen Sektors vor. [Später verlagerte sich der Fokus von der Definition eines solchen Sektors auf den Aspekt] der ungeschützten Arbeit, Arbeit, die weder von Gewerkschaften noch dem Staat geschützt wird. Legt man dies bei der Unterscheidung zwischen formell und informell zugrunde [, kann man feststellen], dass informelle Beschäftigung in den größten und modernsten Firmen [...] zu finden ist.
Quelle: Josef Gugler: The Urban Labour Market. In: Gilbert, A. & Gugler, J.: Cities, poverty and development: Urbanization in the Third World. Oxford Univ. Press 1994, S. 95–98 (Übersetzung: Georg Stöber)

M1   Quellentext zur Konzeption des „informellen Sektors"

Anteil der Arbeitskräfte ohne schriftlichen Arbeitsvertrag	69,5 %
Anteil der Arbeitskräfte im Haupt- und Nebenerwerb ohne soziale Absicherung (regulär und Gelegenheitsarbeiter)	51,9 %
Anteil der Arbeitskräfte ohne bezahlten Urlaub	53,8 %
Anteil der Arbeitskräfte im Haupt- und Nebenerwerb in informellen Betrieben an allen nicht landwirtschaftlichen Arbeitskräften	68,4 %
Anteil der Gelegenheitsarbeiter an allen Arbeitskräften	24,1 %

Quelle:: National Statistical Office: Periodic Labour Force Survey 2018-2019

M4   Indien: Dimensionen informeller Beschäftigung (2018/19)

	Beschäftigte								
	in 1000			in % der Sektorbeschäftigten			in % der Beschäftigungskategorie		
	formell	informell	gesamt	formell	informell	gesamt	formell	informell	gesamt
Landwirtschaft	1 145	23 548	24 693	4,6	95,4	100	12,6	45,5	40,6
Industrie	1 256	11 168	12 424	10,1	89,9	100	13,8	21,6	20,4
Dienstleistungen	6 693	17 018	23 711	28,2	71,8	100	73,6	32,9	39,0
gesamt	9 094	51 734	60 828	14,9	85,1	100	100	100	100

Quelle: Bangladesh Bureau of Statistics: Labor Force Survey (LFS) Bangladesh 2016-17

M 5 Bangladesch: Beschäftigte nach Wirtschaftssektor und formeller/informeller Beschäftigung (2017)

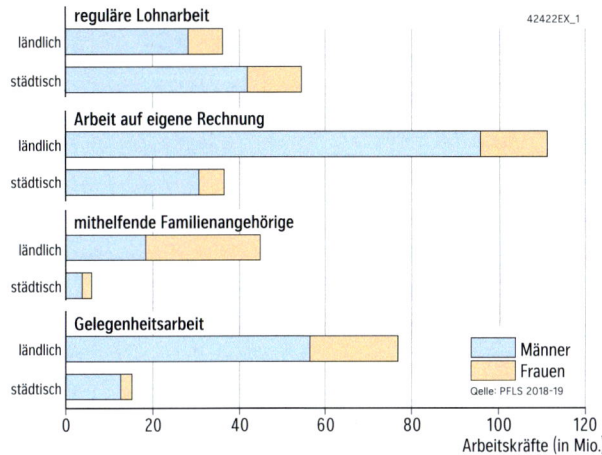

M 6 Indien: Arbeitskräfte nach Beschäftigungsstatus (2019)

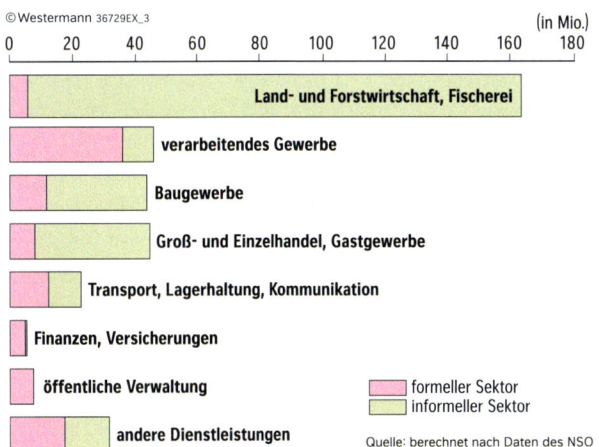

M 7 Indien: Arbeitskräfte in Betrieben des formellen und informellen Sektors nach Wirtschaftskategorien (Auswahl, 2018)

Von einer achtköpfigen Familie arbeiten die ältesten Kinder in Dhaka (Rana als Näherin, Rashid als Rikscha-Fahrer). Sie überweisen kleine Summen an ihre Eltern und erhalten von dort Nahrungsmittel, wodurch sie ihre Ernährung sichern und etwas Geld sparen können. Die zweite Tochter, Aisha, schuftet in einer Shrimpsfarm und der jüngere Bruder, Yoosef, als Houseboy bei einem Landlord einzig für Essen und Unterkunft. Die Mutter produziert Gemüse auf dem Wegrain und dem Hüttendach sowie Flechtwerk für den Markt. Der Vater ist offiziell als Fahrer bei der Grameen Bank beschäftigt. Dafür benötigt er Kleider, die er sich nur mit den Überweisungen der Tochter und des Sohnes aus Dhaka leisten kann, denn sein Lohn wird zur Gänze vom Schulgeld für die beiden jüngsten Kinder, in die die Familie ihre Hoffnungen setzt, aufgezehrt. [...] Gesellschaftlich und innenpolitisch stellt die Verflechtung von Einkommen aus verschiedenen Tätigkeiten/Beschäftigungsformen ein überlebenssicherndes, krisenbewältigendes materielles Netzwerk dar.
Quelle: Fred Scholz: Länder des Südens. Braunschweig: Westermann, S. 168

M 9 Quellentext zur Verflechtung informeller und formeller Einkommen auf Haushaltsebene

	2004-05		2017-18	
	formell	informell	formell	informell
Verarbeitendes Gewerbe	5,6	48,3	8,7	47,7
Nicht-Verarbeitendes Gewerbe	2,1	27,3	31,1	55,9
Dienstleistungen	20,6	86,8	31,1	113,4
Gesamt	28,3	162,4	42,8	217,0

Quelle: ILO 2019

M 10 Indien: Formelle und informelle Beschäftigung außerhalb der Landwirtschaft nach Wirtschaftssektoren (Beschäftigte in Mio., 2004-05 und 2017-18)

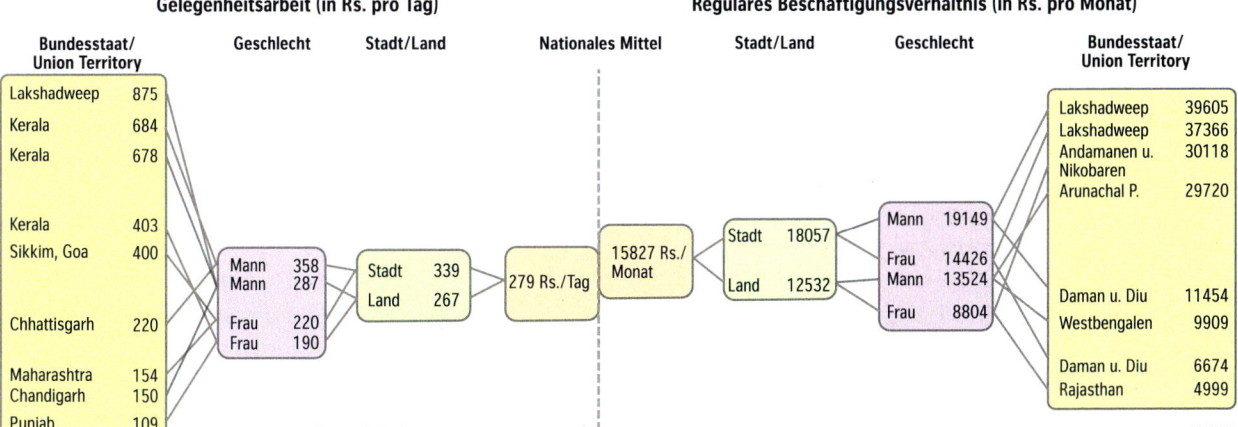

M 8 Indien: Differenziertes mittleres Lohnniveau von Tagelöhnern und regulär Beschäftigten (2019)

3.10 Entwicklung von „Unten" durch Mikrokredite?

Seit der Unabhängigkeit versuchen die Regierungen Südasiens wirtschaftliche Entwicklung voranzutreiben. Über ihre Entwicklungspläne legten sie Strategien und Programme fest, die wirtschaftliches Wachstum fördern und Armut eliminieren sollten. Eine solche Entwicklung von „Oben" erreichte mit ihren staatlichen Maßnahmen die gesteckten Ziele oft nicht oder nur zum Teil. Und die Liberalisierung, die in den letzten zwei, drei Jahrzehnten dem Markt größere Bedeutung zumisst als der Steuerfunktion des Staates, führte eher zu einem Auseinanderklaffen der Einkommensschere als zu einer Beseitigung von Armut. So verwundert es nicht, dass es Versuche gab und gibt, durch eine „Hilfe zur Selbsthilfe" eine Entwicklung von „Unten" anzustoßen und die Lebenssituation der Armen zu verbessern.

1. Erläutern Sie die Entwicklungsmodelle in M1. Stellen Sie die wesentlichen Unterschiede heraus.
2. Stellen Sie das Prinzip der Mikrokredite durch die Grameen-Bank in Bangladesch dar (M4, M5, M6).
3. Überprüfen Sie, ob Mikrokredite als ein Instrument von Entwicklung von „Unten" gelten können (M1, M2, M4, M7–M10).
4. Mikrokredite werden kontrovers diskutiert. Analysieren Sie die Argumente der positiven und kritischen Stimmen (M9, M11).
5. Erörtern Sie den Nutzen von Mikrokrediten als Entwicklungsstrategie.

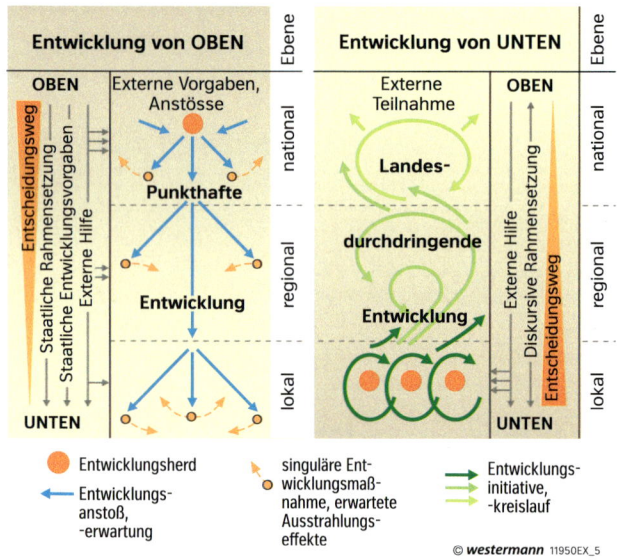

M1   Entwicklung von „Oben" – Entwicklung von „Unten"

Die Bottom-up-Strategie basiert auf der Vorstellung, unternehmerisches Engagement und kleine Wirtschaftskreisläufe auf unterster landwirtschaftlicher, gewerblicher und handwerklicher Ebene (Betrieb, Dorf) anzuregen und erste Marktbeziehungen auszulösen. Dadurch ließen sich lokal Kaufkraft und damit Nachfrage fördern, die vor Ort vorhandenen Produktivkräfte steigern, die Produktion technisch weiter verbessern, Arbeitsplätze schaffen und immer mehr Menschen einbinden. Eine solche Entwicklung greift allmählich von der Lokalität auf die Region und das ganze Land über. Externe Hilfe ist nur dann sinnvoll, wenn sie wirklich einzig den lokalen Zielen dient und nicht von „oben" dirigistisch eingesetzt wird.
Quelle: Fred Scholz: Länder des Südens. Braunschweig: Westermann, S. 169

M2   Quellentext zur Entwicklung von „Unten"

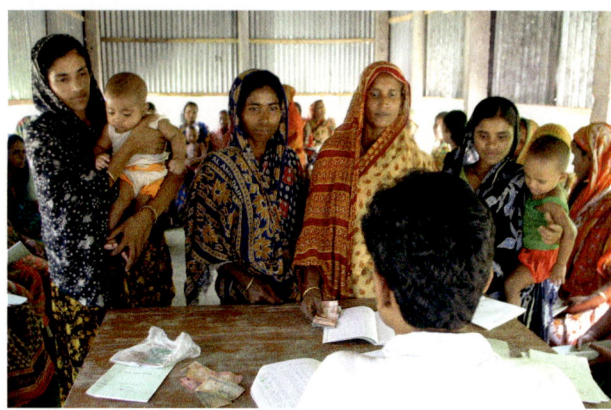

M3   Teilrückzahlung eines Mikrokredits an einen Bankworker

Armen fehlen oft die Mittel, selbst etwas zu tun, um ihre Situation zu verbessern. Sie erhalten keine Bankkredite, da sie keine Sicherheiten bieten können und an ihrer Fähigkeit gezweifelt wird, das geliehene Geld zurückzuzahlen. So sind sie auf Geldverleiher angewiesen, die oft exorbitante Zinsen verlangen. Um es ihnen zu ermöglichen, Kredite zu akzeptablen Zinssätzen aufzunehmen, die sie produktiv investieren können, gründete der bangladeschische Wirtschaftswissenschaftler Muhammad Yunus in Bangladesch 1983 eine Bank, die Mikrokredite an Arme vergibt, die Grameen-Bank („Bank des Dorfes"). Yunus verstand die Bank als „soziales Unternehmen", das sich selbst tragen sollte. Eine Kreditrückzahlung musste daher bei kostendeckenden Zinsen gewährleistet werden.

Um die Chancen hierzu zu vergrößern, wurde eine ganz besondere Struktur entwickelt. Potenzielle Kreditnehmer mussten Mitglied werden und sich in Gruppen zu fünf Personen zusammenschließen, die gemeinsam für ihre Kredite geradestanden. Sie erhielten nach und nach einen Kleinkredit (bis ca. 50 Euro). Den mussten sie auf regelmäßigen Zusammenkünften im Kreise von jeweils acht Gruppen an einen Bankangestellten („Bankworker"), der sie auch beriet, mit einem Jahreszins von 20 Prozent zurückzahlen. Solange die Rückzahlungen liefen, erhielten weitere Mitglieder der Gruppe Kredite, und die Chancen für spätere, höhere Kredite stiegen. Setzte ein Mitglied die Rückzahlung aus, verloren die anderen ihre Chance. Nicht zuletzt der Gruppendruck führte zu einer hohen Rückzahlungsquote. Die Darlehensnehmer – fast ausschließlich Frauen – profitierten oft von den Krediten und verbesserten ihre Lebenssituation durch Investitionen beispielsweise in Geflügel, eine Kuh oder Nähmaschine, die ein Einkommen ermöglichte.

Vor allem aufgrund von Überschwemmungen und anderen Katastrophen kam es jedoch zu Schwierigkeiten bei der Rückzahlung. Die Modalitäten stießen verstärkt auf Kritik. So wurde beispielsweise bemängelt, dass Kinder, statt in die Schule zu gehen, zur Arbeit geschickt wurden, um die Zinsen bezahlen zu können.

Im Jahre 2005 wurde daher Grameen-Bank II ins Leben gerufen, die drei wichtige Änderungen vornahm: Die Mitglieder können nun auch regelmäßige Spareinlagen tätigen, und auch Nichtmitglieder können Einlagen leisten, was die Finanzdecke der Bank erhöht. Auch wurde die Haftung individualisiert; bei Ausfällen steht nicht mehr die ganze Gruppe dafür ein. Junus und die Grameen-Bank erhielten für ihren Beitrag zur Armutsreduktion 2006 den Friedensnobelpreis. In den letzten Jahren erhöhte sich der staatliche Einfluss auf die Bank. Neben Investitionskrediten vergibt die Grameen-Bank Kredite für Hausbau, Ausbildung, aber auch für Bettler. Heute erwirtschaftet sie bei Jahreszinsen von, je nach Kreditart, zwischen 0 und 20 Prozent auch Profite.

M4   Grameen-Bank und Mikrokredite in Bangladesch

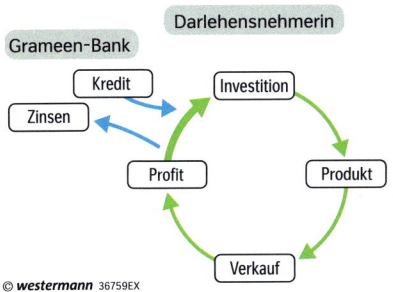

M 5 Zyklus der Mikrokredite der Grameen-Bank

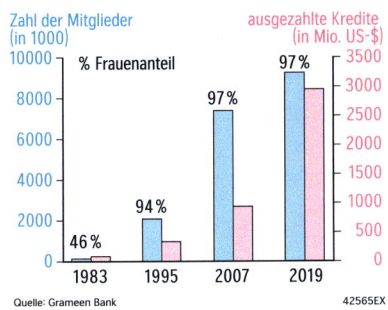

Quelle: Grameen Bank   42565EX

M 8 Mitgliederentwicklung und Kreditauszahlungen der Grameen Bank

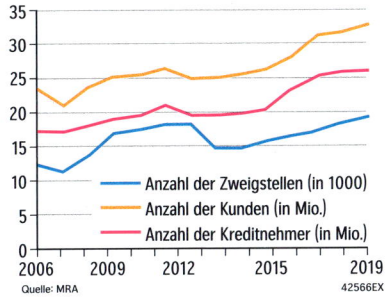

Quelle: MRA   42566EX

M 10 Mikrokredite lizensierter Mikrofinanzinstitute in Bangladesch

Ende 2006 entschied sich Hafeza Aktar (26) [, die nach dem Unfalltod ihres Gatten fünf Jahre nach ihrer Hochzeit mit ihrem kleinen Sohn zu ihren Eltern zurückkehren musste und dort ohne jedwede finanzielle Unterstützung lebte,] dem Mikrokreditprogramm der Grameen Bank beizutreten, um selbstständig zu werden und die Abhängigkeit von der Familie der Eltern zu reduzieren. Zwischen 2006 und 2007 verwendete sie ihre Darlehen (jeweils 5000 Taka), um Kühe zu mästen, die sie auf dem lokalen Markt verkaufte. Ihr Netto-Profit belief sich jeweils auf 2500 – 4600 Taka. Während dieser Zeit zahlte sie ihre wöchentlichen Raten mit Verdiensten aus handwerklicher Arbeit. Im Jahre 2008 nahm sie einen Technologiekredit bei der Bank auf und kaufte damit eine Nähmaschine.

Damals konnte sie schon nähen, durch ihre Näharbeiten verbesserte sie schnell ihre Fertigkeiten. Viele Dorfbewohner gaben Kleidung bei ihr in Auftrag und wurden regelmäßige Kunden. Ihr monatliches Einkommen beträgt 3000 – 4500 Taka. Ihr Sohn ist jetzt neun Jahre alt und geht zur Schule. Hafeza Aktar ist noch immer jung, hat aber keine Intentionen, wieder zu heiraten. In ihren Worten: „Mein Sohn ist meine Hoffnung, mein Traum und alles in meinem Leben. Ich denke an seine Ausbildung und Zukunft."

Quelle: Naseer Jamadar: Role of Grameen Bank Microcredit Programme in Poverty Reduction. Kanazawa Seiryo University. Theses Vol. 48 Nr. 1, 2014, S. 98 – 99 (Übersetzung: Georg Stöber)

M 6 Fallstudie zu Mikrokrediten

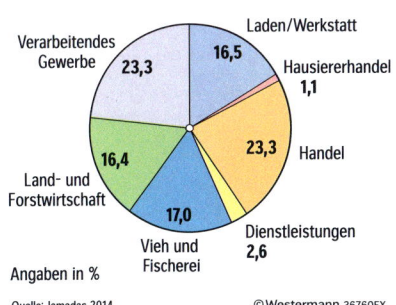

Quelle: Jamadas 2014   ©Westermann 36760EX

M 7 Verwendung der Mikroinvestitionskredite (2012)

Mikrofinanz ist ein integraler Bestandteil der Wirtschaft Bangladeschs [...] Im heutigen Bangladesch spielt Mikrofinanz eine weit größere Rolle als in den 1990er-Jahren, als der Hauptzweck darin bestand, Ersparnisse zu mobilisieren und Kredite zu verteilen. [...] Politische Entscheidungsträger sehen sie nun als Instrument, universellen Zugang zu Finanz[dienstleistungen] zu fördern, nicht nur Mikrokredite zur Generierung von Beschäftigung und Armutsreduktion. [...] Im heutigen Bangladesch sind auf diese Weise 65 Prozent der gesamten ländlichen Bevölkerung von 110 Millionen mit institutionellen Finanzinstituten verbunden.

Quelle: Microcredit Regulatory Authority: NGO-MFIs in Bangladesh June 2018. Dhaka (Übers.: G. Stöber)

Mikrokreditprogramme werden in Bangladesch von NGOs, der Grameen-Bank, staatlichen und privaten Geschäftsbanken und speziellen Programmen einiger Ministerien der Regierung Bangladeschs durchgeführt. [...] Die Kreditleistungen dieses Sektors kann sechs breiten Kategorien zugerechnet werden: 1) allgemeiner Mikrokredit für kleinmaßstäbige selbstständige Erwerbstätigkeit, 2) Kleinunternehmenskredite, 3) Darlehen für Ultra-Arme, 4) Landwirtschaftsdarlehen, 5) Saisondarlehen und 6) Darlehen für Katastrophenmanagement. Darlehen bis zu BDT 50 000 [ca. 490 €] werden im Allgemeinen als Mikrokredit angesehen, Darlehen oberhalb dieses Betrags als Kleinunternehmenskredite.

2006 richtete die Regierung die Microcredit Regulatory Authority (MRA) ein, [um Bangladeschs Mikrofinanzinstitutionen zu lizenzieren, zu beobachten und zu überwachen]. Diese erhielt Anträge von 4241 NGO-MFIs [Mikrofinanzeinrichtungen von Nichtregierungsorganisationen]. Etwa 1000 von diesen waren zu klein [...], als dass sie als nachhaltig lebensfähig angesehen wurden. Bis Juni 2018 genehmigte die MRA die Aktivitäten von 805 NGOs.

Quelle: Microcredit Regulatory Authority: Microcredit in Bangladesh, 2020 (Übers.: Georg Stöber)

M 9 Quellentexte zur Mikrofinanz in Bangladesch

Je länger ich vor Ort war, desto bewusster wurde mir, dass die Mythen im Westen über die Mikrokredite mit der Realität in Bangladesch nicht viel zu tun haben. Mikrokredite dienen nicht [...] automatisch dem Empowerment von Frauen, sie sichern nicht per se soziale und ökonomische Teilhabe: dass sie es sind, denen der Kredit in die Hand gedrückt wird, bedeutet nicht unbedingt, dass sie das Geld auch letztlich nutzen. Oftmals werden die Frauen einfach nur von ihren Männern zum Geldholen geschickt und wissen auch gar nicht, zu welchen Konditionen sie die Kredite aufgenommen haben. Ihre Kontobücher können sie nicht lesen. Sie sind nicht automatisch die Profiteure des Kredits, sondern oft nur die verlässlicheren Rückzahlerinnen.

Die „moderaten" Zinsen in Bangladesch von 12,5 bis 20 Prozent entpuppen sich bei genauerem Hinsehen zudem als Augenwischerei, denn wenn man alle zusätzlich anfallenden Bearbeitungsgebühren hinzurechnet, steigen die Zinssätze auf 30 bis 40 Prozent. Damit können die Mikrofinanzinstitute (MFI) dann für sich beanspruchen, immerhin noch günstiger zu sein als die örtlichen Kredithaie, die an der endlosen Not bis zu 150 Prozent verdienen. Doch was ist das für ein Vergleich? Ob Mikrokredite dann noch als sozial verträgliche Maßnahme bezeichnet werden können, ziehe ich stark in Zweifel, besonders wenn man die dünnen Profitmargen in den klassischen, landwirtschaftlichen Investitionsfeldern in Betracht zieht, in die diese Kredite überwiegend fließen. Ein günstiges Bankingmodell für die Armen sind Mikrokredite jedenfalls nicht, denn bei Banken liegen die Kreditzinsen für die Mittelschicht in Bangladesch um 18 Prozent. Es ist höchste Zeit, die Legende der zahlungskräftigen Armen, die sich [...] mangelernährt und unterbezahlt dank Mikrokrediten fast mühelos selbst aus der Armut befreien, endlich ins Märchenreich zu verbannen und sich realistischeren Methoden der Armutsbekämpfung zuzuwenden.

Quelle: Andrea Rahaman: Mikrokredite gegen Armut: Dichtung und Wahrheit in Bangladesch. Frankfurt: Campus 2014, S. 53 – 60

M 11 Quellentext zu Mikrokrediten

Zusammenfassung

Plan, Markt und Globalisierung

Die meisten Staaten Südasiens versuchten nach ihrer Unabhängigkeit mittels staatlicher Planung – von „Oben" – ihre Volkswirtschaften zu entwickeln. Hierbei wurde staatlichem Handeln gegenüber der Privatwirtschaft eine Leitfunktion zugemessen. Da die Resultate nicht den Planvorgaben entsprachen und das Wirtschaftswachstum begrenzt blieb, wurde die Wirtschaft seit den 1990er-Jahren liberalisiert. Der Privatwirtschaft wurde größerer Raum zugestanden, zudem öffneten sich die Länder ausländischem Kapital. 2014 verabschiedete sich auch Indien von der Fünfjahresplanung.

In zahlreichen Wirtschaftsbereichen sind heute globale Wertschöpfungsketten und Kapitalverflechtungen etabliert. In der Stahlindustrie beispielsweise, die zum Zweck der eigenen Industrialisierung zum Teil mit ausländischer Unterstützung aufgebaut wurde, agieren heute indische Unternehmen als Global Player. Die Bekleidungsindustrie wurde schon früh Ziel von Produktionsverlagerungen aus westlichen Ländern, die von niedrigen Lohnkosten profitieren wollten. In der Wertschöpfungskette, die vom Erzeuger der Rohmaterialien über die Betriebe der einzelnen Verarbeitungsschritte und ihren Belegschaften bis hin zu den Handelsketten und dem Verbraucher reicht, ist jedoch die Marktmacht in der Bekleidungbranche ungleich verteilt. Sozial- und Umweltstandards müssten dringend umgesetzt werden. Das Outsourcing von Dienstleistungen in der IT-Branche ist jüngeren Datums. Im Prinzip können die Arbeiten bei guter Vernetzung weltweit erledigt werden und wurden vor allem in bestimmte städtische Zentren in Indien verlagert. Die Tourismusindustrie schließlich ist im Ferntourismus schon lange ein Beispiel für weltweite Verflechtungen. Heute liefern die Standorte zum Teil nur noch die (exotische) Lokalität, (fast) alles weitere, von Verbrauchsgütern über Kapital bis hin zu den Arbeitskräften, ist in solchen Fällen auswärtigen Ursprungs.

Auslandsdirektinvestitionen (ADI) und Arbeitsmigration

Auch der freie Verkehr von Kapital und Arbeit trägt zur Globalisierung bei. Die Regierungen der Staaten Südasiens versuchen, ausländische Direktinvestitionen anzuziehen, zum Beispiel in dem sie Exportproduktions- oder Sonderwirtschaftszonen (EPZ oder SWZ) bereitstellen. Neben einer Steigerung der Wertschöpfung ist dabei auch der Import von Know-how das Ziel. Selbst wenn die Rahmenbedingungen für interessierte Unternehmen verbessert wurden und die ADI beträchtlich zunahmen, haben die ausländischen Unternehmen mit zahlreichen Schwierigkeiten zu kämpfen, und die ADI in Südasien machen mit drei Prozent nur einen kleinen Teil der weltweiten ADI aus. Mit dem aufstrebenden Nachbarn China ist in Südasien aber ein neuer Großinvestor auf den Plan getreten, der im Rahmen seiner Seidenstraßen-Initiative vor allem Energie- und Infrastrukturmaßnahmen finanziert. Der **China Pakistan Economic Corridor** ist aber **auch im Kontext geostrategischer Überlegungen der beiden Länder gegenüber der Regionalmacht Indien zu sehen.**

Arbeitsmigration führt aus Südasien vor allem in Nachbarländer des Subkontinents und in die erdölproduzierenden Länder Vorderasiens. Die Migranten nehmen überwiegend niedere Jobs an, mit nicht selten schlechten Arbeitsbedingungen. Diese Migration ist die Quelle von Rücküberweisungen, für einige der Länder und Regionen Südasiens eine wichtige Einnahmequelle.

Im Schatten der Globalisierung

Teile der Wirtschaft stehen nicht im direkten Blickfeld der Globalisierung, obwohl sie durchaus nicht außerhalb stehen. Ein beträchtlicher Teil der Wertschöpfung findet wie bisher im informellen Sektor statt: in Unternehmen, die nicht staatlich registriert sind, und in vertraglich ungesicherten Arbeitsverhältnissen – vor allem im Handel, bei persönlichen Dienstleistungen, aber auch im produzierenden Gewerbe sowie im Agrarsektor. Zudem wird informelle Arbeit in der Regel auch schlechter entlohnt. Auch wenn statistisch nur schlecht erfasst und kaum wertgeschätzt, ist die Arbeit in diesen Bereichen wesentlich für das Funktionieren der Wirtschaft in Südasien.

Weder der planwirtschaftliche Ansatz noch eine globalisierte Wirtschaftsentwicklung haben zu einer Beseitigung der Armut geführt. Ein Ansatz, Armut zumindest zu reduzieren, erfolgt über die Vergabe von Mikrokrediten für Investitionen. Hiermit wird versucht, Arme in die Lage zu versetzen, eine selbstständige informelle Tätigkeit aufzunehmen und so ihre Lebenssituation zu verbessern. Der Ansatz zeigt Erfolge, ist aber für die Kreditnehmer (meist Frauen) nicht ohne Risiken, wenn Darlehen nicht bedient werden können. So bleibt offen, ob ein – zwischenzeitlich boomender – Mikrofinanzmarkt wirklich einen Beitrag zu einer Entwicklung von „Unten" leisten kann.

Weiterführende Literatur und Internetlinks

Geographische Rundschau
- Megaprojekte in Asien 4/2021
- Neue Seidenstraßen 6/2019

Statistikportal der Weltbank
- http://data.worldbank.org

Statistikportal der UN Conference of Trade and Development
- www.unctad.org

Statistikportal der Welthandelsorganisation
- http://stat.wto.org

Industrieklassifikation
- https://unstats.un.org/unsd/publication/seriesM/seriesm_4rev4e.pdf

Arbeitsbedingungen in der Textilwirtschaft
- https://cleanclothes.org/
- www.bmz.de/de/themen/textilwirtschaft

Statistiken zum Tourismus
World Tourism Organisation
- www2.unwto.org/en

World Travel & Tourism Council
- www.wttc.org

Tourismusministerium der Malediven
- www.tourism.gov.mv

Malediven: Touristische Informationen
- https://visitmaldives.com

China Pakistan Economic Corridor
- http://cpec.gov.pk/

Daten Rücküberweisungen
- www.worldbank.org/en/topic/migrationremittancesdiasporaissues/brief/migration-remittances-data

Informeller Sektor: Internationale Arbeitsorganisation (ILO)
- www.ilo.org/global/topics/employment-promotion/informal-economy/lang--en/index.htm

Mikrofinanz
Consultative Group to Assist the Poor
- www.cgap.org

4 STADT UND METROPOLISIERUNG

Mumbai Suburban Railway

4.1 Städte in Südasien

Bis heute ist Südasien überwiegend ländlich strukturiert. Dennoch besitzt der Raum eine lange städtebauliche Geschichte: Die Städte der Indus-Kultur wie Harappa und Mohenjo Daro bestanden bereits im zweiten und dritten Jahrtausend vor unserer Zeitrechnung. Zwischenzeitlich verloren Städte allerdings in Südasien wieder an Bedeutung. Erst vor etwa 1500 Jahren entstanden neue städtische Siedlungen als Herrschersitze, Marktorte oder Pilgerorte wie Benares, (heute Varanasi) in einer hinduistischen Epoche der Stadtgründungen. Typisch war eine nach Kasten/Berufsgruppen gegliederte Stadtstruktur.

Muslimische Eroberer, zum Schluss die Mogul-Herrscher*, bereicherten nicht nur die Architektur mit neuen Stilelementen, sie gründeten auch neue Hauptstädte wie Shahjahanabad – die jüngste der verschiedenen Stadtgründungen auf dem Gebiet Delhis. 1911 verlegte die britische Kolonialmacht den Sitz ihrer Kolonialverwaltung von Kalkutta in die neue Planhauptstadt Neu-Delhi, die 1927 fertiggestellt wurde. Schon zuvor ging die Gründung von Bombay, Madras und Kalkutta von den Briten aus; außerdem überprägten sie viele der bereits bestehenden Städte (M5). Auch nach der Unabhängigkeit kam es zur Gründung neuer Planstädte als Hauptstädte (Islamabad, Chandigarh) oder Industriestandorte (z.B. Rourkela).

Aktuelle Phänomene der Stadtwicklung

Die nachkoloniale Stadtentwicklung ist vor allem durch ein starkes Städtewachstum gekennzeichnet, das in den letzten Jahren die Zahl der Millionenstädte vervielfachte. Ursache ist nicht zuletzt die Land-Stadt-Wanderung. Mit dem Zuzug ist ein Ausgreifen der bebauten Fläche ins Umland und bei den Metropolen die Bildung von Satellitenstädten verbunden, sodass die großen Agglomerationen* Bevölkerungszahlen aufweisen, die über die der namengebenden Kernstadt weit hinausgehen (Kap. 4.2, 4.3).

Ein beträchtlicher Teil der südasiatischen Stadtbevölkerung ist infolge ihrer Einkommenssituation darauf angewiesen, in Slums zu leben, die sich oftmals über das Stadtgebiet verteilen. Sie leben dort unter prekären Verhältnissen. Maßnahmen, die Slums zu sanieren, werden von ihren Bewohnern häufig als problematisch eingestuft. Bei den einkommenskräftigeren Teilen der Gesellschaft gibt es seit geraumer Zeit den Trend, sich in Gated Communities* einzukaufen (Kap. 4.4 – 4.6).

Kann aber die städtische Infrastruktur mit dem Städtewachstum mithalten? Die Mobilität steigt und damit der Verkehr und seine Auswirkungen (Abgase, Lärm). Der Strombedarf wächst mit steigendem Wohlstand, wachsende Müllmengen und Abwasser müssen entsorgt werden und die Menschen benötigen sauberes Trinkwasser. Hier liegen Problembereiche, die die städtische Verwaltung und die Servicebetriebe fordern und die Lebensqualität der Menschen direkt beeinflussen. Und es stellen sich Fragen nach der Nutzung von öffentlichen Ressourcen und dem Umgang mit ihnen (Kap. 4.7, 4.9).

Zwischen den Städten und dem wirklich ländlichen Raum im Hinterland liegen Gebiete, in die einerseits die Stadt mit geplanten und ungeplanten Stadterweiterungen immer weiter ausgreift. Bei verkehrsmäßiger Anbindung entstehen neue Viertel und Satellitenstädte, in die zum Teil auch Industrien ausgelagert werden. Andererseits lebt hier nach wie vor eine bäuerliche, ländliche Bevölkerung. Teilweise hat sie ihr Agrarland verloren und musste sich andere Beschäftigungen meist in der Stadt suchen, in die sie nun täglich pendelt. Ein anderer Teil der Bauern behielt ihre landwirtschaftliche Produktion trotz der neuen Bauprojekte bei und nutzt die Stadt als Absatzmarkt. Dieser ländlich-städtische Raum im städtischen Umland wird peri-urban genannt. Er ändert sich räumlich und in seiner Struktur, solange die Stadtentwicklung anhält. Beide Räume, Stadt und peri-urbanes Umland, sind funktional eng miteinander verbunden (Kap. 4.8).

Wie bildet sich die soziale und einkommensmäßige Differenzierung der Bevölkerung in den Strukturen der Stadt ab? Wie wirkt sie sich auf die Versorgung der Menschen mit städtischen Dienstleistungen aus? Und welche Rolle spielt die Globalisierung* bei der Stadtentwicklung?

M1 Tempelanlage in Tiruvannamalai (Tamil Nadu)

M2 Gateway of India und Taj Mahal Palace (Hotel, links) im Stadtteil Colaba, Mumbai

M3 Neubaugebiete in Noida bei Neu-Delhi

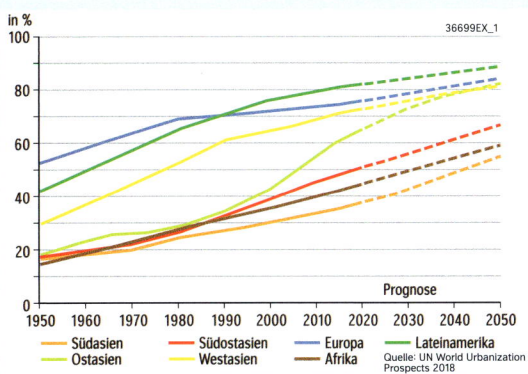

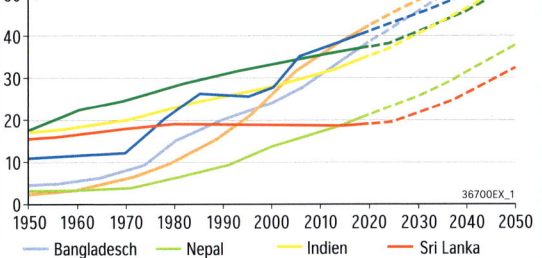

M4 Verstädterungsgrad* ausgewählter Weltregionen

M7 Verstädterungsgrad* südasiatischer Staaten

Die neugegründeten Städte [Bombay, Madras und Kalkutta im 17. Jh.] waren ganz auf die Bedürfnisse der Kolonialherren ausgerichtet. Von Fort und Hafen durch eine unbebaute Fläche (Maidan) getrennt, entwickele sich der CBD in westlichem Stil, der sowohl Handels- und Dienstleistungen [...] sowie Verwaltungseinrichtungen [...] umfasste, aber keine Wohnfunktion hatte. Die Wohnbereiche schlossen sich nach außen an und waren deutlich zweigeteilt: Breite Straßen und gepflegte Häuser mit großen Gärten kennzeichneten das Europäerviertel, während die einheimische Bevölkerung auf engem Raum zusammengedrängt war. [...]
In den älteren Städten des indischen Subkontinents drückt sich der koloniale Einfluss am deutlichsten in der Anlagerung neuer Funktionen und Quartiere aus. [...] Die „anglo-indische Station" [...] ist deutlich von der Altstadt getrennt, wobei der Freiraum später oft zur Trassierung der Eisenbahn genutzt wurde. [...] Die Station bestand aus dem Cantonment, den militärischen Anlagen [...] und den Civil Lines, den Verwaltungsgebäuden und Häusern für Beamte und Angestellte. [...] [In der zweiten Hälfte des 19. Jh. wurden] die Stadtmauern [...] geschleift und breite Straßen [...] durch die Altstadt geschlagen, auch überfüllte Wohnviertel wurden abgerissen [...] Dafür entstanden außerhalb der Altstadt neue Wohnviertel für die einheimische Bevölkerung.
Quelle: Jürgen Bähr, Ulrich Jürgens: Stadtgeographie II. Braunschweig: Westermann 2009, S. 238–240

M5 Quellentext zur kolonialzeitlichen Stadtentwicklung in Südasien

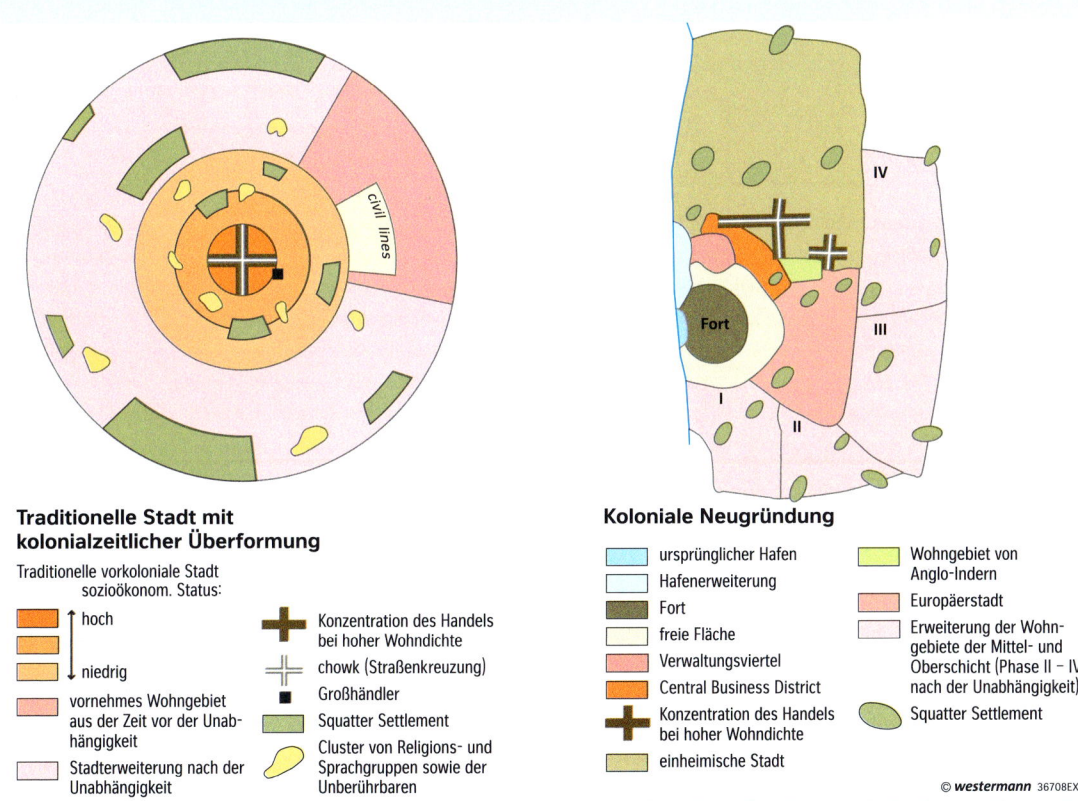

M6 Stadtmodelle der tradionellen südasiatischen Stadt mit kolonialzeitlicher Überformung und der kolonialen Neugründung

---

1. Beschreiben Sie die Bilder M1 – M3 und ordnen Sie sie stadtgeschichtlich zu.
2. Analysieren Sie den Verstädterungsgrad von Südasien und den südasiatischen Staaten (M4, M7).
3. Charakterisieren Sie den kolonialen Einfluss auf die südasiatische Stadtentwicklung (M5, M6).

4.2 Verstädterung und Binnenmigration

In fast allen südasiatischen Ländern ist in den letzten Jahrzehnten eine hohe Verstädterung zu beobachten, eine Zunahme der städtischen Bevölkerung. Eine wichtige demografische Komponente beim Stadtwachstum ist die Land-Stadt-Wanderung. Die Auslöser und Motive dafür, aus dem ländlichen Raum in die Stadt zu ziehen, sind vielfältig. Häufig jedoch kommen Faktoren zusammen, die als („abstoßende") Push- und („anziehende") Pull-Faktoren klassifiziert werden: Armut, Arbeitslosigkeit und fehlende Entfaltungsmöglichkeiten auf dem Lande einerseits, (zumindest vermeintlich) Arbeitsplätze, höhere Löhne und einfach ein besseres Leben in der Stadt andererseits. Dass es neben dieser „modernen" Art von Binnenmigration – vom Land in die Stadt – noch andere Formen von Wanderungen innerhalb eines Staates gibt, wird dabei oft übersehen.

1. Nennen Sie die Formen der Binnenmigration in Bangladesch (M1).
2. Charakterisieren Sie die Begriffe zirkuläre Migration und multilokale Familiennetzwerke am Beispiel von M3.
3. Erstellen Sie mithilfe der Push- und Pullfaktoren eine Concept Map zum Thema Binnenmigration in Bangladesch (M8).
4. Charakterisieren Sie die Binnenmigranten in Bangladesch (M4).
5. Erläutern Sie die Komponenten des Städtewachstums am Beispiel Indiens (M6, M7).
6. Analysieren Sie die Formen der Binnenmigration in Indien (M5, M7).
7. Charakterisieren Sie die hinter der Binnenmigration stehenden Ursachen und Beweggründe (M9).
8. Erörtern Sie Chancen und Risiken der Binnenmigration in Indien und Bangladesch.

M2   **Straßenhändler in Dhaka**

Nazim ist 40 Jahre alt und verkauft Tee, Snacks und Zigaretten an seinem Straßenstand auf dem Campus der Universität Dhaka. Er kommt aus einem Dorf etwa 30 km südlich von Dhaka. Als junger Mann arbeitete er in einer Jutemühle, ging aber in den 1980er-Jahren nach deren Schließung nach Dhaka. Seit 20 Jahren hat er seinen Straßenstand am selben Ort. Seit seiner Heirat vor 15 Jahren pendelt Nazim zwischen Dhaka, wo er sich mit anderen ein Zimmer in einem Slum teilt, und seinem Heimatdorf, wo seine Frau und die vier Söhne leben. Die Woche über hält er per Handy Kontakt zu seiner Familie. Am Wochenende fährt er zwei Stunden mit dem Bus, bringt das in Dhaka verdiente Geld nach Hause und bleibt einen Tag. Seine Familie nutzt das Geld für tägliche Ausgaben, für den Ausbau des Hauses und die für die Ausbildung der Söhne.
Quelle: Harald Sterly, Benjamin Etzold, Simon A. Peth: Bangladesch – Beweggründe für Binnenmigration und translokale Lebensrealitäten. Geographische Rundschau 3/2019, S. 23

M3   **Quellentext über einen Binnenmigranten in Dhaka**

Die Gründe für Binnenwanderungen in Bangladesch sind vielfältig: Menschen suchen Arbeit, um ihre Familien zu versorgen. Sie migrieren aufgrund von Heirat, bewältigen existenzbedrohende Krisen wie Ernteausfälle oder Naturkatastrophen durch Arbeitsmigration. Oder sie migrieren für bessere Bildungs- und Arbeitsmöglichkeiten. Verschiedene Migrationssysteme existieren daher nebeneinander; dauerhafte oder zeitlich begrenzte Land-Stadt- und Stadt-Stadt-Wanderung, aber auch saisonale Arbeitsmigration in ländliche Regionen. [...]
Vor allem soziale Ungleichheit und Ernährungsunsicherheit sowie strukturelle wirtschaftliche Unterschiede sind gegenwärtig die stärksten Ursachen der Binnenmigration. [...]
Eine Besonderheit stellt die „Monga" dar – eine regional (im Norden) und saisonal auftretende Nahrungs- und Arbeitsknappheit, wenn es von September bis November, zwischen Aussaat und Ernte, kaum Aufgaben in der Landwirtschaft gibt. Vor allem Männer suchen in dieser „mageren Zeit" Beschäftigung im informellen Sektor der regionalen Zentren, in Dhaka und in ländlichen Regionen. [...]
Migranten verändern Zielorte und tragen wesentlich dazu bei, dass Städte „funktionieren". [...] Migranten arbeiten in der Industrie oder informell als Tagelöhner im Bausektor, als Hausangestellte oder Wächter, als Rikschafahrer oder Straßenhändler. [...] Trotz dieser funktionalen Einbettung – und ihrer prinzipiellen rechtlichen Gleichstellung – sind Migranten sozial und politisch meist marginalisiert:

Städtische Eliten, Planer und Stadtverwaltungen begegnen ihrem Beitrag zur Produktion und Reproduktion des urbanen Raums mit Skepsis, Missbilligung oder Kriminalisierung.
Migration transformiert durch finanziellen und sozialen Transfer von neuen Ideen, Praktiken und Werten (Rimessen genannte Überweisungen) aber auch den ländlichen Raum. Dies manifestiert sich in der Veränderung von materiellen Strukturen, wenn Familien von Migranten die Überweisungen in den Ausbau ihrer Häuser investieren, aber auch in Smartphones, Solaranlagen oder in die Modernisierung der Landwirtschaft. Rückkehrmigranten gründen bisweilen Firmen oder investieren in Kleingewerbe.
Ein wesentlicher Aspekt von Migration ist, dass der Alltag von Migranten und ihren städtischen und ländlichen Angehörigen über verschiedene Orte hinweg organisiert und gelebt wird. Die Migranten sind gleichzeitig in den Herkunfts- und den Ankunftskontext eingebunden. Viele Haushalte lassen sich deshalb kaum mehr als rein ländliche oder städtische Haushalte verstehen. Sie stellen vielmehr die lokalen Bestandteile von multi- oder translokalen Familiennetzwerken dar. Deren wirtschaftliche und soziale Funktionsweisen und Handlungslogiken können nur verstanden werden, wenn man alle Teilstandorte des Haushalts als Gesamtsystem in Betracht zieht.
Quelle: Harald Sterly, Benjamin Etzold, Simon A. Peth: Bangladesch – Beweggründe für Binnenmigration und translokale Lebensrealitäten. Geographische Rundschau 3/2019, S. 18–23

M1   **Quellentext zur Binnenmigration in Bangladesch** (laut Zensus* 2011: 13,5 Mio. Binnenmigranten (9,7% der Bevölkerung), definiert als Personen, die zur Zeit des Zensus in einem anderen Distrikt als ihrem Geburtsdistrikt lebten.)

		Anteil	Migranten-quote[3]
Geschlecht	männlich	32,3 %	12,6 %
	weiblich	67,7 %	25,9 %
Region	Land	40,2 %	11,0 %
	Stadt	21,4 %	24,4 %
	Großstadt[1]	38,4 %	59,6 %
Ökonomischer Status	ohne Beschäftigung	2,1 %	16,6 %
	erwerbstätig	53,5 %	18,5 %
	nicht erwerbstätig	44,4 %	20,5 %
Bildungsniveau[2]	kein Schulbesuch	24,3 %	15,3 %
	Primarschule	22,0 %	18,9 %
	Sekundarschule	45,9 %	20,8 %
	Tertiärausbildung	7,7 %	35,4 %
	nicht angegeben	0,1 %	6,7 %

[1] Dhaka, Chittagong, Khulna [2] höchster Schulabschluss [3] Migrantenanteil an der jeweiligen Kategorie der Erwerbsbevölkerung
Quelle: Bangladesh Bureau of Statistics: Labour Force Survey 2016/17

M 4 Binnenmigranten (15 Jahre und älter) in Bangladesch (2016/17)

Push-Faktoren	Pull-Faktoren
• Landlosigkeit • Ungünstiges Verhältnis von Personen zur Nutzfläche • Häufige und schwere Naturkatastrophen (Dürre, Überschwemmung, jahreszeitlicher Hunger, Ufererosion) • Obdachlosigkeit • Verlust von Einkommensquellen • Arbeitslosigkeit und Armut • fehlende Industrien • Sicherheitslage • Dorfpolitik • fehlende soziale und kulturelle Möglichkeiten (Bildungs-, Gesundheitsversorgung, Freizeitmöglichkeiten) • Verabscheuung des Dorflebens (v.a. unter ländlichen Reichen)	• Arbeitsplätze/Verdienstmöglichkeiten • leichter Zugang zum informellen Sektor • höhere Einkommen/Lohnunterschiede zwischen Land und Stadt • bessere soziale Ausstattungen und Dienstleistungen • positive Informationen über die Stadt (Jobs in der Kleidungsindustrie) • besseres Leben • schnelleres und farbigeres Stadtleben • Nachzug zu Familienangehörigen/Verwandten • Wunsch nach Veränderung und Kennenlernen neuer Orte

M 8 Push- und Pullfaktoren der Land-Stadt-Wanderung in Bangladesch (nach Jahan 2012)

Die Daten des [letzten] Zensus 2011 erwecken auf den ersten Blick den Eindruck, Indien sei eine hochmobile Gesellschaft: [...] Allerdings handelt es sich meist um Wanderungen über kurze Distanzen. [...] Dass die Migration zwischen Bundesstaaten eher gering ausfällt, hat zwei Gründe: Erstens sind es die weiterhin verbreiteten konservativen Familienstrukturen, die auch durch das Kastenwesen geprägt werden. Zwar erlebt die indische Gesellschaft derzeit tiefgreifende Umbrüche z. B. im Zusammenhang mit der schwindenden Bedeutung der Großfamilien oder der Lockerung der tradierten Heiratsregeln. Für die Mehrheit der Bevölkerung im ländlichen Raum (laut Zensus 2011: 69 %) bilden diese Strukturen jedoch weiterhin den gesellschaftlichen Bezugsrahmen. Zweitens zeichnet sich Indien durch eine große ethnische Vielfalt aus. Ein Indikator hierfür ist die Vielfalt der Sprachen. Im Zensus 2011 wurden 124 verschiedene Sprachen erfasst. [...] Für Binnenmigranten bedeutet dies, dass sie sich oftmals auf eine fremde Sprache und fremde Gebräuche einlassen müssen. Die in der Verfassung garantierte Migrationsfreiheit ist daher in der Praxis mit zahlreichen Herausforderungen verbunden. [...]
Insgesamt 453 Mio. Inder gaben beim Zensus an, nicht an ihrem Geburtsort zu leben (37 % der Gesamtbevölkerung) [, bzw. 142,4 Mio. (14,4 %), die nicht in ihrem Geburtsdistrikt leben]. Wichtigster Migrationsgrund ist die Heirat, bei der üblicherweise die Frau in den Haushalt der Schwiegereltern wechselt [...]. Zweitwichtigster Grund ist die Migration mit dem Haushalt, etwa wenn Kinder als abhängige Familienangehörige mit ihren Eltern migrieren. Umzug nach der Geburt erfasst das Phänomen, dass Frauen für die Geburt ihres ersten Kindes oftmals den elterlichen Haushalt aufsuchen, um nach der Geburt in den Haushalt der Schwiegereltern zurückzukehren. Ökonomische Gründe, wie die Suche nach Arbeit oder eine selbstständige Beschäftigung nehmen demgegenüber eine untergeordnete Stellung ein.
Quelle: Carsten Butsch: Tradition und Kommunalismus als Einflussfaktoren der Binnenmigration in Indien Geographische Rundschau 3/2019, S. 28

M 5 Quellentext zur Binnenwanderung in Indien

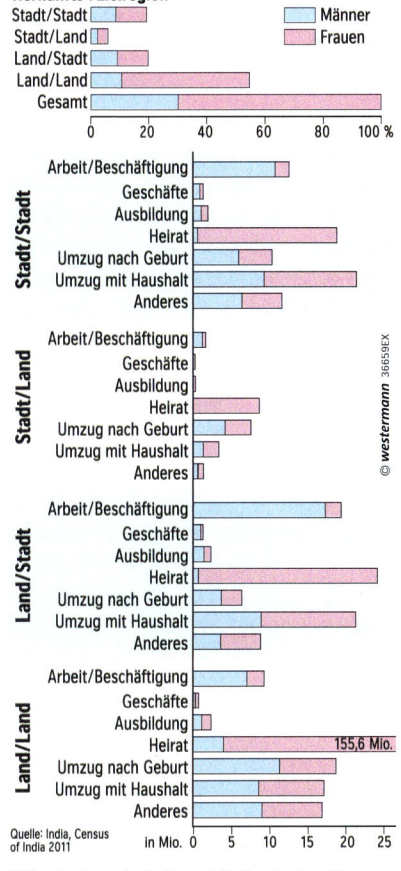

M 9 Indien: Anteil und Gründe der Binnenmigration nach Geschlecht und Quell- und Zielregion (2011)

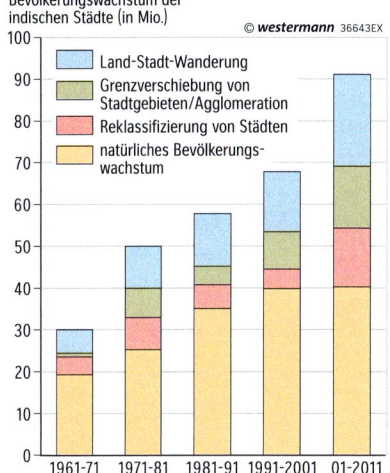

M 6 Komponenten des Wachstums indischer Städte

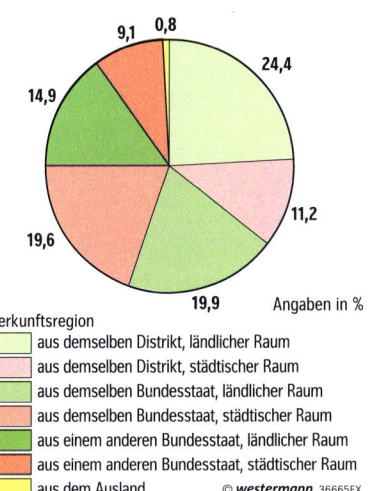

M 7 Indien: städische Migranten nach letztem Wohnsitz (2011)

4.3 Megastädte und Metropolisierung

Neben der allgemeinen Zunahme der Verstädterung ist in vielen Entwicklungs- und Schwellenländern – so auch in Indien – ein Trend zur Vergroßstädterung (Metropolisierung) zu beobachten. Der Bedeutungszuwachs der Megastädte* (Megaurbanisierung) ist ein weiteres Phänomen. So wuchs Delhi nicht nur zu einer der größten Städte Asiens, sondern auch zum Macht- und wirtschaftlichen Zentrum Indiens.

1. Eine Metropole definiert sich nicht allein über demografische Kennzahlen. Erstellen Sie eine Liste mit politischen, historischen, kulturellen, sozialen und wirtschaftlichen Merkmalen von Metropolen.
2. a) Érläutern Sie die Verstädterung in Indien (M3 + M7, S.75).
   b) Vergleichen Sie die Metropolisierung* in den südasiatischen Staaten (M1).
3. Erläutern Sie Megaurbanisierung als Phänomen von Entwicklungs- und Schwellenländern (M3).
4. a) Charakterisieren Sie die städtische Entwicklung in der Agglomeration* Delhi (M5, M6, M8, M9).
   b) Erläutern Sie die Vorstellungen der Planer über die Entwicklung des Großraums Delhi (M6).
   c) Erläutern Sie die Problemfelder der zunehmenden Metropolisierung indischer Städte am Beispiel Delhi.

Blickt man sieben Jahrzehnte zurück, so war die Zahl der globalen Megastädte überschaubarer als heute [...]. 1950 verzeichneten die Vereinten Nationen mit New York und Tokio zwei Städte, in denen jeweils mehr als 10 Mio. Einwohner lebten. [...] Heute spielen in den Top Ten zwei indische Städte eine Rolle: die Agglomerationen von Delhi und Mumbai. Prognosen gehen davon aus, dass Delhi in zehn Jahren sogar Tokio überrundet haben wird. Zusammen mit Chennai, Bengaluru und Hyderabad werden dann sechs indische Städte zu den Megastädten gehören. Die schiere Größe der Megastädte mag von jeher verblüffen. Für die globale Bedeutung ist sie aber nicht von Belang. Im Vergleich etwa zu New York und Tokio oder London und Paris haben Indiens Megastädte weltweit ein geringes Gewicht, sind nur kontinental oder regional von Belang – z. B. Delhi als Luftfahrt-Drehkreuz, Mumbai als Zentrum der Filmindustrie (Bollywood) oder Bengaluru als Hightech-Standort. Global gesehen ist Indien ein Kernraum der Megaverstädterung, doch auch wenn der Verstädterungsgrad stetig gestiegen ist, leben heute noch rund zwei Drittel der Menschen auf dem Land.
Quelle: Dietmar Falk: Indiens Megastädte – Stand und Entwicklung. Geographische Rundschau 1/2020.

M2 Quellentext zur Bedeutung indischer Megastädte

Viele [Megastädte] weisen – bei großen individuellen Unterschieden – intensive Expansions-, Suburbanisierungs- und Verdichtungsprozesse auf und leiden unter ökologischen Überlastungserscheinungen) sowie infrastrukturellen Defiziten. Selbst wenn viele Megastädte eine hohe funktionale Primatstadtdominanz zeigen, sind nur wenige auch Global Cities*. Für die Intensivierung weltweiter Megaurbanisierungsprozesse sind drei ineinandergreifende Ursachenkomplexe verantwortlich:

- Megaurbanisierung steht im Zusammenhang mit der allgemeinen weltweiten Urbanisierung, verursacht durch zumeist hohes natürliches Bevölkerungswachstum in den meisten Entwicklungs- und Schwellenländern bzw. intensive Zuwanderung aus zumeist ländlichen Regionen. Teilweise ist diese durch Landflucht bestimmt, teils wird sie durch die Attraktivität der Städte und ihrer Arbeits- und Bildungsmöglichkeiten getrieben.
- Das Megastadtwachstum wird von globalem Wandel und ökonomischer Globalisierung beeinflusst: Denn mit der globalen Verlagerung von Produktions-, Dienstleistungs- und Finanzstandorten in Metropolen der Entwicklungs- und Schwellenländer im Zuge neuer internationaler Arbeitsteilung treiben privatwirtschaftliche Entscheidungen transnationaler Akteure eine zunehmend globalisierte Wirtschaft.
- Wirtschaftliche Transformationsprozesse verstärken – vor allem in Asien und ausgelöst durch den Übergang vormalig Zentralverwaltungs- zu Marktwirtschaften – die wirtschaftliche Globalisierung, deren Wirkungen in Megastädten akkumulieren.

Quelle: Frauke Kraas: Megastädte. In Geographie. Heidelberg: Springer, S.891–892

M3 Quellentext zu Megastädten

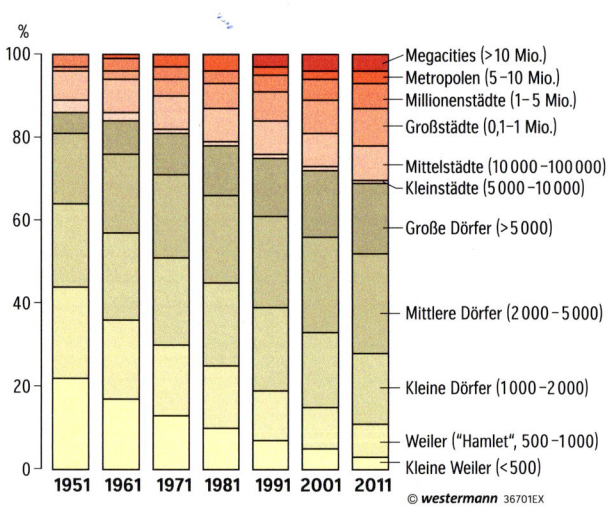

M4 Bevölkerungsverteilung nach Siedlungsgröße in Indien

	Stadtbevölkerung (in Mio.)	Größte Stadt	Ew. (in Mio.)	Zweitgrößte Stadt	Ew. (in Mio.)	Index of Primacy	Millionenstädte				Metropolisierungsgrad[1]	Anteil Ew. Metropolen an Stadtbev.
							1901	1951	1981	2020		
Bangladesch	64,82	Dhaka	21,01	Chittagong	5,02	4,2	-	-	2	2	15,4 %	40,1 %
Bhutan	0,35	Thimpu	0,11	Phuentsholing	0,03	3,7	-	-	-	-	-	-
Indien	483,10	Delhi	30,29	Mumbai	20,41	1,5	1	5	12	63	16,0 %	45,9 %
Malediven	0,19	Malé	0,22	Hithadoo	0,01	22,0	-	-	-	-	-	-
Nepal	6,23	Kathmandu	1,42	Pokhara	0,42	3,4	-	-	-	1	4,7 %	22,9 %
Pakistan	77,44	Karachi	16,09	Lahore	12,64	1,3	-	1	3	10	21,6 %	58,1 %
Sri Lanka	3,95	Colombo	0,61	Dehiwala	0,25	2,4	-	-	-	-	-	-

Quelle: UN   [1]Anteil der Bevölkerung von Städten mit mehr als 1 Mio. Ew. an der Gesamtbevölkerung

M1 Daten zu Verstädterung und Metropolisierung Südasiens (2020)

 100800-277-04
schueler.diercke.de
 100800-270-02
schueler.diercke.de

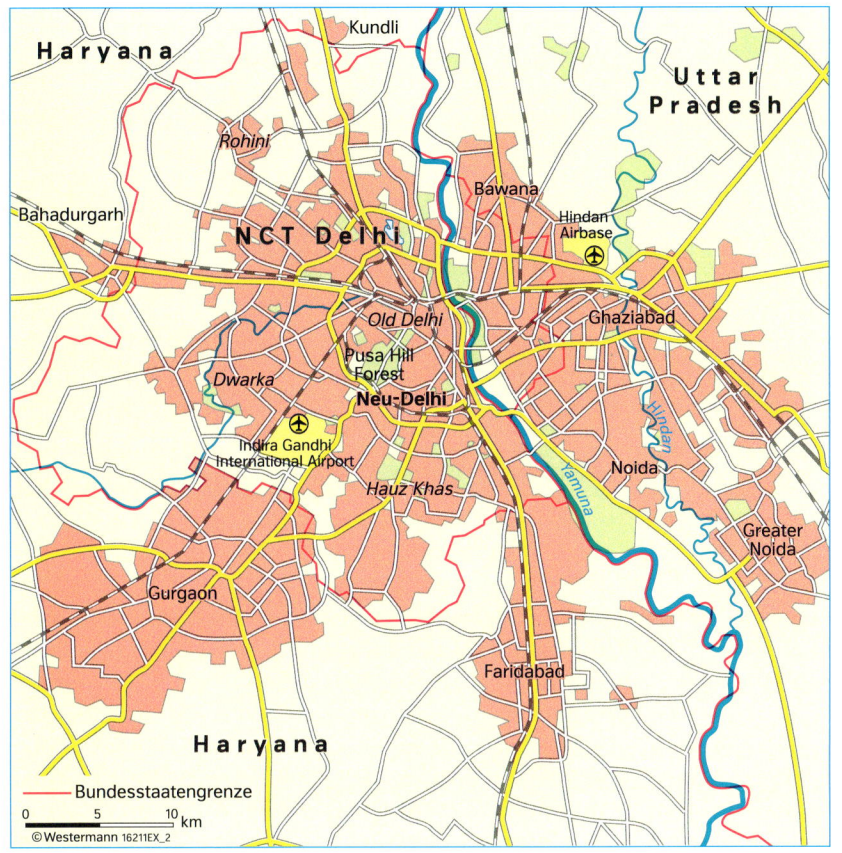

Delhi: alte Hauptstadt; administratives, wirtschaftliches und kulturelles Zentrum; vielfältige Industrie

Gurgaon (seit 2016 Gurugram): früher kleiner ländlicher Ort; Wachstum nach der Unabhängigkeit; Industrieansiedlungen seit den 1960er-Jahren; Kfz-, Textil-, IT-Industrie; Niederlassungen zahlreicher multinationaler Unternehmen; „Electronic City", „Industrial Model Township Manesar"; diverse Universitäten; seit 2011 über Metro mit Delhi verbunden

Faridabad: gegründet 1607; Wachstum mit der Ansiedlung von Teilungsflüchtlingen ab 1947; industrielles Wachstum seit den 1960er-Jahren; heute diversifizierte* Industrie, multinationale Unternehmen; berühmt für Henna-Produktion; Metro-Anbindung

Bahadurgarh: gegründet im 18. Jh.; Industrieansiedlung nach Unabhängigkeit; diversifizierte Industrien; Agrarmarkt; Metro-Anbindung geplant

Noida (New Ohkla Industrial Development Authority): geplante Industriestadt, gegründet 1976; Ansiedlung zahlreicher, auch multinationaler Unternehmen; diverse Universitäten; Metro-Anbindung

Greater Noida: Erweiterung von Noida seit den 1990er-Jahren; Industrieansiedlungen; Metro-Anbindung geplant

Ghaziabad: gegründet 1740; nach Unabhängigkeit Wachstum als Industriestadt; Stahlproduktion seit den 1970er-Jahren; diversifizierte Industrien (vor allem Elektroindustrie); Metro-Anbindung

Kundli: altes Dorf in Haryana an der nördlichen Grenze des NCT Delhis; 2011 im Zensus erstmals als Stadt geführt (21 633 Ew.); Kundli Industrial Area; ausgewiesen als Entwicklungsgebiet, Entwicklung jedoch durch infrastrukturelle Mängel behindert

M5 Delhi

M9 Übersicht: Agglomeration Delhi

Das National Capital Territory (NCT) Delhi (1483 km²), das Gebiet der Hauptstadt, ist kein indischer Bundesstaat, sondern untersteht als Unionsterritorium direkt der Zentralregierung. Die Agglomeration Delhi wuchs mit der Zeit über das Gebiet des NCT hinaus und griff auf die benachbarten Bundesstaaten über. Um eine abgestimmte Regionalplanung zu ermöglichen, wurde die National Capital Region (NCR) als Planungsregion definiert (2011: 46,1 Mio. Ew.), die Distrikte in Uttar Pradesh, Haryana und Rajasthan einbezieht und von der das NCT Delhi nur etwa fünf Prozent ausmacht. Planungen in den 1980er-Jahren sahen vor, das Wachstum Delhis zu begrenzen und auf elf Wachstumspole in den Nachbarstaaten umzuleiten, so Noida, Faridabad, Gurgaon und Ghaziabad. Diese Städte in der Delhi Metropolitan Area (DMA) (1697 km² – ohne NCT) im Umkreis von Delhi sollten einen beträchtlichen Teil der Zuwanderung aufnehmen, aber auch Industrien. Auch Städte in der Rest-NCR (nach einer Erweiterung der Planungsregion im Jahre 2019 51903 km²) in größerer Entfernung sollten noch zur Entlastung beitragen. Dieser Ansatz verwirklichte sich nur bedingt. Das Wachstum Delhis ging weiter, die meisten Wachstumspole in der DMA blieben in ihrer Entwicklung dagegen hinter den Vorstellungen zurück. Der aktuelle Plan versucht nun, durch Maßnahmen wie Infrastrukturausbau ein räumlich ausgewogeneres Wachstum in der ganzen Planungsregion zu erreichen, und weist weiter entfernten städtischen Zentren außerhalb der NCR wie Kanpur die Rolle von „Gegenmagneten" zu, die Zuwanderer abfangen sollen.

In der Metropole selbst sollen eine Verdichtung, unter anderem durch die Sanierung baufälliger Areale, dichtere Bebauung in locker bebauten Vierteln und erhöhte Geschosszahlen, mehr Wohnraum erschließen helfen. Das ungebremste Wachstum der Agglomeration führte auch dazu, dass Immobilienfirmen in verschiedenen Gebieten der NCR in großem Umfang (billiges) Ackerland aufkaufen und als (teures) Bauland bebauen. Dies geschieht in spekulativer Absicht, ohne Berücksichtigung behördlicher Vorgaben und zum Teil auf Flächen ohne jede infrastrukturelle Erschlie-

M6 Agglomeration Delhi

M7 Satellitenstadt Gurgaon (Gurugram)

	1901	1981	1991	2001	2011
NCT Delhi	406	6220	9421	13851	16788
Gurgaon (H)	5	89	121	173	877
Faridabad (H)	10	331	618	1056	1414
Bahadurgarh (H)	56	37	57	120	171
Noida (UP)	0	0	147	305	637
Greater Noida (UP)	0	0	0	0	102
Ghaziabad (UP)	11	276	454	968	1649
DMA ohne NCT	k.A.	804	1506	2811	5269
DMA incl. NCT	k.A.	7024	10927	16662	22057

Quelle: Census of India 1991, 2001, 2011   H = Haryana, UP = Uttar Pradesh

M8 Delhi Metropolitian Area (DMA): Einwohner (in 1000)

ßung. Die Käufer sehen die Wohnungen oft nur als Geldanlagen. Viele Wohnungen finden nur schwer Käufer, da es keine Schulen gibt, keine Anbindungen des Öffentlichen Personennahverkehrs usw. So wirken die neuen Wohnanlagen oftmals wie Geisterstädte.

4.4 Leben in Slums

Etwa ein Drittel der Stadtbevölkerung Südasiens lebt in Slums, in vielen Großstädten ist der Anteil aber weit höher. Im Stadtbild sind Slums allgegenwärtig. Ist von Slums die Rede, denkt man an Armut, Enge, Kriminalität, Müll und Gestank. Ein genauerer Blick lässt eine große Palette von Siedlungsformen erkennbar werden. Es gibt feste Häuser, Baracken aus Wellblech oder Holz und Unterkünfte aus vergänglichem Material wie Flechtwerk und Lehm. Auf der einen Seite leben aus Wohnungsmangel auch Mittelschichtsangehörige in Slums. Auf der anderen Seite wohnen viele Arme auch außerhalb der „Slums" in alten, heruntergewirtschafteten Baublocks oder versuchen, mit einer Plane auf dem Gehweg auszukommen.

1. *Vor der Bearbeitung der Materialien:* Notieren Sie Begriffe, die Sie mit dem Ausdruck Slum verbinden.
2. a) Beschreiben Sie die Fotos M4 sowie M4 auf S. 83.
   b) Erläutern Sie die verschiedenen Siedlungsformen, die heute unter dem Oberbegriff Slum zusammengefasst werden (M1, M2, M5, M7).
3. Analysieren Sie die Entwicklung der Stadt- und Slumbevölkerung in südasiatischen Staaten (M3).
4. Vergleichen Sie die Verteilung der Slumbevölkerung in Indien (M6).
5. Charakterisieren Sie indische Slums/haushalte (M1, M7, M8).
6. Beurteilen Sie das Leben in Slums differenziert.

M4 Behausung in einem Slum in Delhi an einer Eisenbahnlinie

UN-Habitat definiert einen Slum-Haushalt als Gruppe von Individuen, die in einem Stadtgebiet unter demselben Dach leben, denen es an einem oder mehreren des Folgender mangelt:
- eine stabile Behausung mit Schutz vor Klimaextremen,
- genügend Raum (nicht mehr als drei Personen pro Raum),
- Zugang zu sauberem Wasser,
- Zugang zu „verbesserten" sanitären Anlagen,
- sicherer Wohnstatus ohne Risiko von Vertreibung

M2 UN-Definition eines Slum-Haushalts

	Slumbevölkerung		Stadtbevölkerung (in Mio.)	
	1990	2018	1990	2018
Bangladesch	87,3 %	47,2 %	21,275	59,107
Indien	54,9 %	35,2 %	221,979	460,296
Nepal	70,6 %	49,3 %	1,064	5,544
Pakistan	51,0 %	40,1 %	33,967	77,811

Quelle: World Bank

M3 Südasien: Slum-/Stadtbevölkerung

Traditionell beschreibt der Begriff „Slum" Wohngebiete, die einst solide oder sogar attraktiv waren, die aber durch den Wegzug ihrer ursprünglichen Bewohner in neue und bessere Gebiete der Städte heruntergekommen sind. Der Zustand der alten Häuser verschlechterte sich, die Wohnungen wurden aufgeteilt und an sozial Schwache vermietet. Typische Beispiele sind innerstädtische Slums vieler Städte in entwickelten und unterentwickelten Ländern. Slums umfassen heute allerdings auch die großen informellen Siedlungen*, die schnell zum sichtbaren Ausdruck der städtischen Armut in den Entwicklungsländern wurden. [...] Die Qualität der Behausungen in solchen Siedlungen reicht von der einfachen Hütte bis zu dauerhaften Häusern, während der Zugang zu Wasser, Elektrizität, sanitären Einrichtungen und anderen einfachen Infrastrukturleistungen gewöhnlich eingeschränkt ist. Für diese Siedlungen gibt es eine große Bandbreite an Namen und verschiedene Besitzregelungen. [...]
Heute wird der Sammelbegriff „Slum" [in den Industrieländern abfällig gebraucht]. Er hat viele Beiklänge und Bedeutungen [...]. Er kann beträchtlich variieren in dem, was er in verschiedenen Teilen der Welt oder selbst in verschiedenen Teilen derselben Stadt bezeichnet. In Entwicklungsländern besitzt der Terminus „Slum" meist nicht die ursprüngliche, umstrittene, abwertende Konnotation, sondern bezieht sich einfach auf Wohnverhältnisse niedriger Qualität oder informelles Wohnen. Begriffe wie Slum, Baracken-, Squatter*-Siedlungen, informelles Wohnen oder einkommensschwache Gemeinschaft werden von Behörden in etwa synonym eingesetzt.

Quelle: The Challenge of Slums: Global Report on Human Settlements 2003. London & Sterling: UN Habitat, 2003, S. 9 (Übersetzung: Georg Stöber)

M5 Quellentext zum Begriff „Slum"

Slumgröße (in ha)	Anteil (in %)	Slumanlage	Anteil (in %)	Umgebung	Anteil (in %)	Wasser-versorgung	Anteil (in %)	Elektrizitäts-versorgung	Anteil (in %)	Latrinen-benutzung	Anteil (in %)
<0,05	15,1	Entlang Wasserlauf/Abwassergraben/Flussufer	29,3	Wohngebiet	66,4	Wasserleitung	71,4	Straßenbeleuchtung und Haushaltsverbrauch	67,6	keine Latrine	31,3
0,05<1	39,3	Entlang Eisenbahnlinie	9,3	Industriegebiet	9,5	Rohrbrunnen/Bohrloch	20,4	nur Haushalt	19,2	öffentliche Latrine mit Bezahlung	17,3
1<2	20,5	Hügelgelände/Abhang	3,9	Gewerbegebiet	6,7	befestigter Brunnen	0,5	nur Straße	6,3	ohne Bezahlung	13,8
2<8	20,3	Parks/offenes Land	30,3	Anderes	2,3	unbefestigter Brunnen	0,3	keine Elektrizität	6,5	Gemeinschaftslatrine	4,9
>8	4,9	Sonstiges	27,2	(anderer) Slum	15,1	Anderes	7,4	nicht genannt	0,4	eigene Latrine	32,6

Quelle: National Sample Survey Office 2014

M1 Charakteristika indischer Slums (2012)

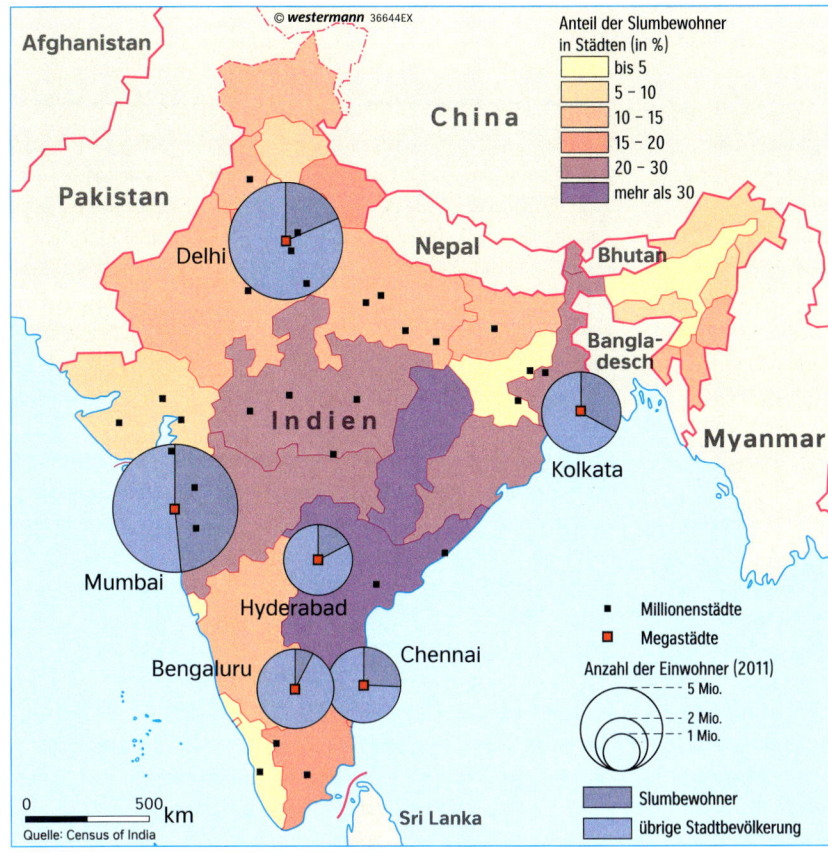

M 6   Indien: Slumbevölkerung in Bundesstaaten und Megacities (>4 Mio. Ew., 2011)

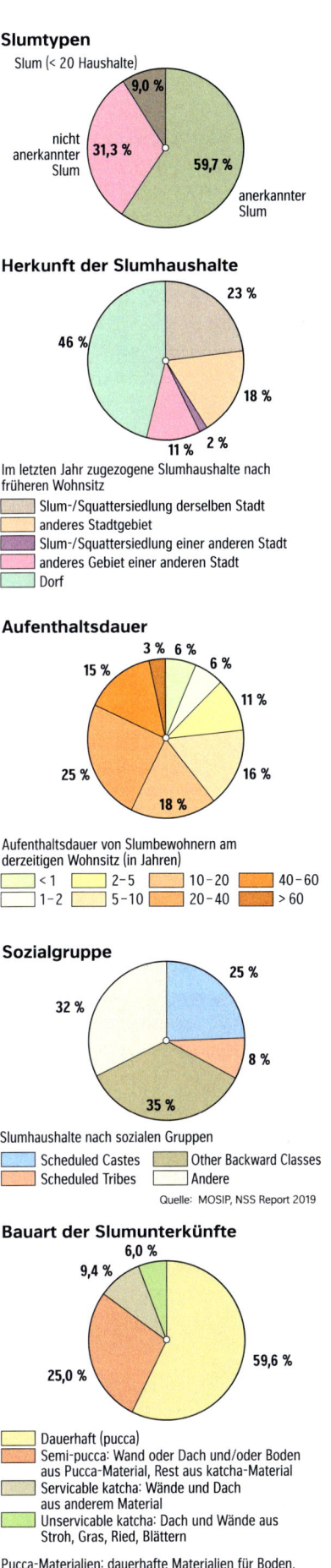

Slumtypen

Slum (< 20 Haushalte)

9,0 %

nicht anerkannter Slum · 31,3 %

59,7 % · anerkannter Slum

Herkunft der Slumhaushalte

23 %

46 %

18 %

11 %   2 %

Im letzten Jahr zugezogene Slumhaushalte nach früheren Wohnsitz

- Slum-/Squattersiedlung derselben Stadt
- anderes Stadtgebiet
- Slum-/Squattersiedlung einer anderen Stadt
- anderes Gebiet einer anderen Stadt
- Dorf

Aufenthaltsdauer

3 %   6 %
15 %   6 %
                11 %
25 %
        18 %   16 %

Aufenthaltsdauer von Slumbewohnern am derzeitigen Wohnsitz (in Jahren)

< 1	2–5	10–20	40–60
1–2	5–10	20–40	> 60

Sozialgruppe

25 %
32 %
        8 %
35 %

Slumhaushalte nach sozialen Gruppen

- Scheduled Castes
- Scheduled Tribes
- Other Backward Classes
- Andere

Quelle: MOSIP, NSS Report 2019

Bauart der Slumunterkünfte

6,0 %
9,4 %
            59,6 %
25,0 %

- Dauerhaft (pucca)
- Semi-pucca: Wand oder Dach und/oder Boden aus Pucca-Material, Rest aus katcha-Material
- Servicable katcha: Wände und Dach aus anderem Material
- Unservicable katcha: Dach und Wände aus Stroh, Gras, Ried, Blättern

Pucca-Materialien: dauerhafte Materialien für Boden, Wände und Dach, industriell erzeugt

Katcha-Materialien: "einfaches" Naturmaterial (ohne gemauerte Steine)

42572EX   Quelle: National Sample Survey Office 2014

M 8   Slumhaushalte in Indien

Der Guru Govind Slum liegt nahe des kanalisierten und stark verschmutzten Sahibi-Flusses ungefähr 10 km westlich der Altstadt Delhis. Etwa 4500 Personen leben hier in überwiegend eng verbauten ein- bis dreigeschossigen Gebäuden, die in einfacher Ziegelbauweise (Pucca) errichtet sind. [...] Der Slum entstand vor etwa 35 Jahren und ist inzwischen behördlich anerkannt. [...] Aufgrund dieser Anerkennung besitzt das Viertel zumindest eine rudimentäre Versorgungsinfrastruktur. Hierzu zählen Stromanschluss, Straßenbeleuchtung, öffentliche Wasserstellen für die Trinkwasserentnahme und zementierte Wege, entlang derer schmale, offene und zementierte Gräben laufen. Obwohl diese Gräben von der Stadtverwaltung ausschließlich für die Ableitung von Regenwasser vorgesehen sind, leiten die Haushalte ihre Abwässer in die Gräben ein. [...] Auch die Versorgung mit Toiletten im Guru Govind Slum ist höchst problematisch. Die Bewohnerschaft ist auf die Benutzung einer öffentlichen Sammeltoilette am Rande der Siedlung angewiesen, wo für Männer und Frauen jeweils 17 Toiletten zur Verfügung stehen. Diese sind allerdings nur von 4 Uhr morgens bis 23 Uhr nachts geöffnet und häufig stark verschmutzt. Benutzer müssen pro Toilettengang 1 Rupie bezahlen.

Quelle: Anna Zimmer: Abwasser und Abfälle – Konflikte in Delhis informellen Siedlungen. Geographische Rundschau 12/2015, S. 27

Ragpickers heißen sie in Indien – Müllsammler. Sie leben in Slums, im Müll und von ihm. Säckeweise schleppen sie ihn vor ihre Hütten, sortieren und verkaufen ihn dann wieder. Kanhaiya ist einer von ihnen. 12 Jahre ist er alt und schon seit Jahren arbeitet er hart: „Ich sammle Müll in einen großen Plastiksack. Den trag ich dann auf meinem Kopf nach Hause. [...] Wenn ich vom Sammeln komme, hole ich drei oder vier Kanister Wasser von der Wasserstation an der Straße. Dann sortiere ich den gesammelten Müll." [...] Es ist Mittag im Slum. [...] Auch heute gibt es wieder Rotis, dünne Fladen aus einem Wasser-Mehl-Teig. Die Mutter backt sie auf einer Eisenplatte über einem Feuer neben dem Eingang der Hütte. 80 mal 160 Zentimeter Platz ist dort. Tücher hängen vom Dach. Es grenzt an ein Wunder, dass es nicht öfter brennt. Direkt vor der Hütte ist ein Pfad von etwa einem halben Meter Breite. Dann fängt der Müll an. [...] Hier ist es eng, staubig, dreckig und der Müll stinkt. Fliegen belagern alles und jeden. [...]

Die Kinder schlafen auf dem Boden ihrer Hütte. Sie ist vielleicht sieben bis acht Quadratmeter groß. Ein Bett steht darin und ein Fernseher. Die Wände sind gemauert. Planen, Pappen und ein paar Bleche bilden das Dach.

Quelle: Uwe Lueb: Die Müllsammler von Neu Delhi Deutschlandfunk 3.2.2011

M 7   Quellentexte zu Slums in Delhi

4.5 Slums in Mumbai

Mumbai beherbergt nicht nur einen der größten Slums Asiens, sondern Hunderte Slums unterschiedlichster Größenordnung und zum Teil beträchtlichen Alters. Slum-Sanierer schreiben sich eine Verbesserung der Lebensverhältnisse der Einwohner auf ihre Fahnen. Sie vergessen dabei, dass Slums oft mehr sind als nur Behausungen, in denen die Bewohner ihre Nächte verbringen.

1. Beschreiben Sie das Bild M 3.
2. Stellen Sie die Entwicklung von Armutsquartieren in Mumbai dar (M 2).
3. Erklären Sie die Lage der großen Slums in Mumbai (M 1, M 2).
4. Fassen Sie die Unterschiede bei den verschiedenen Ansätzen zur Slumsanierung zusammen (M 7).
5. a) Beschreiben Sie den Slum Dharavi und seine Umgebung (M 1, M 2, M 4 – M 6, M 8, Google Earth, Internet).
   b) Charakterisieren Sie die sozioökonomische Situation und die Funktionsmischung im Slum Dharavi (M 6, M 8).
6. Beurteilen Sie die Aussagen von Liza Weinstein und Lutz Konermann (M 8).
7. a) Über die Sanierung des Slums Dharavi besteht ein Interessenkonflikt zwischen den Slumbewohnern, der Stadtverwaltung und den Investoren/Bauunternehmern. Formulieren Sie die Interessen der einzelnen Gruppen (siehe auch Links S. 92).
   b) Entwickeln Sie Kriterien, die Lösungsansätze erfüllen müssten.

Während des 19. Jahrhunderts erlebte Bombay einen starken Anstieg der Slumbevölkerung parallel zur großmaßstäblichen Industrialisierung und Verstädterung. [...] Viele der heutigen Slums sind Nebenprodukte des Baumwollbooms. [Zuwandernde] Arbeiter wurden anfangs in Wohnheimen (Chawls) untergebracht; meist arbeitete ein Mann der Familie in Bombay, während der Rest im Dorf zurückblieb. Zahlreiche solcher Arbeitersiedlungen wuchsen im Umkreis der Fabriken und anderer Arbeitsplätze. Mit der Zeit wurden daraus Mietskasernen, die Einzelzimmer überfüllt mit [nachziehenden] Familienmitgliedern. [...] Die Gebäude verkamen sehr schnell. Während des späten 19. Jahrhunderts [...] wuchs die sich ausdehnende Stadt über Nachbardörfer hinweg und verwandelte sie in Slums. Die britische Kolonialverwaltung verbannte verschiedene umweltverschmutzende Gewerbe und die [entsprechenden] Arbeitskräfte aus der Stadt an die nördliche Grenze. Der bekannte Slum Dharavi entstand so 1887. [...] Die bestehenden Industrien schufen Arbeitsplätze; mehr Arbeiter zogen zu. [...] Es gab jedoch keine Anstrengungen in Infrastruktur in oder nahe bei Dharavi zu investieren. Die Wohnviertel und Werkstätten wuchsen aufs Geratewohl, ohne Vorkehrungen für Ab- und sicheres Trinkwasser, Straßen oder andere Grunddienstleistungen. [...] [Bis heute] werden Migranten aus allen Teilen des Landes angezogen; daher stiegen auch die Zahl der Slums und ihre Bevölkerung in großem Maße. Unterkunftsmöglichkeiten für die Armen in Mumbai sind Chawls, Patra Chawls (bestehend aus semi-dauerhaften Bauwerken, autorisiert oder nicht autorisiert), Zopadpattis (Squatter-Siedlungen), Gebäude der Slum-Rehabilitierungs-Behörde und Gehweg-Unterkünfte. Obwohl Gehweg-Unterkünfte und Chawls armselige, slumartige Bedingungen aufweisen, fallen diese nicht unter die rechtliche Definition von „Slum".

Quelle: Sugata Bag, Suman Seth, AnishGupta: A Comparative Study of Living Conditions in Slums of Three Metro Cities in India. University of Leeds 2016 (Übers.: G.S.)

M 2   Quellentext zu Slums in Mumbai

M 3   Mumbai: Slum und Neubaugebiete

M 1   Mumbai (verzeichnet sind nur die großflächigen Slumgebiete)

Legende:
- Wohngebiete
- Slum-Gebiete
- Sumpf, Mangrove
- Industriegebiete
- Park, Wald
- Eisenbahnlinien

© westermann 36645EX

M4 Töpferei in Dharavi

Abbruch, *„Demolition"*	Vertreibung der Einwohner und Abreißen des Slums, neue Nutzung des Slumareals
„Upgrading" des Slums auf gleichem oder anderem Areal	Zuteilung von Grundstücken an Slumhaushalte zum Wohnungsbau, Versorgung mit Basisdienstleistungen
Umsiedlung in Neubaugebiete, anderweitige Nutzung des Slumareals	Bau von (Hochhaus-)Siedlungen (oft) am Stadtrand, Zuteilung von Wohnungen an „berechtigte"[1] Slumbewohner
Sanierung mit Neubebauung des Slumgebiets, *„Rehabilitation"*	Errichtung neuer Bausubstanz mit Infrastruktur in Slum-Abschnitten und Umquartierung „berechtigter"[1] Familien

[1] „Berechtigt" sind in der Regel Familien, die nachweisen können, schon vor einem Stichtag im Slum gelebt zu haben

M7 **Wege des Umgangs mit Slums**

M5 **Slum Dharavi (Satellitenbildaufnahme)**

Schätzungen zufolge leben und arbeiten [in Dharavi] auf zwei Quadratkilometern zwischen 600000 und einer Million Menschen. Dharavi hat die höchste Bevölkerungsdichte der Welt. Gerade einmal zehn Gehminuten vom Finanzzentrum Mumbais entfernt, liegt das Viertel, eingeklemmt zwischen zwei Bahntrassen. Dicht an dicht stehen hier ein- bis dreistöckige Häuser aus Beton, Holz, Blech und Plastik gebaut. [...]
[Im] Töpferviertel von Dharavi [gehen] etwa 2000 Familien [...] ihrem traditionellen Handwerk nach. [...] Dhansuks Familie ist 1933 aus dem Bundesstaat Gujarat nach Mumbai gekommen und lebt bereits seit drei Generationen in Dharavi. [...] Die Töpfer-Familie lebt und arbeitet in drei Räumen. Im Ersten verarbeiten die Männer den Lehm, im Zweiten verkaufen sie die fertigen Gefäße und im Dritten lebt die Familie. Diese Struktur ist typisch für Dharavi: Leben und Arbeiten auf engstem Raum. Auf diese Weise entstehen in dem Viertel 63 Prozent der gesamten Produktion Mumbais. Wie eine riesige Batterie, von menschlicher Arbeitskraft betrieben, versorgt Dharavi nicht nur Mumbai mit Gütern, sondern auch den Weltmarkt. [...]
Quelle: Antje Stiebitz: Ein Slum als Lebens- und Arbeitswelt. Deutschlandfunk. Weltzeit 29.3.2017

Seit den 1980er-Jahren versprechen Politiker, Dharavi zu entwickeln. Nicht wegen der haarsträubenden Zustände in toxischen Schmelzöfen oder in Hinterzimmer-Färbereien. [...] Treibende Kraft sind die Interessen der Immobilienbranche. Gemäß dem jüngsten Entwicklungsplan des Gliedstaats Maharashtra soll das Meer der Hütten modernen Wohntürmen weichen. Bewohner, die vor 2001 nach Dharavi gezogen sind und jetzt einem Umzug zustimmen, würden mit einer Gratiswohnung entschädigt. [...] Mikrounternehmer stehen vor einer schwierigen Wahl: Sie würden zwar Wohnfläche erhalten, die sie künftig veräußern dürften, aber sie verlören ihren Fabrikraum. Leer ausgehen würden all jene, die nach 2001 ihre Zelte in Dharavi aufgeschlagen haben.
Quelle: Marco Kauffmann Bossart: Dharavi – ein indischer Slum mit wirtschaftlicher Strahlkraft. NZZ 27.2.2020

M6 Quellentexte zu Dharavi

Legende M5:
- S Schule
- + Hospital
- P Polizeiwache

„In Dharavi scheinen alle beschäftigt zu sein. Was wir sehen, will nicht zu unserer Vorstellung eines Slums passen. Wir haben Armut und Lethargie erwartet. Doch hier werden jährlich umgerechnet etwa 700 Millionen Euro umgesetzt. Manche Arbeiter verdienen 70 bis 100 Euro im Monat und liegen damit knapp über dem indischen Durchschnittseinkommen. [...] Dreck und Elend haben wir hier vermutet, jetzt aber beobachten wir: normales Leben. Zwar müssen sich in Dharavi rund 1440 Menschen eine Toilette teilen. Doch ansonsten gibt es hier alles, Videotheken, Restaurants, Banken, Spielzeugläden und Krankenstationen."
Silke Weber, *deutsche Journalistin (2015)*

„[Sanierungspläne wie das Dharavi Redevelopment Project scheitern in der Regel] und es ist oft gut so, dass sie dies tun. Wenn die großen Visionen der Entwicklungsplaner – die von vielen in Mumbai als Halluzinationen bezeichnet werden – realisiert würden, würden die sozialen Verwerfungen, die daraus entstünden, unvorstellbar sein. Die kritische Frage, wohin alle gehen sollten, beiseitegelassen, würde die Stadt einfach aufhören, zu arbeiten, wenn alle „unautorisierten", „irregulären" oder „nicht in Frage kommenden" Einwohner Dharavis zwangsgeräumt würden. Wenn der Megaslum verschwinden müsste, würde Mumbai so viele seiner Fahrer, Hausangestellten, Textilhersteller, Müllsammler und Büroangestellten verlieren, dass Indiens kommerzielle Hauptstadt einfach aufhören würde zu funktionieren."
Liza Weinstein, *US-amerikanische Soziologin*

„Es ist schon ironisch, wenn die Verwaltung sagt, dass ein ,Redevelopment' notwendig ist, um eine integrierte Stadt aus Dharavi zu machen. Dharavi ist eine perfekt integrierte Stadt, es gibt ein perfektes soziales Netz, es funktioniert, die Leute verdienen ihren Lebensunterhalt, was kann man mehr von einer Stadt erwarten?"
Lutz Konermann, *deutscher Filmemacher*

M8 **Zitate zu Dharavi**

4.6 Trends der Stadtentwicklung

In vielen südasiatischen Städten steht der Verslumung von Quartieren und der Ausbreitung von Squatter-Siedlungen (Kap. 4.4) ein Neubau oder eine Aufwertung von Wohnvierteln gegenüber. Dabei ist oft eine enge Verzahnung von Wohngebieten unterschiedlicher Einkommensgruppen zu beobachten. Aus dem Fenster eines hochpreisigen Appartements blicken die Bewohner nicht selten auf einen Slum. Wachstum und Modernisierung der Stadt gehen dabei mit flächenmäßiger Ausdehnung ins Umland einher, unter anderem durch Bau neuer Wohnsiedlungen – oftmals Gated Communities* –, aber auch mit innerer Verdichtung.

1. Ordnen Sie M1, M3, M5, M8 und M10 den in der Übersicht M2 genannten Möglichkeiten baulicher Umgestaltung zu.
2. (Z) Recherchieren Sie Lage und Struktur der Lodhi Colony (M5, M6, Google Earth). Entwickeln Sie Überlegungen zur Sozialstruktur des Viertels.
3. (Z) Vergleichen Sie die Entwicklung in Hauz Khas mit Ihnen bekannten Gentrifizierungsprozessen* in Deutschland (M4).
4. Erläutern Sie Vor- und Nachteile von „Brownfield"- und „Greenfield"-Projekten im Wohnungsbau (M2, auch M6, S.79).
5. Charakterisieren Sie die Merkmale von Gated Communities* in Indien (M7).
6. Erörtern Sie die sozialen Folgen von Gated Communities in Indien (M6–M9).

M1   Gated Community in Kolkata

		• Gentrifizierung von Quartieren, individuelle, kleinteilige Investitionen
Umgestaltung bestehender Bausubstanz		• „Promoter" ersetzen (einzelne) ältere niedrige Gebäude (und Gärten) durch mehrstöckige; ehemaliger Eigentümer erhält Neubauwohnung und Geldbetrag; andere Wohnungen werden von Promoter gewinnbringend als Eigentumswohnungen verkauft
		• Umgestaltung und Modernisierung kolonialen Erbes
Neubauprojekte (Gated Communities, Malls, Büroflächen)	**„Brownfield"-Projekte**	• Neunutzung von Industriebrachen (z.B. ehem. Baumwollfabriken in Mumbai)
		• Abriss alter Bausubstanz (Chawls – Mumbai; degradierter Innenstadtquartiere, Gebäude), Slums
	„Greenfield"-Projekte	• Überbauung von Acker- und Ödland am Stadtrand und im städtischen Umland

M2   Übersicht zur baulichen Umgestaltung indischer Städte

M3   Hauz Khas Village in Delhi

Infolge des Bevölkerungswachstums wurde seit den 1950er-Jahren in Süd-Delhi Ackerland akquiriert und später mit Wohnkolonien bebaut. Die Dorfbewohner verloren weitgehend ihre landwirtschaftliche Grundlage; ihre Wohngebiete wurden davon jedoch kaum beeinflusst und später auch von den strengen Bau- und Nutzungsgesetzen ausgenommen, die sonst in Delhi gelten. So war beispielsweise die Eröffnung von Büros und Kleinunternehmen in Wohngebieten hier einfacher. In Hauz Khas siedelten sich Kultur- und Unterhaltungseinrichtungen an. Billiger Wohnraum zog Künstler, Musiker, Schriftsteller einer wachsenden subkulturellen Szene an. Die Zahl der Restaurants, Bars und Boutiquen stieg mit der wachsenden Zahl von Besuchern, die dieses Flair schätzen. Die dörflichen Eigentümer investierten in ihre Immobilien und vermieteten sie mehr und mehr für kommerzielle Zwecke. Um ihre Mieteinnahmen zu maximieren, wurde die Bebauung mit zusätzlichen Stockwerken und Erweiterungen noch weiter verdichtet. Filialen großer Ketten verdrängten kleine Lokale und Geschäfte. Da die Mieten stiegen, sind die Szene-Angehörigen oftmals wieder fortgezogen, und einzelne Künstler findet man nur noch in Hintergassen.

M4   Gentrifizierung* in Hauz Khas Village in Delhi

M5   Street Art in Lodhi Colony in Delhi

Die Lodhi Colony in Delhi wurde in den 1940er-Jahren als Wohnraum für Beamte und Angestellte der Zentralregierung gebaut. Sie besteht aus zur Straße hin geschlossenen, um Innenhöfe gruppierten zweistöckigen Wohnblocks mit kontrollierbarem Zugang. Die Fassaden wurden 2015-16 im Rahmen eines Festivals von internationalen Künstlern bemalt. Das „Directorate of Estates" des Ministeriums für städtische Entwicklung betreut in Delhi fast 62 000 Wohneinheiten für Regierungsangestellte der Zentralregierung (2015) an 300 Lokalitäten. 4,5 Prozent der Haushalte Delhis leben in von Arbeitgebern bereitgestellten Quartieren.

M6   Lodhi Colony in Delhi

Indien erfährt derzeit eine steigende Nachfrage nach modernen Wohnsiedlungen. In den überfüllten Zentren verschlechtert sich die Lebensqualität. Die Stadtzentren vieler großer indischer Städte leiden unter einem hohen Maß an Überlastung; daher sind private Wohnviertel in den Randbereichen eine beliebte Wahl. Gated Communities bieten die Art von Schutz und den Lebensstil, den Stadtbewohner bevorzugen. [...] Gated Communities eliminieren den Schmutz und die Unordnung des städtischen Lebens und bieten alle wesentlichen Bedürfnisse für ein modernes Leben, einschließlich Gastronomie und Einkaufsmöglichkeiten, Kinder- und medizinische Zentren und Unterhaltung. [...] Gates Communities sind Wohnhäuser oder Gebäudeblöcke mit eingeschränktem Zugang [...] Diese werden durch Mauern oder Gitter kontrolliert, die das Areal umgeben, mit bewachten Eingängen. Sie sind zu unterscheiden von alleinstehenden Gebäuden mit Appartements oder Eigentumswohnungen mit Sicherheitssystemen oder

Wachleuten. Dort überwacht die Wache nur den öffentlichen Zugang in den Gebäudekomplex, in eine Lobby oder einen Korridor. Gated Communities unterbinden den öffentlichen Zugang für Fahrzeuge, Fußgänger auf Wegen, Grünanlagen, Freiflächen und Spielplätzen, alles Ausstattungsmerkmale, die früher für alle Anwohner des Gebiets frei zugänglich gewesen wären. [...]

In Indien begannen diese modernen Gated Communities in den 1990er-Jahren mit der Rückkehr von im Ausland lebenden Indern. Sie wollten in Indien leben, aber in einem Wohnstil [, an den sie sich in den USA gewöhnt hatten]. Er entwickelte sich anfangs in Metropolen wie Bangalore, der Hauptstadt der IT-Firmen. Eine Person, die in diesen abgeschlossenen Gemeinschaften lebte, wurde als kosmopolitisches Mitglied einer erfolgreichen Gruppe Menschen angesehen.

Quelle: Shantanu Chitgopkar, Shanta Pragyan Dash,Sonali Walimbe: Gated Community Living: A study of contemporary residential development approach in Indian Cities. Palarch's Journal Of Archaeology Of Egypt 9/2020, S. 7437-7451

M 7 Quellentext zu Gated Communities in Indien

M 8 Prestige Shantiniketan

Die Siedlung Kaveri Nagar ist nur vier Kilometer von Prestige Shantiniketan entfernt, aber es könnten genauso gut Millionen Meilen sein. Shantiniketan, in Whitefield, Bengaluru, ist eine Community mit befestigten Straßen, geschnittenem Rasen, batteriegetriebenen Golfwagen für den Sicherheitschef, um damit herumzufahren. Kaveri Nagar, wo einige Leute leben, die in Shantiniketan beschäftigt sind, ist eine Nachbarschaft mit niedrigen Gebäuden, mit einigen Läden, die Dinge des Alltagsbedarfs verkaufen, und Karren von Gemüseverkäufern. Anupama und Varghese Abraham [...] leben in Shantiniketan; Ratnamma, ihre Haushaltshilfe, lebt in Kaveri Nagar. Der Kontrast zwischen Shantiniketan und Kaveri Nagar symbolisiert moderne indische Städte und die problematische Zweiteilung in ihnen. [...] Ratnamma [...} fährt jeden Tag nach Shantiniketan zur Arbeit. In dem Appartementkomplex muss sie sich einigen bezeichnenden Demütigungen unterwerfen. Zuerst muss sie das Geld, das sie bei sich hat, deklarieren, wenn sie den Baukomplex betritt. Wenn sie hinausgeht, zählen die Wachen den Betrag noch einmal. [...] Prestige Shantiniketan verfügt über 2850 Appartements. Es gibt 162 Wächter, die die 23 Türme belauern, Parkplätze im Untergeschoss, Gärten und Spielplätze. Das Wohnareal von 24 ha hat Parkplätze für 2850 Wagen, außerdem Besucherparkplätze. [...] [Der Wohnkomplex] verbraucht auch etwa 1,2 Mio. Liter Wasser pro Tag, was bei schätzungsweise 10000 Bewohnern 120 Liter pro Person und Tag ist.

Quelle: Rahul Chandran: Class divide in a gated community. MINT on Sunday, 10.12.2016 (Übersetzung: Georg Stöber)

M 9 Quellentext zu Prestige Shantiniketan

M 10 South City in Kolkata (Hintergrund links). Auf dem Gelände zweier aufgegebener Fabriken entstanden bis 2008 auf 12,6 ha fünf Wohntürme als Gated Community, mit ca. 1600 Wohnungen (von 106 – 321 m²), Park und Parkplätzen für 1400 Wagen, Residence-Club mit Sporteinrichtungen, Mall mit Boutiquen, Multiplex-Kino, Restaurants etc. sowie eine internationale Schule.

„Bevor sich die Wirtschaft 1991 öffnete, wurde das Land für Wohnungen in großem Umfang staatlicherseits verwaltet. Dies änderte sich rapide in den folgenden Jahren, als private Bauunternehmen auf dem Wohnungssektor aktiv wurden und Wohnen zur Ware machten. [...] Sie kontrollieren nun erfolgreich den Immobilienmarkt einer ganzen Zahl indischer Großstädte. Etwa ein Fünftel des Bodens von Mumbai wird von gerade einmal neun privaten Grundeigentümern und privaten Trusts kontrolliert. [...] Neben der größten Slumbevölkerung wird Mumbai bald auch die höchste Zahl von Luxusappartements in Indien haben – Appartements, die die harte Arbeit der Armen nutzen, die nie in der Lage sein werden, in den Häusern zu sitzen, die sie mit ihren bloßen Händen errichtet haben."

Bhawna Jaimini, *indische Architektin (2021)*

„Die hohen Tore der Komplexe sind eine Botschaft an die Armen, dass ihre Welt getrennt ist von unserer und wir uns von der „Kontaminierung", die sie darstellen, schützen wollen. Die Trennung von "uns" und „ihnen" ist ein Fluch für soziale Harmonie und kann nur Ressentiments schüren und so Grundlage für mehr Verbrechen bilden. Gated Communities mögen es geschafft haben, dass reiche Inder sich sicherer fühlen, aber sie haben die Straßen nicht sicherer gemacht. [...] Dass wir uns in privaten Enklaven verstecken, kann keine Lösung für unsere unsicheren Städte sein."

Vandana Vasudevan, *indische Stadtgeographin (2017)*

M 11 Zitate zu Gated Communities in Indien

4.7 Herausforderungen für die städtische Infrastruktur

Das rapide Wachstum der Städte lässt ihre Infrastruktur an Grenzen stoßen. Die Folge sind gravierende Probleme, die für die Stadtverwaltungen nur schwer in den Griff zu bekommen sind. Auch die moderne Lebensweise mit hoher motorisierter Mobilität und Annehmlichkeiten wie Klimaanlagen und Kühlschränken trägt das ihre dazu bei. Die Folgen gefährden die Gesundheit. So leiden viele Bewohner südasiatischer Metropolen unter einer enormen Luftverschmutzung mit Feinstaub, Stickoxyden und anderen Abgasen. Bei der Feinstaubbelastung zählen indische und pakistanische Städte weltweit zu den Spitzenreitern. Aber auch die Abwasserentsorgung und die Entsorgung enormer Müllmengen stellen die Städte vor große Herausforderungen.

1. a) Beschreiben Sie die Bilder (M2, M4, M8, M11).
   b) Erläutern Sie die Probleme städtischer Infrastruktur, die darin sichtbar werden.
2. Erläutern Sie das Problem der Luftverschmutzung südasiatischer Städte (M1, M3, M5).
   Ⓩ b) Recherchieren Sie die Ursachen für Feinstaubbelastungen* (Internet).
3. Fassen Sie die Probleme der Abwasserentsorgung am Beispiel Varanasis zusammen (M7).
4. a) Charakterisieren Sie das Abfallaufkommen Punes (M6).
   b) Erläutern Sie das Konzept der Müllentsorgung in Pune (M9, M10).
Ⓩ 6. Erörtern Sie die Frage, wie Städtewachstum und die veränderte Lebensweise der Bewohner zu den Problemen städtischer Infrastruktur beitragen.

Die schlechte Qualität der Luft ist schon jetzt ein Hauptproblem für die öffentliche Gesundheit [in Indien]: Um die 590 000 vorzeitige Todesfälle wurden 2015 der Luftverschmutzung im Freien zugeschrieben [...] Demografische Trends, steigende Einkommen, Urbanisierung und Industrialisierung treiben alle den Energieverbrauch in die Höhe und vergrößern die Luftverschmutzung. [...] Wie woanders auch, stammt Luftverschmutzung aus einer Reihe energiebezogener Quellen einschließlich Auspuffen von Kraftfahrzeugen, Wärmekraftwerken, Generatoren zur Versorgungsabsicherung, Ziegelbrennereien, industriellen Aktivitäten und dem Verbrennen von Biomasse zum Kochen und Heizen. In Indien spielt auch die nicht-energiebezogene Luftverschmutzung eine bedeutende Rolle, die von Straßenstaub, dem Verbrennen von Haushalts- und landwirtschaftlichen Abfällen und Bauaktivitäten stammt. Besonders durch den traditionellen Gebrauch von Biomasse ist der Haushaltssektor der Hauptverursacher von PM2,5-Emissionen und trägt etwa zwei Drittel zur indischen Gesamtbelastung bei. [...] NOx-Emissionen stammen hauptsächlich aus dem Verkehrssektor [hauptsächlich vom Schwerlastverkehr wie Lastkraftwagen und Bussen], der 40 Prozent der Gesamtbelastung ausmacht, gefolgt vom Energiesektor (etwa 30 %) und Industrie und verarbeitendem Gewerbe (etwa 20 %). [...] Die Kraftwerke sind die Quelle für mehr als die Hälfte der SO_2-Emissionen des Energiesektors. Kohle ist der Hauptbrennstoff des indischen Kraftwerkssystems, auf sie entfallen fast zwei Drittel der Elektrizitätsversorgung.

Quelle: International Energy Agency: Energy and Air Pollution. World Energy Outlook special report. Paris: OECD/IEA 2016, S. 189 (Übersetz.: Georg Stöber)

M3   Quellentext zur Luftverschmutzung in Indien

Land	Stadt	PM10[1] (in µg/m³)	PM2,5[2] (in µg/m³)	Land	Stadt	PM10[1] (in µg/m³)	PM2,5[2] (in µg/m³)
BG	Dhaka	104	57	NP	Kathmandu	88	49
IN	Chennai	80	52	PK	Islamabad	217	66
IN	Delhi	292	143	PK	Karachi	290	88
IN	Kanpur	319	173	PK	Lahore	198	68
IN	Kolkata	136	74	PK	Rawalpindi	448	107
IN	Mumbai	104	64	LK	Colombo	64	36
IN	Pune	89	49	DE	Berlin	23	17
IN	Varanasi	260	151	WHO	Schwellenwert	20	10

[1]PM10: „particulate matter", maximaler Durchmesser 10 Mikrometer
[2]PM2,5: lungengängiger Feinstaub, max. Durchmesser 2,5 Mikrometer
Quelle: WHO Global Urban Ambient Air Pollution Database 2018

M1   Feinstaubemissionen* in südasiatischen Metropolen (im Jahresmittel)

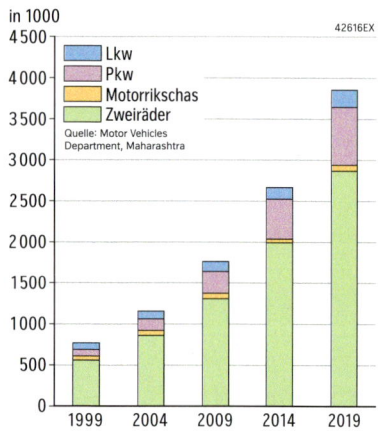

M5   Motorfahrzeuge in Pune (1999 – 2019)

M2   Verkehrsstau in Pune

M4   Stromkabel in Hauz Khas (Delhi)

Müllherkunft	2011	2017	2018	2019
Gesamtabfall	1374	1678	1952	2000
davon behandelt		46	62	90

Müllherkunft	Anteil (in %)	Müllart	Anteil (in %)
Haushaltsmüll	69,1	Papier	6
Straßenreinigung	10,2	Plastik	9
Hotels & Restaurants	10,9	Metal	3
Märkte, Gewerbegebiete	3,6	Glas	5
Bauschutt	5,5	organisch	31
organischer Marktabfallt	0,5	Leder/Gummi	1
bio-medizinischer Abfall	0,1	inerter[1] Abfall	23
		Verschiedenes	22

[1] reaktionsträg, z.B. schadstofffreier Bodenaushub Quelle: Pune Municipal Corporation

M6 Menge, Herkunft und Arten städtischen Mülls in Pune

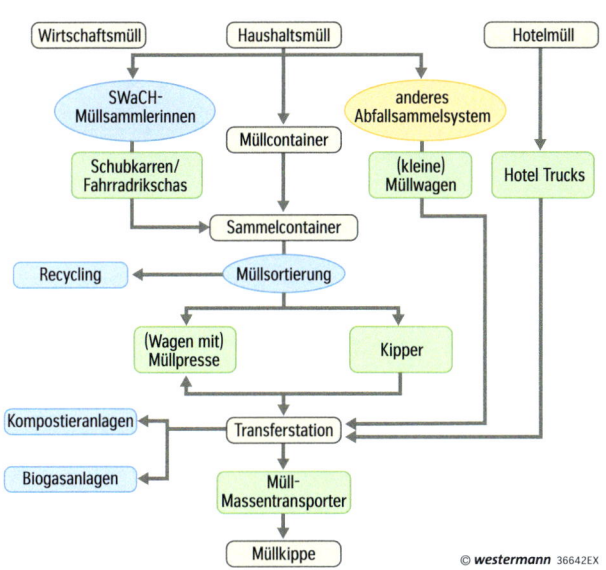

M9 Abfallentsorgung in Pune

Premierminister Narendra Modi hatte versprochen, den Fluss Ganges zu säubern, bevor er bei den Wahlen 2014 in Varanasi antrat. Jetzt, fünf Jahre später, ist die Ganges verschmutzter denn je. In Varanasi sollte kein einziger Tropfen Abwasser in den Fluss fließen [...]. Auf einer Strecke von fünf Kilometern gibt es [aber] 33 Punkte, an denen ungeklärtes, unbehandeltes Abwasser in den Ganges gelangt. [...]

Nach 1986 [...] wurden drei Kläranlagen mit einer Kapazität von 102 Mio. Litern pro Tag zum Preis von 430 Mio. Rupien errichtet. [...] Dennoch zeigten Labortests, dass der Fluss in hohem Ausmaß fäkale Coli-Bakterien führte. Das Problem war, dass die Abwassermenge, die in den Fluss gelangte, die 102 Mio. l überstieg, die die Kläranlagen bewältigen konnten. Ein anderes Problem bestand in der Abhängigkeit von Elektrizität, deren Lieferung unregelmäßig war, sowie in den hohen Betriebs- und Unterhaltskosten und der Untauglichkeit, Kolibakterien aus dem Abwasser zu beseitigen. [...] Heute schätzen wir, dass Varanasi täglich etwa 350 Mio. Liter Abwasser generiert. Nur ein Drittel hiervon wird gesammelt und einer Kläranlage zugeführt. Die anderen zwei Drittel werden über Kanäle und Gräben in die Flüsse Varuna und Assi abgeleitet, die in den Ganges münden. [...]

Modi weihte im November [2018] ein Klärwerk in Dinapur, Varanasi, ein, das 140 Mio. l Abwasser pro Tag verarbeiten kann. [...] Ein anderes Werk in Goitha soll 120 Mio. l pro Tag behandeln. Da aber beide mangelhaft angeschlossen sind, verarbeiten sie gegenwärtig nur 10 Mio. Liter Abwasser pro Tag. Das Problem mit beiden Werken ist [...], dass sie keine fäkalen Kolibakterien beseitigen; das wird ein Hauptproblem bleiben.

Quelle: Rashme Sehgal: Ganga water quality has worsened due to untreated sewage, govt should have prioritised clean-up project, says chief of NGO. Firstpost 3.4. 2019 (Übersetzung: Georg Stöber)

M7 Quellentext zur Abwassersituation in Varanasi

SWaCH war Indiens erste Kooperative von selbstständigen [informellen]Müllsammlern. 2008 wurde SWaCH von der PMC [Pune Municipal Corporation] autorisiert, Abfallsammlung an der Haustür und andere Müllentsorgungsdienste anzubieten. Die Müllsammler [Frauenanteil: >80 %] erhalten eine Servicegebühr. [...] Die wiederverwertbaren [...] Gegenstände werden von den Müllsammlern sortiert und verkauft; das Einkommen hieraus wird von ihnen behalten. [...] Die Müllsammler von SWaCH sammeln den Abfall an der Tür ein, sortieren das recyclefähige Material und beseitigen den Restmüll an festgelegten Punkten für das sekundäre Müllentsorgungssystem. [...] 2018 sammelte SWaCH etwa 52,5 Prozent des städtischen festen Abfalls in der Stadt [...]. Insgesamt 50 Abfallaufbereitungsanlagen verarbeiten 30 Prozent des Mülls. [...] 10 Prozent werden von den Müllsammlern recycelt. Die restlichen 60 Prozent [...] werden zur Deponie gebracht. [...]

Das Abfallmanagement in Pune hängt stark von der Anerkennung und Unterstützung der Stadtverwaltung ab. [...] Neue technologische Möglichkeiten und andere konkurrierende Modelle (Abfallverbrennung, neue mechanisierte und zentralisierte Müllbehandlung) und die Rentabilität einer globalen Abfallwirtschaft kann die Lebensfähigkeit des Modells entscheidend beeinflussen.

[Nach Auslaufen des SWaCH-Vertrages entschied die PMC 2021, die Müllentsorgung in Pune über Ausschreibungen an Privatfirmen zu vergeben.]

Quelle: Harri Moora, Harshad Barde: Closing the Loop. Pune, India Case Study. UN ESCAP 21.3.2019 (Übersetzung: Georg Stöber)

M10 Quellentext zur Abfallentsorgung in Pune

M8 Offener Abwasserkanal in Mumbai

M11 Müllabfuhr

4.8 Stadt und Umland

Selbst wenn Stadt und Land statistisch als klar getrennte Kategorien behandelt werden, sind Grenzziehungen in der Realität oft weit weniger eindeutig. Zum einen sind die Städte mit ihren Um- und Hinterländern wirtschaftlich verzahnt und hängen von der Zufuhr von deren Ressourcen (nicht zuletzt Wasser) ab; zum anderen transformiert das Städtewachstum auch den ländlichen Raum des Umlandes zu einem peri-urbanen, was mit einem starken Strukturwandel verbunden ist: für die betroffenen Menschen oft eher eine Bedrohung als eine Chance.

1. Beschreiben Sie die Lebenssituation der Frauen aus dem „Jhi Lokal", dem Zug der Dienstmädchen (M 4).
2. Analysieren Sie das Pendeln* im Großraum Kolkata und die dabei verwendeten Verkehrsmittel (M 1, M 2, M 5, M 6).
3. Erklären Sie die verschiedenen Hintergründe des Pendelns, die in den Quellentexten deutlich werden (M 4, M 7).
4. a) Analysieren Sie das Diagramm zur Milchversorgung Delhis (M 8). Schätzen Sie dabei die Bedeutung der verschiedenen Versorger ab.
b) Erläutern Sie die Bedeutung des peri-urbanen Raumes bei der Nahrungsmittelversorgung indischer Großstädte (M 8 – M 11).
5. Beurteilen Sie die Stellung peri-urbaner Gebiete in den Stadt-Land-Beziehungen (M 1 – M 10, vgl. auch M 3, S. 74 und M 3, S. 84).

Der Nahverkehrszug 34513 Canning-Sealdah ist gemeinhin bekannt als „Jhi Local" – Zug der Dienstmädchen; früher wurden die Haushaltshilfen „Jhi" genannt. Die weiblichen Passagiere dieses Zugs pendeln täglich 45 Kilometer und mehr aus dem Distrikt im Süden der Stadt. Von der nächstgelegenen Station eilen sie dann – meist zu Fuß bis zu fünf Kilometer – zu ihren Arbeitsplätzen in den Wohnungen der oberen Mittelklasse oder den Häusern der Reichen in Kolkata-City. Einige sind Köche, andere Pflegerinnen oder putzen und waschen in mehr als einem Haushalt. Diese Haushaltshilfen sind von entscheidender Bedeutung dafür, dass die oberen Schichten in Kolkata ihrem Beruf nachgehen können. Und die „Jhi" wissen um ihre Bedeutung. Sie sind in den meisten Fällen die Brotverdiener der Familie. Oft ist der Ehemann krank, Alkoholiker, hat die Familie verlassen oder sie sind Witwen.

Die Pendlerinnen haben einen langen Tag. Sie nehmen gewöhnlich den Zug um 3:50 Uhr am Morgen, weil zu diesem Zeitpunkt noch niemand die Fahrkarten kontrolliert. Vorher müssen sie noch ihren eigenen Haushalt versorgen und zum Bahnhof laufen. Zurück geht es dann am späten Nachmittag; wenn sie nach einigen Stunden zu Hause ankommen, wartet noch die eigene Hausarbeit auf sie. Und die Haushaltshilfen haben meist eine Siebentagewoche. Am Wochenende müssen die Sonderwünsche der von der Arbeitswoche ermüdeten Arbeitgeber erfüllt werden. Aber sie genießen auch das bessere Wohnumfeld und die bessere Verpflegung, die sie in den Mittelklassehäusern erhalten.

M 4   Hausangestellte als Pendlerinnen in Kolkata

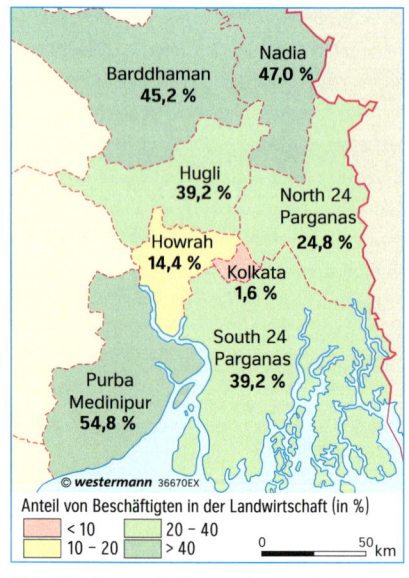

M 1   Großraum Kolkata mit umgebenden Distrikten (2011)

M 3   Frauenabteil im Nahverkehrszug

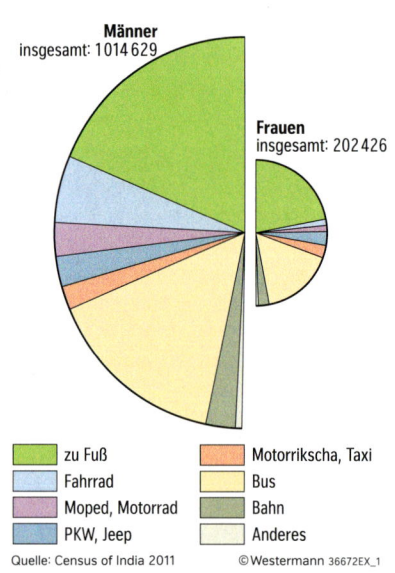

Quelle: Census of India 2011   ©Westermann 36672EX_1

M 5   Kolkata: Benutzte Verkehrsmittel auf dem Weg zur Arbeit 2011

	Kolkata		South 24 Parganas		North 24 Parganas		Howrah		Hugli	
	Männer	Frauen	Männer	Frauen	Männer	Frauen	Männer	Frauen	Männer	Frauen
mit dem Zug	6214	1257	100403	11988	116907	14100	50474	2412	92235	7011
mit PKW	2244	458	1696	133	3640	309	1147	82	1572	112
mit dem Bus	9658	2054	30847	1967	18357	2238	41850	1658	25114	1006
mit anderen Mitteln	4501	666	18451	863	10143	649	6723	344	5203	212
>30 km gesamt	22617	4435	151397	14951	149047	17296	100194	4496	124124	8341
%-Anteil der Arbeitskräfte mit Wegen >30 km	1,68	1,26	11,96	5,05	7,14	3,92	9,39	2,34	12,52	4,04

Quelle: Census of India 2011, West Bengal

M 2   Verkehrsmittel bei Pendlerstrecken >30 km im südlichen Westbengalen (2011; ohne Bauern, Landarbeiter, Arbeitskräfte in Hausindustrien)

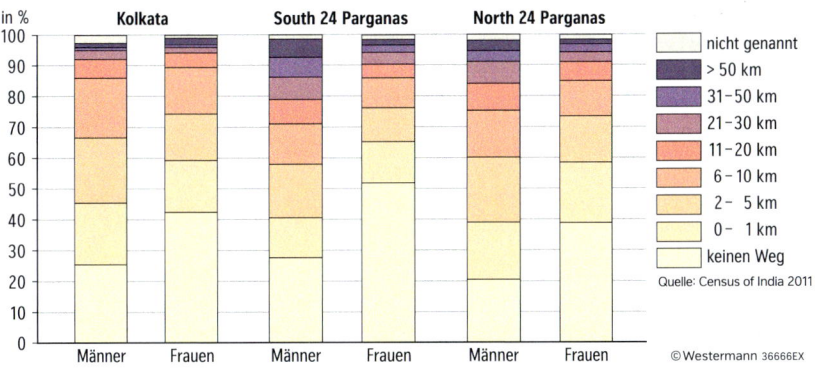

M 6 Arbeitswege von Arbeitskräften* in Kolkata, South 24 Paganas und North 24 Paganas (2011; *ohne Bauern, Landarbeiter und Arbeitskräfte in Hausindustrien)

M 10 Milchtransport in Delhi

Große Städte verlieren die Armen, weil die es sich nicht mehr leisten können, dort zu leben. [...] Obwohl die Menschen mit geringem oder sogar mittlerem Einkommen aus Mumbai vertrieben werden, wollen sie [aber] weiterhin dort arbeiten. [...]

Pendler kommen aus zahlreichen Außenbezirken in die Stadt, einschließlich aus Pune, 163 km südöstlich von Mumbai, wo es ein hohes Bevölkerungswachstum gegeben hat. Pune ist jetzt über eine sechsspurige Autobahn mit Mumbai verbunden, die die Reisezeit für die Autobesitzer oder die Ausgaben für Intercity-Busse stark verringert hat. [...] Währenddessen benötigt der öffentliche Pendlertransport, der immer größere Passagierzahlen bewältigen muss, dringend eine Verbesserung. [...] Mumbais Pendlerzüge sind berüchtigt für ihre Überfüllung, den langsamen Service und die sexuelle Belästigung weiblicher Passagiere. [...] Ein expandierender Dienstleistungs- und Technologiesektor führt viele Frauen zur Arbeit in die Stadt [...] [Sie] unternehmen täglich eine Reise von zwei Stunden und mehr den inneren oder äußeren Vorstädten Mumbais. Sie sind eine andere Art städtischer Migranten, die – gut ausgebildet – ein Mittelklasseleben führen und häufig Kariere und Familie in Einklang bringen müssen. „Frauen, die auf der Rückfahrt im Zug Gemüse schälen, sind ein häufiger Anblick."

Quelle: UNFPA: The state of world population 2011. S. 79 – 80 (Übers.: G. Stöber)

M 7 Quellentexte zu Berufspendlern in Indien

Ein großer Teil der frischen, verderblichen Produkte werden in peri-urbanen Gebieten, die sich an die städtischen Zentren anschließen, erzeugt. Die Früchte werden zum großen Teil von Kleinbauern produziert und durch informelle Kanäle vermarktet. Viehhaltung, vor allem von Milchviehherden, versorgt einen steigenden städtischen Bedarf an Milchprodukten. [...] Trotz der Möglichkeiten durch wachsende städtische Märkte gibt es bezeichnende Herausforderungen für Landwirtschaft in diesen Gebieten. [...] Die peri-urbanen Zonen leiden unter einer wachsenden Ressourcenausbeutung zur Versorgung des städtischen Kerns und müssen auch den städtischen Abfall aufnehmen. [...] Gesundheitsrisiken von verschmutzten peri-urbanen Ökosystemen erstrecken sich auch auf diejenigen, die die Produkte der peri-urbanen Kleinbauern konsumieren, einschließlich derjenigen, die sie auf den städtischen Märkten einkaufen. Zum Beispiel wurden Schwermetalle, die weitgehend aus peri-urbanen Industrien stammen, in [Agrar-]Produkten dieser Gebiete gefunden, die auf Kontamination durch die Luft und die Aufnahme über den von industriellen Abwässern verseuchten Boden zurückzuführen sind.

Quelle: Marshall, F. & Randhawa, P.: India's peri-urban frontier: rural-urban transformations and food security. London: IIED 2017, S. 23 (Übers.: G. Stöber)

M 9 Quellentext zur Bedeutung peri-urbaner Gebiete für die Versorgung von Metropolen

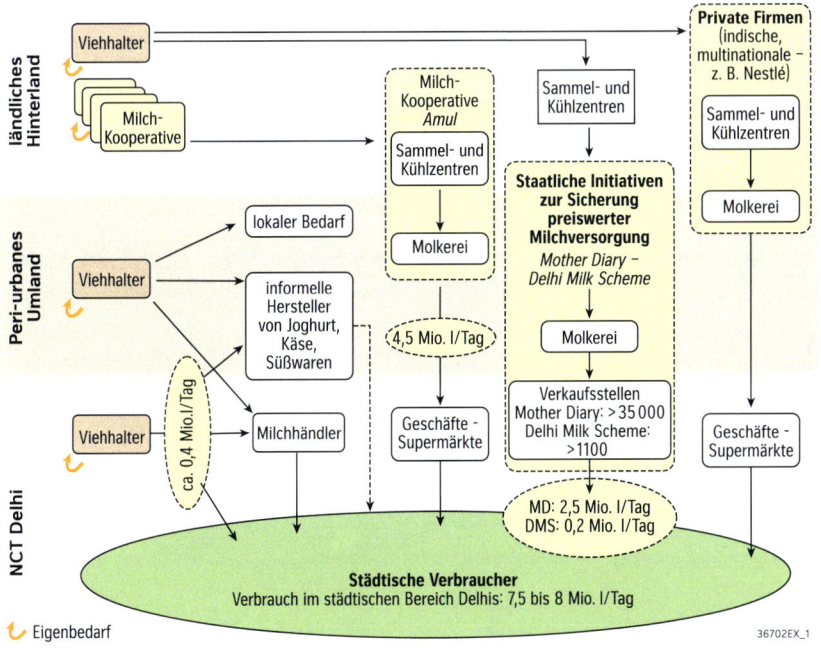

M 8 Milchwirtschaft in Delhi

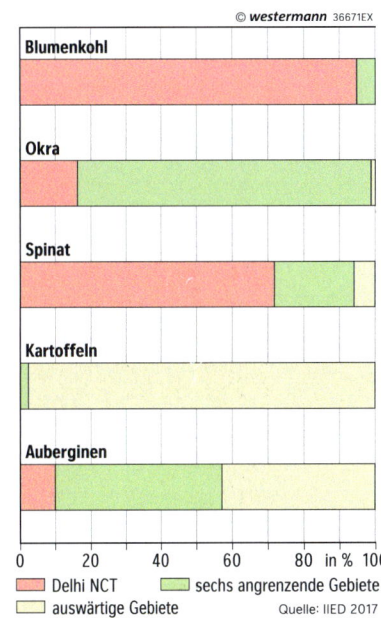

M 11 Herkunft des Gemüses auf einem Markt in Delhi (in %, Stichprobe)

4.9 Klausurtraining

Städtische Trinkwasserversorgung in Indien

1. Beschreiben Sie die Formen der städtischen Trinkwasserversorgung in Indien.
2. Erläutern Sie die Ursachen für die Probleme der städtischen Trinkwasserversorgung und ihre ökologischen und sozialen Folgen.
3. Nehmen Sie Stellung zur Frage: „Trinkwasser – kostenloses Gemeingut oder Handelsprodukt?".
4. Entwickeln Sie Lösungsstrategien, wie die Trinkwasserversorgung in Indien optimiert werden könnte.

M1　Wasserversorgung in Neu-Delhi durch einen Tankwagen

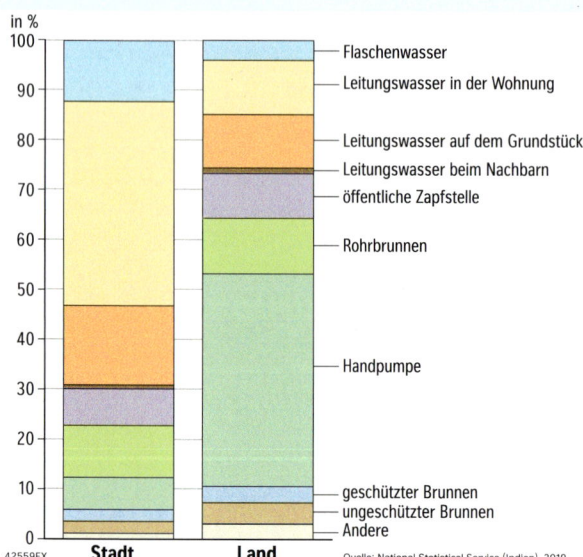

M2　Trinkwasserquellen indischer Haushalte (2018)

Der Tankwagen mit dem Trinkwasser kommt. Einmal in der Woche bekommen die Menschen [in Kusumpur Pahari] Trinkwasser geliefert. [Dieser Stadtteil von Delhi ist nicht an das Wasserleitungsnetz und die Kanalisation angeschlossen]. [...] Eigentlich hätte der Tankwagen schon einen Tag früher kommen sollen. Wer keine Trinkwasser-Reserven angelegt hatte, saß auf dem Trocknen. [...] Das kostbare Trinkwasser wird in große verschließbare Kanister abgefüllt, aber auch in Eimer und Schüsseln, die sofort in die Häuser getragen werden. Jeder muss mit anpacken, auch die Kinder. [...] Nicht weit entfernt von hier liegen die besseren Stadtteile Delhis, wo die reichen Leute wohnen, die täglich ausgiebig duschen können [...] und auch genug Geld, um Trinkwasser in Flaschen kaufen zu können. [...]

Indien leidet derzeit unter der größten Wasserkrise der Geschichte des Landes. Einem Regierungsbericht zufolge sind 600 Millionen Inder – etwa die Hälfte der Bevölkerung – von extremem Wassermangel betroffen. Schon in zwei Jahren werden mehr als 20 Großstädte kein Grundwasser mehr haben [...]. Bereits im Jahr 2030 hätten [...] etwa 40 Prozent der indischen Bevölkerung keinen Zugang mehr zu Trinkwasser. [...] Indien gehört zu den Ländern, die die Auswirkungen des Klimawandels am meisten spüren. Die Niederschläge in der Regenzeit werden spürbar weniger, in der Folge nehmen die Wasservorräte stetig ab.
Quelle: Bernd Musch-Borowska: Ohne Wasser keine Entwicklung. Deutschlandfunk 23.6.2018

Wasserverschmutzung ist in den meisten Teilen Indiens ein Problem. Zu viel Arsen, Fluoride und Schwermetalle verschmutzen das Grundwasser. Und das in einem Land, das dieses Grundwasser der Weltbank zufolge für 80 Prozent seiner häuslichen Wasserversorgung verwendet. [...] [Die Menschen müssen] zum Trinken und Kochen oft Wasser aus Flaschen verwenden. Das kostet eine Familie bis zu 30 Rupien pro Tag und ist mehr, als sich manche leisten können. Und so sind sie gezwungen, das städtische Wasser zu trinken, von dem sie sagen, es sei verschmutzt. Nirgendwo in Indien trauen die Menschen dem Wasser, das aus den Leitungen kommt. Das Marktforschungsinstitut Euromonitor hat errechnet, dass der Markt für Flaschenwasser von 2012 bis 2017 um 184 Prozent gewachsen ist. Die indische Regierung hat versprochen, bis 2022 dafür zu sorgen, dass jede Familie in Indien Zugang zu trinkbarem Wasser hat, aber viele bezweifeln, dass das Versprechen eingehalten werden kann. Doch inzwischen bieten Start-ups und Sozialunternehmen billige Alternativen zu Flaschenwasser. In den letzten zehn Jahren wurden im ganzen Land Tausende Wasserautomaten errichtet, wo Menschen für wenig Geld Trinkwasser zapfen und in ihre eigenen Behälter füllen können.
Quelle: Manon Verchon: Zugang zu Trinkwasser? In Indien ein Luxus. Deutsche Welle 7.4.2019

M3　Quellentexte zur städtischen Trinkwasserversorgung in Indien

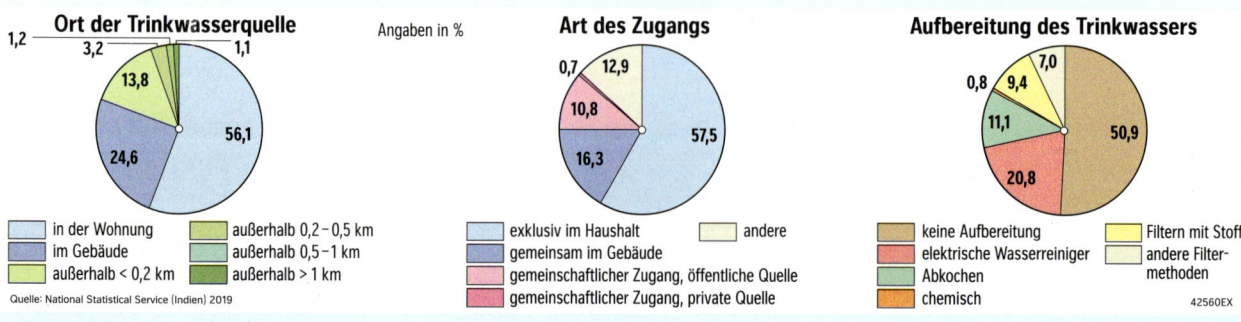

Angaben in %

M3　Trinkwasserversorgung städtischer Haushalte in Indien

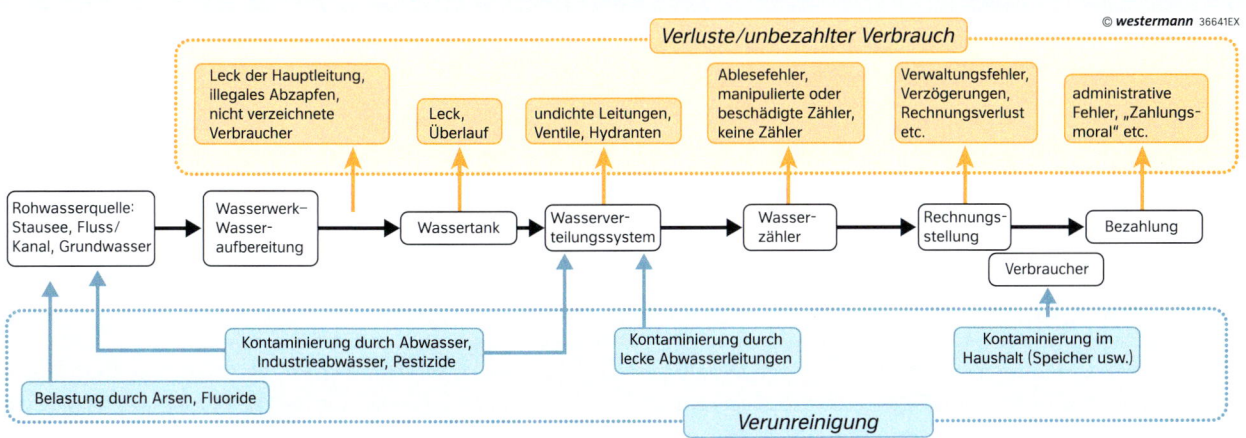

M 5   Probleme der Trinkwasserversorgung: Verschmutzung und Verluste

Um die Wasserversorgung während der Dürre sicherzustellen, transportieren Tanklastwagen Wasser in alle Winkel des Landes. Zunehmend ist dies auch in Städten erforderlich – in immer mehr Fällen sogar bereits das ganze Jahr über. [...] Im nächsten Jahr [werden] 21 indische Großstädte ihre Wasserreserven aufgebraucht haben. Im Fall von Bangalore [...] muss das Wasser aus über 100 Kilometern herantransportiert werden. Dass hierbei die vermögenden Gebiete innerhalb der Städte bevorzugt werden, ist ein offenes Geheimnis. Dies begünstigt die Entstehung einer Wasser-Mafia, die mit eigenen Tanklastwagen Wasser illegal beschafft und verteilt. Eine Strafverfolgung geschieht nur halbherzig, da die Mafia zumindest irgendwie die Wasserversorgung aufrechterhält. Dies widerspricht jedoch nach einem Urteil des Obersten Gerichtshof dem Recht auf Leben. Demnach müsse Wasser ein kostenlos erhältliches Gut sein.
Quelle: Hanns Seidel Stiftung: Indiens Durst 22.07.2019

Bis heute bezahlen die Menschen keine Abgaben für Leitungswasser, das in den Haushalten [Kolkatas] benutzt wird. Dem Normalbürger erscheint es absurd, für eine natürliche Ressource wie Wasser und Luft bezahlen zu sollen. Das Wasser wird von der Calcutta Municipal Corporation aufbereitet und kostenlos in der ganzen Stadt verteilt. [...] Die Kosten der Aufbereitung werden von der Staatsregierung getragen und aus Steuermitteln finanziert. Während der 34-jährigen Regierungszeit der kommunistischen Partei versuchte die Weltbank die Idee durchzudrücken, Wasser sei eine Ware und müsse bezahlt werden. Sie bot der Regierung im Gegenzug finanzielle Entwicklungshilfe. Dies wurde jedoch als gegen die Menschen gerichtet angeprangert. Auch die gegenwärtige Regierung erhebt keine Abgaben auf Wasser als lebensnotwendiger Dienstleistung.
Quelle: Basabi Khan Banerjee: Autorentext 2017

M 6   Quellentexte zur Trinkwasserversorgung in Indien

„Wir hatten schon immer Probleme mit Wasser", sagt Mohan Singh Patwal, der in Delhis größtem illegalem Slum Sangam Vihar lebt, der über eine Million Einwohner zählt. „Aber seit dem Lockdown weigern sich viele private Unternehmer, unsere Viertel mit ihren Tankwagen anzufahren. Wenn dann doch mal einer kommt, hat er schnell kein Wasser mehr. Die ganze Gegend leidet derzeit unter Wassermangel." Das Viertel Sangam Vihar hat als informelle Siedlung, die von der Regierung offiziell nicht anerkannt ist, keinen Anspruch auf Anschluss an das öffentliche Wassernetz. Die Regierung sendet zwar Tankwagen in das Gebiet, doch meist können sie den Wasserbedarf der Bevölkerung nicht decken. Dann kommen private Wasserlieferanten ins Spiel. [...] Viele Familien befürchten, dass die Lieferungen der privaten Tanklastfirmen während der Ausgangssperre komplett ausgesetzt werden könnten. Straßensperren der Polizei verhindern ein Durchkommen für diejenigen, die keine Sondergenehmigung der Regierung vorlegen können. [...]
Als wichtigste Maßnahme zur Eindämmung des Virus raten Experten zum gründlichen Händewaschen mit Seife und Wasser. Die Organisation WaterAid India schätzt, dass einer von acht Indern keinen Zugang zu sauberem Wasser in der näheren Umgebung des Wohnumfelds vorfindet. Diese Situation könnte den Vormarsch der Krankheit beschleunigen. [...] Menschen, die wenig Wasservorräte besitzen, nutzen Wasser zuallererst zum Trinken und Kochen. [...] Händewaschen hat nicht die höchste Priorität. [In offiziell anerkannten Slums in Delhi hat] jeder Haushalt [...] seinen eigenen Wasserhahn. „Wir müssen uns nicht mehr anstellen und können größere Menschenansammlungen meiden", erläutert [eine Bewohnerin].
Quelle: Catherine Davison: Coronavirus: Indiens Ausgangssperre gefährdet Wasserversorgung in Delhis Slums. Deutsche Welle 9.4.2020

M 9   Quellentext zu Wasserversorgung in Corona-Zeiten

M 7   Öffentliche Wasserpumpe in einer nordindischen Kleinstadt

M 8   Automat zum Auffüllen von Wasserflaschen in Gurgaon

M 10   Verkauf von Wasserflaschen bei einem kleinen Händler in Kolkata

Zusammenfassung

Verstädterung und Migration

Auch wenn in Südasien der Verstädterungsgrad im globalen Vergleich vergleichsweise gering ist, wachsen die Einwohnerzahlen der meisten Städte rapide. Ein wichtiger Teil dieses Wachstums geht auf die Wanderung der ländlichen Bevölkerung in die Städte zurück. „Abgestoßen" von schlechten Arbeits- und Lebensbedingungen auf dem Land (Pushfaktoren) und „angezogen" durch die Verheißungen der Stadt (Pullfaktoren) versuchen viele Menschen ihr Glück in der Stadt, vor allen in den Metropolen. Dennoch macht die Land-Stadt-Migration in Indien nicht den zahlenmäßig größten Teil der Binnenwanderung aus (55 % der Migration entfällt allein auf die Land-Land-Wanderung).

Der dauerhafte Zuzug ländlicher Bevölkerung aber auch saisonaler Arbeitsmigranten, die beide zunächst überwiegend in einfachen, informellen Jobs Beschäftigung finden, beeinflusst auch den „Charakter" der Städte. Die Zuwanderung führt zudem dazu, dass die Städte über die Stadtgrenzen hinauswachsen. Megastädte wie Delhi versuchen mit der Gründung von Satellitenstädten in der nahen und weiten Peripherie den Zustrom von Menschen zu kanalisieren. Bedingung hierfür ist unter anderem ein starker Ausbau der Verkehrsinfrastruktur, um die immer schwerer zu bewältigende innerstädtische Mobilität zu gewährleisten.

Neben Binnenmigranten siedeln sich aber auch immer mehr internationale Unternehmen in und um die Städte an. Zahlreiche südasiatische Metropolen fungieren dabei als „Einfallstore der Globalisierung". Den Status von Global Cities haben aber allenfalls Mumbai und New Delhi.

Slums und Gated Communities

Ein beträchtlicher Teil der Zuwanderer findet Unterschlupf in Slums, in denen jedoch auch viele alteingesessene Bewohner leben. Diese unterschiedlich großen Areale einfacher, schlecht ausgestatteter Unterkünfte beherbergen einen beträchtlichen Teil der städtischen Armen. Die Slums bestehen aus Bauten, die aus beständigen oder vergänglichen Materialien errichtet wurden. Sie befinden sich auf jeglicher Art von unbebauten Grundstücken in der Stadt und in ihrer Peripherie, oft entlang von Eisenbahntrassen und Wasserläufen. Viele Arme leben aber auch in heruntergekommenen innerstädtischen Wohnhäusern oder notdürftigen Gehwegunterkünften.

Neben Wohnraum bieten die Slums aber auch Raum für wirtschaftliche Aktivitäten ihrer Bewohner. Viele Slums wie das berühmte Viertel Dharavi in Mumbai sind daher voll in die städtische Wirtschaft integriert. „Sanierungsmaßnahmen", die den Abriss, die Aufwertung des Slums oder aber die vollständige Neunutzung zum Ziel haben, nehmen häufig auf diese Verflechtungen keine Rücksicht.

Slums befinden sich häufig in enger Nachbarschaft zu nobleren Wohnanlagen. In den letzten Jahrzehnten sind mehr und mehr „Gated Communities" für Besserverdienende entstanden, die ihren Zugang aus Sicherheitsgründen beschränken und sich so vom Rest der Stadt abgrenzen. Man findet aber auch Prozesse von Gentrifizierung in älteren Vierteln mancher Städte sowie eine Verdichtung durch Ersetzen älterer Bausubstanz durch neue höhere Bauten.

Herausforderungen städtischer Infrastrukturentwicklung

Die Agglomerationsnachteile von Großstädten zeigen sich nicht zuletzt in verschmutzter Luft und verstopften Straßen nahe am Verkehrskollaps. Verkehrsinfrastruktur, aber auch Müll- und Abwasserentsorgung oder Stromversorgung zu verbessern, ist nicht nur in boomenden Millionenstädten eine Herausforderung für die städtischen Verwaltungen und Versorgungsbetriebe. Besonders bei der Müllentsorgung spielt auch ein gesellschaftlicher Aspekt eine Rolle, da die Müllsammlerinnen und Straßenkehrer traditionell aus der untersten gesellschaftlichen Schicht stammen.

Um die Defizite bei der städtischen Versorgung mit Trinkwasser auszugleichen, greifen die Einwohner häufig auf verschiedene Wasserquellen zurück. Hier stellt sich auch die Frage nach der privaten gewinnorientierten Aneignung von Gemeingütern, zu denen die Ressource Wasser zählt.

Stadt und Umland

Neben der Land-Stadt-Migration als wichtige Quelle städtischen Wachstums und saisonaler Arbeitsmigration ländlicher Bevölkerung in die Städte, führen tägliche Pendlerbewegungen den Städten aus dem ländlichen Umland Arbeitskräfte zu. Sie sind meist in niederen Jobs im informellen Sektor tätig. Bei ihrer Versorgung mit Nahrungsmitteln sind die Städte auf ihr jeweiliges Um- und Hinterland angewiesen. Die peri-urbanen Regionen erfüllen hier eine wichtige Funktion, beispielsweise bei Produkten wie Milch oder Gemüse. Gleichzeitig ergeben sich in diesen Regionen aber auch Probleme, etwa durch die emittierenden Industrien oder Mülldeponien, die zu einer Belastung der Böden und Lebensmittel führen können.

Weiterführende Literatur und Internetlinks

Jürgen Bähr, Ulrich Jürgens: Stadtgeographie II
Braunschweig: Westermann 2009

Klaus Claaßen, Thilo Girndt: Stadt und Stadtentwicklung
Braunschweig: Westermann 2019

Statistiken zur Bevölkerung
UN Population Division
• www.un.org/esa/population

Dossier Megastädte
• www.bpb.de/internationales/weltweit/
  megastaedte

Daten zu Binnenmigration
UNESO
• https://gem-report-2019.unesco.org/
  chapter/introduction/internal-migration

Statistiken zur Verstädterung
World Urbanization Prospects
• https://esa.un.org/unpd/wup

Delhi
NCT Delhi
• https://delhi.gov.in/
National Capital Region Planning Board
• http://ncrpb.nic.in/

Statistiken zu Städten/Slums
UN HABITAT
• http://urbandata.unhabitat.org

Informationen zu Dharavi
SPARC
• www.sparcindia.org
Slum Rehabilitation Authority
• www.sra.gov.in
Wilson Center
• www.wilsoncenter.org/article/building-
  slum-free-mumbai

SWaCH-Kooperative der Müllsammler, Pune
• http://swachcoop.com

Verbindliche Operatoren

Anforderungsbereich I	Anforderungsbereich II	Anforderungsbereich III
beschreiben strukturiert und fachsprachlich angemessen Materialien vorstellen und/oder Sachverhalte darlegen	**analysieren** Materialien, Sachverhalte oder Räume beschreiben, kriterienorientiert oder aspektgeleitet erschließen und strukturiert darstellen	**begründen** komplexe Grundgedanken durch Argumente stützen und nachvollziehbare Zusammenhänge herstellen
darstellen Sachverhalte detailliert und fachsprachlich angemessen aufzeigen	**charakterisieren** Sachverhalte in ihren Eigenarten beschreiben, typische Merkmale kennzeichnen und diese dann gegebenenfalls unter einem oder mehreren bestimmten Gesichtspunkten zusammenführen	**beurteilen** den Stellenwert von Sachverhalten oder Prozessen in einem Zusammenhang bestimmen, um kriterienorientiert zu einem begründeten Sachurteil zu gelangen
gliedern einen Raum, eine Zeit oder einen Sachverhalt nach selbst gewählten oder vorgegebenen Kriterien systematisierend ordnen	**einordnen** begründet eine Position/Material zuordnen oder einen Sachverhalt begründet in einen Zusammenhang stellen	**entwickeln** zu einem Sachverhalt oder zu einer Problemstellung eine Einschätzung, ein Lösungsmodell, eine Gegenposition oder ein begründetes Lösungskonzept darlegen
wiedergeben Kenntnisse (Sachverhalte, Fachbegriffe, Daten, Fakten, Modelle) und/oder (Teil-)Aussagen mit eigenen Worten sprachlich distanziert, unkommentiert und strukturiert darstellen	**erklären** Sachverhalte so darstellen – gegebenenfalls mit Theorien und Modellen –, dass Bedingungen, Ursachen, Gesetzmäßigkeiten und/oder Funktionszusammenhänge verständlich werden	**erörtern** zu einer vorgegebenen Problemstellung eine reflektierte, abwägende Auseinandersetzung führen und zu einem begründeten Sach- und/oder Werturteil kommen
zusammenfassen Sachverhalte auf wesentliche Aspekte reduzieren und sprachlich distanziert, unkommentiert und strukturiert wiedergeben	**erläutern** Sachverhalte erklären und in ihren komplexen Beziehungen an Beispielen und/oder Theorien verdeutlichen (auf Grundlage von Kenntnissen bzw. Materialanalyse)	**Stellung nehmen** Beurteilung mit zusätzlicher Reflexion individueller, sachbezogener und/oder politischer Wertmaßstäbe, die Pluralität gewährleistet und zu einem begründeten eigenen Werturteil führt
	vergleichen Gemeinsamkeiten, Ähnlichkeiten und Unterschiede von Sachverhalten kriterienorientiert darlegen	**überprüfen** Inhalte, Sachverhalte, Vermutungen oder Hypothesen auf der Grundlage eigener Kenntnisse oder mithilfe zusätzlicher Materialien auf ihre sachliche Richtigkeit bzw. auf ihre innere Logik hin untersuchen

M1   Indien: Bundesstaaten

Glossar

Abfluss
Wasservolumen, das ein vorgegebenes Einzugsgebiet unter der Wirkung der Schwerkraft innerhalb einer bestimmten Zeit verlässt.

Abwrackwerft
Betrieb, in dem alte, nicht mehr benötigte Schiffe zerlegt werden, um vor allem Stahl wiederzuverwerten.

Agglomeration
Ballungsraum, städtischer Verdichtungsraum.

Alphabetisierung (S. 24)

Altersstruktur
Altersaufbau einer Bevölkerung, oft nach Geschlechtern und Jahrgangsgruppen getrennt (Bevölkerungspyramide).

Aquifer
Grundwasserleiter, Gesteinskörper mit Hohlräumen, der eingesickertes Oberflächenwasser oder fossiles Wasser speichert.

Atoll
ringförmiges Korallenriff, das eine kreisförmige Lagune umschließt.

Außenhandelsdefizit
Handelsbilanz, bei der die Wareneinfuhr (Import) die Warenausfuhr (Export) wertmäßig übersteigt.

Ausländische Direktinvestitionen (ADI)
(S. 63)

Backoffice
In Unternehmen sämtliche außerhalb des Kerngeschäfts, der Kundenbetreuung oder des Marketings liegenden Aufgaben (ohne Kundenkontakt), insbesondere die betriebliche Funktion von Organisation, Personalwesen und der Verwaltung.

Bewässerungsfeldbau
Form der landwirtschaftlichen Nutzung, bei der die Niederschläge in der Wachstumszeit nicht ausreichen. Dies kann in Gebieten mit geringen Niederschlägen der Fall sein oder bei Pflanzenkulturen, die besonders viel Wasser benötigen, wie z. B. Reis. Bei unsachgemäßer Bewässerung in Trockengebieten besteht die Gefahr der Bodenversalzung.

Biodiversität
Vielfalt der lebenden Organismen jeglicher Herkunft.

BIP (Bruttoinlandsprodukt)
Gesamtwert aller Güter, d. h. Waren und Dienstleistungen, die innerhalb eines Jahres innerhalb der Landesgrenzen einer Volkswirtschaft hergestellt wurden, nach Abzug aller Vorleistungen. BIP ist ein Maß für die wirtschaftliche Leistung einer Volkswirtschaft in einem bestimmten Zeitraum.

Brain Drain
Abwanderung von Wissenschaftlern u. a. hoch qualifizierten Arbeitskräften ins Ausland.

Bruttoeinschulungsrate (S. 27)

Cash Crops
für den Export angebaute Agrarprodukte.

Coriolis-Kraft
aus der Erdrotation resultierende Scheinkraft, die unter anderem Winde und Meeresströmungen auf der Nordhalbkugel nach rechts und auf der Südhalbkugel nach links ablenkt. Ihre Stärke nimmt dabei vom Äquator zu den Polen hin zu.

Dalit
Selbstbezeichnung der früher als „Unberührbare", von Gandhi als „Harijan", bezeichneten, unterhalb der Varna-Hierarchie (S. 224) stehenden, diskriminierten Teils der indischen Bevölkerung.

Dauerkultur
mehrjährige Baum- und Strauchkulturen. Pflanzenbestand außerhalb der Fruchtfolge, der über mehrere Jahre hinweg genutzt wird und der wiederkehrende Erträge erbringt. Im Gegensatz zu einjährigen Kulturpflanzen sind Dauerkulturen, die meist ein paar Jahre bis zur Ertragsfähigkeit brauchen, zunächst arbeits- und kapitalintensiver, haben besondere Standortansprüche und ihre Erzeugnisse erfordern eine Weiterverarbeitung. Sie erbringen über viele Jahre Erträge, ihre Erzeugnisse sind meist hochwertiger und werden oft nicht zur Subsistenz, sondern als Marktfrucht angebaut.

Delta
dreiecksförmige Aufschüttung von Lockersedimenten (Verwitterungsprodukte) vor einer Flussmündung ins Meer.

demografischer Übergang
Modellhafte Beschreibung des Übergangs von hohen zu niedrigen Sterbe- und Geburtenraten mit fortschreitender Modernisierung eines Landes, aus dem ein verändertes natürliches Bevölkerungswachstum resultiert.

Desertifizierung/Desertifikation
Ausbreitung von Wüste oder wüstenähnlichen Bedingungen in semiariden und ariden Gebieten durch menschliches Wirken.

Devisen
ausländische Zahlungsmittel.

Diversifikation
Maßnahmen zum Abbau einseitiger Wirtschaftsstrukturen.

Drainage
Entwässerung eines Bodenareals mithilfe eines Grabennetzes oder eines unterirdisch verlegten Rohrsystems zur beschleunigten Ableitung von Sickerwasser (Vorbeugung von Bodenversalzung).

East India Company
britische Handelsgesellschaft für den Handel mit Ost- und Südostasien sowie Indien, 1600 – 1858, Träger britischer kolonialer Expansion in Indien. Erst 1858 wurde die indische Kolonie an die britische Krone übergeben.

Erbteilung in Südasien
Der Grundbesitz wird im Erbfall wie anderes Erbe auch nach den Regeln der jeweiligen Religionsgemeinschaft oder lokalem Gewohnheitsrecht aufgeteilt. Häufig bleibt der Boden in den Händen männlicher Nachkommen, selbst wenn Töchter theoretisch erbberechtigt sind. Mit der Aufteilung ist in der Regel auch eine weitere Parzellierung verbunden, um unterschiedliche Bodengüte und ähnliches berücksichtigen zu können.

Existenzsichernder Lohn
Vergütung, die ein Arbeiter für eine Standardarbeitswoche erhält und die ausreicht, um dem Beschäftigten und seiner Familie einen angemessenen Lebensstandard zu ermöglichen. Dazu gehören Nahrung, Wasser, Wohnen, Bildung, Gesundheitsversorgung, Transport, Kleidung und andere wesentliche Bedürfnisse, einschlüueßlich der Vorsorge für unerwartete Ereignisse (GLWC-Definition).

Exportproduktionszone
siehe Sonderwirtschaftszone.

Feinstaubbelastung
Feinstaub besteht aus einem komplexen Gemisch fester und flüssiger Partikel und wird abhängig von deren Größe in unterschiedliche Fraktionen eingeteilt. Unterschieden werden PM10 (PM, particulate matter) mit einem maximalen Durchmesser von zehn Mikrometern, PM2,5 und ultrafeine Partikel mit einem Durchmesser von weniger als 0,1 μm. Gerade in Städten kann es zur Feinstaubbelastung durch viel Verkehr kommen.

Fertilitätsrate/Zusammengefasste Fruchtbarkeitsziffer
Die Kennzahl gibt an, wie viele Kinder eine Frau (15 bis 45 Jahre) im Laufe ihres Lebens bekommen würde, wenn die für den gegebenen Zeitpunkt maßgeblichen Fruchtbarkeitsverhältnisse der betrachteten Population als konstant angenommen werden. Das Erhaltungsniveau beträgt 2,1 Kinder je Frau.

Fürstenstaat
nominell unabhängige, von einheimischen Fürsten regierten Staaten unter britischer Oberhoheit in Indien.

Gated Community
geschlossener Wohnkomplex mit verschiedenen Arten von Zugangsbeschränkungen.

Gentrifizierung
Aufwertung von Wohnquartieren: Modernisierung und Veränderung der sozialen Zusammensetzung der Bewohnerschaft.

Global City
Stadt mit einer zentralen Steuerungsfunktion innerhalb der globalisierten Weltwirtschaft mit hoher Konzentration international agierender Unternehmen (insbesondere des Finanz- und unternehmensorientierten Dienstleistungssektors).

Globalisierung
dynamische raum-zeitliche Ausdehnung ökonomischer, sozialer und kultureller Praktiken über Staatsgrenzen hinweg. Die wirtschaftliche Globalisierung wird vor allem durch die zunehmende Bedeutung der internationalen Finanzmärkte, des Welthandels sowie die internationale Ausrichtung von Unternehmen bewirkt und durch neue Kommunikationstechniken begünstigt.

Gondwana
großer Südkontinent, der seit dem Präkambrium bestand und Teile der heutigen Südkontinente zu einer einheitlichen Landmasse zusammenschloss. Im Jura brach er auseinander.

Hinduismus
Weltregion indischen Ursprungs, die unterschiedliche religiöse Traditionen vereint, mit vielgestaltiger Götterwelt und Riten.

Human Development Index (HDI)
Index der menschlichen Entwicklung, Wohlstandsindikator für Staaten des Entwicklungsprogramms der Vereinten Nationen (UNDP).

Indian National Congress
indische Partei, gegründet 1885, führend im indischen Unabhängigkeitskampf und lange Zeit politisch dominierende Kraft in Indien.

Informelle Siedlung
Bei dieser Bezeichnung eines städtischen Elendsviertels werden die nicht legalen bzw. ungeklärten Grundbesitzverhältnisse hervorgehoben (auch irreguläre S. = umstrittene Grundbesitzverhältnisse).

Innertropische Konvergenzzone (ITC)
Die Erde umspannende Zone, an der Südost- und Nordost-Passat zusammenströmen. Die Position der ITC ist abhängig vom Sonnenstand. Im Bereich der ITC kommt es zum Aufstieg von Luftmassen, die in Bodennähe für niedrigen Luftdruck sorgen. Diese erdumspannende Zone niedrigen Luftdrucks wird äquatoriale Tiefdruckrinne genannt.

Just-in-time-Produktion
Organisationsprinzip der Produktion und der Materialwirtschaft, bei dem Zuliefer- und Produktionstermine genau aufeinander abgestimmt werden.

Kharif
eine im Frühsommer gesäte Pflanze, die im Herbst geerntet wird (Monsunfrucht).

Konvektion
vertikale Bewegung von Luftmassen, verursacht durch Erwärmung.

Liberalisierung
Beseitigung von gesetzlichen Vorschriften, die den Wettbewerb behindern oder den freien Zutritt zu Märkten oder Kapital erschweren, Abbau staatlicher Vorschriften (Deregulierung).

Lizenzsystem
Mechanismus zur staatlichen Kontrolle der Wirtschaft, der Wirtschaftsaktivitäten von einer Vielzahl von Genehmigungen abhängig macht.

Megastadt/Megacity
städtischer Ballungsraum mit mehr als zehn Mio. Einwohnern.

Metropolisierung
Im Rahmen der Urbanisierung kommt es in vielen Fällen zu einer überproportionalen Zunahme des Anteils der in Metropolen – den großstädtischen Zentren einer Region – lebenden Menschen im Vergleich zu kleineren Städten/Orten. Der Prozess begünstigt die Konzentration der Bevölkerung, aber auch ökonomischer und politischer Einrichtungen, auf eine oder wenige Metropolen eines Landes. Als Indikatoren können Zahl und Wachstum der Millionenstädte, der Metropolisierungsgrad (Anteil der Metropolbevölkerung an der Gesamtbevölkerung), die Veränderungen der Siedlungsgrößenstruktur sowie der „Index of Primacy" herangezogen werden. Dieser wird berechnet als Quotient der Einwohnerzahlen der größten und zweitgrößten Stadt eines Landes. Liegt der Quotient merklich über 2, liegt eine demografische Primatstruktur vor.

Mogulreich
Staat auf indischem Subkontinent unter muslimischer Mogul-Dynastie, 1526–1858.

Muhajir
offizielle pakistanische Bezeichnung der nach der Teilung nach Pakistan übersiedelnden indischen Muslime; eigentlich Bezeichnung der Gefährten, die mit Muhammad die Hijra vollzogen.

Nachhaltigkeit
ursprünglich aus der Forstwirtschaft stammender Begriff, der dort bedeutet, dass nicht mehr Bäume gefällt werden als nachwachsen. Heute wird darunter verstanden, dass überall so gewirtschaftet und gehandelt werden soll, dass die nachfolgenden Generationen die gleichen Möglichkeiten haben

wie die heutige Generation und ein intaktes ökologisches, soziales und wirtschaftliches Gefüge bleibt.

Nahrungssicherheit
Zustand, bei dem alle Menschen einer Bevölkerung jederzeit Zugang zu der für ein aktives und gesundes Leben notwendigen Nahrung haben.

Other Backward Classes (OBC) (S. 23)

Outsourcing
Auslagerung von bisher in einem Unternehmen selbst erbrachten Leistungen an externe Auftragnehmer oder Dienstleister (Subunternehmer).

Pendler
Von Pendlern spricht man, wenn der Wohnung einer Person in einer anderen Gemeinde liegt als der Arbeitsplatz (Berufs-/Arbeitspendler) oder Ausbildungsort. Neben Tagespendlern gibt es bei größeren Entfernungen auch Wochenendpendler, die über eine zweite Unterkunft am Arbeitsort verfügen und über das Wochenende zu ihrem Hauptwohnsitz und ihren Familien fahren.

Plantage
Kapitalintensive exportorientierte Betriebe, die auf Basis von Lohnarbeit große Flächen von oft mehreren Tausend Hektar vornehmlich mit einer mehrjährigen Dauerkultur (z. B. Zuckerrohr, Kaffee, Tee, Kautschuk Ölpalmen, Ananas) bewirtschaften und Fabriken zur Aufbereitung der Agrarprodukte unterhalten.

Regenfeldbau
auch Trockenfeldbau, im Gegensatz zum Bewässerungsfeldbau die Form des Ackerbaus, bei der der zur Verfügung stehende Niederschlag alleiniger Feuchtigkeitsspender für das Wachstum der angebauten Feldfrüchte ist.

Rente
Einkommen, denen im Gegensatz zu unternehmerischen Gewinnen und Löhnen keine Investitions- oder Arbeitsleistungen gegenüberstehen.

Scheduled Castes (SC) (S. 23)

Scheduled Tribes (ST) (S. 23)

Sikhismus
monotheistische Religion, im 15. Jh. n. Chr. im Punjab entstanden.

Slum (S. 80)

Sonderwirtschaftszone
räumlich abgegrenztes Areal, für das zoll-, steuer- umwelt- und arbeitsrechtliche Sonderbestimmungen gelten, zur Steigerung von in- und ausländischen Direktinvestitionen.

Squatter-Siedlung
Auf illegal besetztem Gelände, oft öffentlichem Land, errichtete „improvisierte" Siedlungen einfachster Bausubstanz.

Subsistenz
Wirtschaften mit dem Ziel der Selbst- bzw. Eigenversorgung.

Teilpacht
Verpachtung von Boden gegen einen Ernteanteil, den der Pächter nach der Ernte an den Grundeigentümer abzuführen hat. Dieser Anteil richtet sich danach, ob der Eigentümer noch weitere Produktionsfaktoren (Saatgut, Zugtiere, Wasser, Düngemittel) zur Verfügung stellt.

Verstädterungsgrad
Anteil der Stadtbevölkerung an der Gesamtbevölkerung.

Versalzung
Salzanreicherung im Boden durch hohe Verdunstung und aufsteigendes Bodenwasser.

Vertragslandwirtschaft
Vertraglich geregelte Zusammenarbeit zwischen Landwirt und Abnehmer im Rahmen vertikaler Integration, wobei Ware, Lieferzeitpunkt, Menge, Qualität und meist der Preis im Vorfeld vereinbart werden. Zum Teil stellt der Abnehmer landwirtschaftlichen Input zur Verfügung, den der Landwirt verwenden muss, aber auch Kredite und Beratungsdienstleistungen. Dieser bleibt im Besitz des Bodens und muss die notwendigen Arbeiten ausführen.

Vulnerabilität
Verwundbarkeit von Mensch, Gesellschaft, Infrastruktur und Sachwerten eines Lebens- und Wirtschaftsraumes gegenüber Naturereignissen. Der Grad der Verwundbarkeit wird bestimmt von gesellschaftlichen, sozialen, wirtschaftlichen, technischen und natürlichen Faktoren.

Zensus
Volkszählung, gesetzlich angeordnete Erhebung statistischer Bevölkerungsdaten.

Zyklon
tropischer Wirbelsturm im Indischen Ozean (Golf von Bengalen und Arabisches Meer) und im südlichen Pazifischen Ozean (nicht zu verwechseln mit Zyklone).

Bildnachweis

Alamy Stock Photo, Abingdon/Oxfordshire: Arcomano, Vito 32.1; bidya271 85.1; Biswarup Ganguly 84.2; Creative Touch Imaging Ltd. 74.3; Dinodia Photos 43.1; Joseph, Norma 9.1; paul kennedy 84.3; SOPA Images Limited 48.1; Universal Images Group North America LLC 8.1.
Alamy Stock Photo (RMB), Abingdon/Oxfordshire: Ariadne Van Zandbergen 40.1; Bowman, Charles 45.1; david pearson 59.1; Travel India 43.3.
dreamstime.com, Brentwood: 74.1.
eoVision, Salzburg: 83.2.
First Climate Markets AG, Bad Vilbel: 44.1, 44.3, 45.2.
Getty Images, München: Soltan, Frédéric 31.1.
Hückelheim, Arne, Breda: Arne Hückelheim / Lizenz: CC-BY-SA-3.0 11.1, 11.2.
iStockphoto.com, Calgary: B. Hadyniak/ Getty 38.2; danishkhan 26.1; getty/ BDphoto 89.1; Getty/ Instants 43.2; Getty/ pixelfusion3d 43.4; ImPerfectLazybones 31.3; KieselUndStein 87.2; mazzzur 88.1; narvikk 6.2; Roop_Dey 85.2; SJPailkar 3.4, 73.1; Suprabhat Dutta 3.2, 29.1; tekinturkdogan 68.1; Thurtell 83.1; tunart/ Getty 39.1.
Kartographie Michael Hermes, Hardegsen Hevensen: 12.1, 14.3, 15.1, 21.1, 25.1, 26.2, 27.1, 33.1, 34.2, 34.3, 34.4, 38.1, 41.1, 41.2, 53.1, 53.2, 55.2, 55.3, 55.4, 55.5, 56.2, 57.2, 57.4, 58.1, 60.1, 60.2, 61.3, 62.1, 63.1, 63.2, 63.3, 63.4, 64.1, 69.1, 69.2, 69.3, 71.1, 75.1, 75.2, 90.2, 90.3.

PantherMedia GmbH (panthermedia.net), München: allouphoto 82.1.
Picture-Alliance GmbH, Frankfurt/M.: AP Images 19.1; AP Photo/Manish Swarup 90.1; Associated Press/Bikas Das 37.1; Biswas, Amlan 17.2; dpa 22.1, 55.1; dpa/Asad, K M 57.1; Gebert, Andreas 66.1; Naveed, Anjum 20.1; NurPhoto/Kazi Salahuddin Razu 14.2; NurPhoto/Makhija, Mayank 24.1; Reuters/ Adnan Abidi 20.2; Reuters/ Amit Dave 55.6; REUTERS/ Anindito Mukherjee 13.2; Reuters/Anindito Mukherjee 52.1; REUTERS/DRAZEN JORGIC 65.2; Reutrs/Rupak De Chowdhuri 52.2; Salahuddin Razu, Kazi 14.1; Xinhua News Agency/Liu Tian 65.1.
Shutterstock.com, New York: AJP 35.1; Akter, Bayazid 57.3; Armyagov, Andrey Titel; Chobi_Wala 7.3; Chulov, Dmitry 91.1; CRS PHOTO 44.2; Dreame Walker 3.1, 5.1; Dua, Rinku 91.2; Gotz, Timo 7.4; Grey_gumanoid 76.1; Melnik, Vladimir 31.2; Pradeep-Gaurs 80.1; Prudek, Daniel 9.2; Saurav022 91.3; sladkozaponi 86.1; suprabhat 17.1; The Road Provides 84.1; travelview 23.1, 34.1; WorldStockStudio 87.1.
Shutterstock.com (RM), New York: Nathan G/EPA 3.3, 51.1.
Stöber, Georg Dr., Braunschweig: 86.2.
stock.adobe.com, Dublin: Abrar 6.1; ANDREI 41.3; Chanthapan, Salawin 61.1; Cichawa, Rafal 7.1; Dipesh 47.1; haveseen 61.2; HongKi 56.1; Neeraj 79.1; PRASANNAPIX 35.2; Rafiquar Rahman 70.1; Roman 74.2; v_apl 7.2; Winterline 13.1.

Quellenverzeichnis

(Texte ohne Quellenangabe unter Text, Übersetzungen :Georg Stöber)

S.10 Norbert Krebs: Vorderindien und Ceylon. Eine Landeskunde. Darmstadt: WBG 1965, S.28f
S.35. M6 Gordon Conway.: From the Green Revolution to the Biotechnology Revolution: Food for Poor People in the 21st Century". – Rede des Präsidenten der Rockefeller Foundation am Wilson Center, 12.3.2003
S.33. M6 Vandana Shiva: Who really feeds the world? New Delhi: Women Unlimited 2017, S. 8 – 9
S.33 M6 For an ‚Evergreen Revolution'. Interview with Dr. M.S. Swaminathan. Frontline 16 - Issue 27, Dec. 2000

S.48 M4 Barrister Harun Ur Rashid: Teesta water issue: A few hard facts. Daily Star (Bangladesch), 11.1.2012
S.81 M8 Silke Weber: Mumbai: Als Erste-Welt-Tourist im Slum. Zeit Online, 23.04.2015
S.81 M8 Liza Weinstein, 2014, zitiert nach World Cities Report 2016: Urbanization and Development: Emerging Futures. Nairobi: UN Habitat 2016, S. 13, 14
S.85 M11 Bhawna Jaimini: Gated communities in India: social integration or exclusion? Stirworld 13.04.2021
S.85 M11 Vandana Vasudevan : Not so great walls „The Indian Express 17.02.2017